妖怪文化叢書

グローバル時代を生きる妖怪

Yōkai in the Global Age

安井眞奈美 編

YASUI Manami

せりか書房

グローバル時代を生きる妖怪　目次

はじめに——妖怪の理論化と歴史化に向けた取り組み

安井眞奈美

近年のポップカルチャーの人気に伴い、日本の妖怪が世界で注目される中、妖怪の研究を英語や中国語で発信していく機会が増えた。また日本の文化や歴史をあまり知らない海外の人々に対しても、妖怪とそれを取り巻く状況をわかりやすく説明する必要に迫られている。もちろん、英語による妖怪研究には、マイケル・ディラン・フォスター氏の先駆的な研究があり、『日本妖怪考』として日本語でも出版されている。[1] また小松和彦氏の『妖怪学新考』も英語に翻訳され、妖怪の定義と歴史的な経緯が、多くの絵画資料とともに参照されてきた。[2] 近年、海外のモンスター研究やドラキュラ研究がさかんで、[3] それらを踏まえた新たな議論も必要とされている。

まさにその頃、ニューヨークのコロンビア大学教授のハルオ・シラネ氏が、妖怪に関する日本の充実した研究を参照するため、小松和彦国際日本文化研究センター（以下、日文研）名誉教授の面会を兼ねて、日文研を訪ねて来られた。シラネ氏は日本古典文学が専門で、山片蟠桃賞や日本研究国際賞を受賞し（いずれも二〇一九年）、御伽草子の翻訳や、近年では『四季の創造——日本文化と自然観の系譜』（二〇二〇年、KADOKAWA）、『東アジアの自然観——東アジアの環境と風俗』（編著、二〇二一年、文学通信）なども含め、これまで多数の著作を刊行してこられた。日本の自然観を問い直し、「里山」にも強い関心を示しておられる。またシラネ氏は、コロンビア大学で学生や院生の多くが妖怪に興味をもつ中、「妖怪」と言えば現代のゲームや映画、マンガやアニメを思い浮かべるだけで、前近代の妖怪へと想像が及ばないことも懸念されていた。それらを受けて、とくに古代から中世の妖怪について、英語で研究を進めることを思い立たれたのだという。

シラネ氏と小松氏の複数回にわたる面談はいずれも数時間に及んだ。シラネ氏が質問すると、小松氏がただちに的確な説明を、さまざまな事例を織り込みながら行い、それに対してまた質問が続き、議論はより深まっていく――そのような濃密な時間が流れた。

また小松氏が中心となり、シラネ氏と日本の妖怪研究者との懇談の機会も設けられた。二〇二三年五月八日、飯倉義之氏（國學院大學教授）と徳田和夫氏（学習院女子大学名誉教授）とともに、國學院大學にて研究懇談会「自然環境と異類・妖怪をめぐって」が開催された。シラネ氏が、ワークショップと同名の研究発表を行い、集まった妖怪研究者が順番に質問やコメントをし、親交を深めた(4)。

こうした流れを踏まえて、妖怪を歴史化、理論化するためのシンポジウムを新たに企画することにした。妖怪について、英語で発信する際の難しさや留意点を確認し、妖怪を生み出してきた人々の霊魂や自然に対する意識を再検討し、妖怪を歴史的に位置づけて論じることを目的とした。英語でそのまま *yōkai* と表記しても意味は通じるが、簡単な英語で妖怪を定義づければ、それによって世界各地の研究者とも議論ができる。また妖怪に類した世界の現象の中に、日本の妖怪を位置づけ、グローバルな視点から分析できると考えた。

シンポジウムに先立ち、シラネ氏に発表論文を用意してもらい、それを登壇者で共有し、予め用意した問題点や課題をもとに、議論することにした。こうして二〇二三年一二月、国際シンポジウム「グローバル・コンテクストにおける妖怪の理論化と歴史化　Theorizing and Historicizing *Yōkai* in Global Context」を、ニューヨークとの時差を考慮し、午前九時から日文研にて開始し、オンラインにて多くの研究者に向けて発信した[3]。

筆者がコーディネートと司会を務め、シラネ氏の発表を皮切りに、登壇者が順番に短い発表とコメントをした。登壇者は大塚英志氏、廣田龍平氏、マイケル・ディラン・フォスター氏、木場貴俊氏、金容儀氏、山中由里子氏、最後に小松氏がまとめを行った。大塚氏は、「「妖怪変化」の身体性をめぐって――まんが・アニメ研究の視点から」を発表し、近年取り上げられている「妖怪の身体性」とはいったい何を指すのか、と疑問を呈した。そして、まんが・アニメのキャラクターがいつ、どのようにして「身体性」(生・性・成熟・死)を獲得したのかを歴史的に検証するマンガ研究の成果を踏まえ、とくに変化《へんげ》した妖怪の姿には、変化する前からの時間の経過と物語があり、このことは妖怪の成り立ちや描かれ方を考える上でたいへん重要である、と主張した。続くフォスター氏は、たとえば西洋では歴史的に、怪物あるいはモンスター(少なくとも一部のモンスター)は「他者」のメタファーとして機能し、モンスターというラベルはジェンダー、人種、セクシュアリティーなどの違いや違和感の目印となることが多いが、日本の多くの妖怪は、肯定的でも敵対的でもなく、根本的に曖昧で、とくに害を与えることもないとし、こうした違いはどのように生まれてきたのか、と質問した。この点は、本書所収のフォスター氏の論考にても少し触れられている。この後、登壇者は短い発表とコメントを行ったが、それを論考に仕上げたものを本書に掲載しているので、後ほど紹介する。

二〇二四年四月一九日には、今度はニューヨークのコロンビア大学にて、シラネ氏と、同僚のル・コー(寇陸)氏がワークショップを開催し、英語でディスカッションを続けることになった。このワークショップには、フォスター氏と筆者が参加した[6]。シラネ氏は日本文学、ル・コー氏は中国文学を英語で教える中で、日々直面している問題を解決すべく、ワークショップに先立ち、英語で妖怪・怪異に関する用語集を準備し、それをもとに議論を行った。筆者は、日本と中国のウブメ（産女／姑獲鳥）のイメージの違いについてジェンダーの視点から発表する予定であったが、直前にシラネ氏と相談し、日文研の妖怪データベースについて紹介し[7]、英語での発信を目指して情報共有に努めた。妖怪データベースへの、昨今の海外からの問い合わせを鑑み、英語の解説を付したい、という希望からである。このワークショップにおける各自の発表と妖怪・怪異に関する英語の用語集は、日本語の翻訳とともに本書に掲載している。

二〇二四年六月に、シラネ氏が来日した際には、「平安京」探訪のため、『京都魔界案内』と『カラー版　重ね地図で読み解く京都の「魔界」』（いずれも小松和彦著）を携えて、筆者が「洛中」を案内した[8]。千本通りの朱雀門跡の石碑からスタートし、源頼政による鵺退治に因んだ鵺大明神と、頼政が鵺を射た矢を洗ったとされる鵺池を訪れ、そのまま二条城の南にある神泉苑に向かい、「善女龍王」を祀る社殿と美しい庭を楽しんだ。その後、京都市平安京創生館の平安京復元模型（縮尺千分の一、東西四・五キロメートル、南北五・二キロメートル）を見て位置関係を確認、昼食時に編集の打ち合わせをし、午後は晴明神社でゆっくり過ごし、白峯神宮にも立ち寄った。そして、せっかくだからと最後に羅城門跡と、東寺と対になって建てられた西寺跡の公園を訪れ、夏の「平安京」魔界巡りを終えた。オーバーツーリズムで外国人旅行者が急増している京都であったが、鵺大明神と鵺池には人っ子一人おらず、整備された鵺池を見ながら、あれこれ話しができたのもよかった。

その後、シラネ氏が夏休み中に論文を書き上げ、これを他の執筆者が読み、各自の興味関心にしたがって、議論を展開してまとめた。フォスター氏には、すでに英語で発表したモンスター研究の概要についての論考を寄せてもらい、廣田氏に翻訳を依頼した。

このような経緯でできあがった本書の第一部冒頭は、シラネ氏の「霊魂、異界、妖怪——一四世紀を転換期として」である。本論は、英語で執筆されたものを、衣笠正晃氏（法政大学教授）が日本語に翻訳された。一四世紀半ばを転換期ととらえ、霊魂、異界、妖怪の概念を、二つのアプローチから検討している。一つは「環境」に対する人間の態度や扱い方、もう一つは霊魂——著者の言葉を借りればタマの概念にかかわるもの——である。両者は深く結びつき、あらゆるものにタマが宿るとされ、またいずれもが非常に不安定なものと見なされてきたとする。また夢に注目し、慈円の『愚管抄』に触れ、能に題材をとり、さらにはケガレの概念やそれを祓うための「清め」について、これを「リセット」と呼んで重視するなど、議論は多岐にわたる。とくに、能から御伽草子にいたるさまざまなメディアを「見えない」世界を覗く窓とし、「この世」と「あの世」、「あの世」と「あの世」のあいだにあるコンタクトゾーンとも呼ぶべき領域の重要性を説く。いずれも近代的な霊魂観や死生観を問い直すものとして、議論の俎上に載せられている。

続く小松氏の「日本の霊魂観を写す鏡としての妖怪——誰が妖怪を「始末」するのか？」は、二〇二四年一〇月一八—一九日に日文研にて開催した、二〇二四年度日中妖怪研究シンポジウム「東アジアにおける自然観と霊魂観——妖怪を核にして」の基調講演がもとになっている。シンポジウムの様子はオンラインを介して、中国語と日本語の同時通訳により世界の研究者に向けて発信した。小松氏は、日本のアニミズムの基本は、「霊魂」（玉、霊）が、外形を成している「殻」（器、座、外形）の中に収まっており、「殻」＋「魂」という存在が、さまざまな契機で発生し、成長、衰退、消滅すると考えられている点にあるとし、「霊魂」と「殻」の関係を図式化してわかりやすく論じた。「亡骸《なきがら》」は、これらを示す、もっともわかりやすい言葉として挙げられている。シラネ氏が提示した疑問点や問題点を氷解するような刺激的な論考であり、シンポジウム「グローバル・コンテクストにおける妖怪の理論化と歴史化」にて話題となった「妖怪の身体性」についても考えるヒントが示されている。

廣田龍平氏の「霊魂ならざる諸々のカテゴリー――機械論的妖怪論」は、冒頭のシラネ論文を熟読し、シラネ氏が陥ったとされる問題を指摘し、妖怪の概念化において、霊魂を中心に位置づけることはできない、と主張する。妖怪―人間―神についての小松氏の定義を改めて検証しながら、妖怪を霊魂へと還元することの不可能性を説く。廣田氏はフォスター氏に続き、霊魂ではなく怪奇的で不思議であることが妖怪の規定的特徴である、という立場を取る。妖怪を宗教的領域へ封じ込めてきたこれまでの研究は、妖怪を非科学的・非合理的なものとして処理することと表裏一体であり、そこには西洋近代的な存在論が色濃く染み込んでいるため、一旦、妖怪のカテゴリーを大きく解体することが必要、というわけである。

マイケル・ディラン・フォスター氏は、英語圏にて日本の妖怪の研究を進めてきた第一人者である。本書の「怪物叢・覚書」では広く他の文化にも触れ、日本の妖怪研究を俯瞰的に捉えている。またフォスター氏は、現代の人間中心のものの見方から距離を取り、さまざまな生物種の存在を意識したマルチスピーシーズ民族誌の隆盛を背景に、怪物が人類をどう見ているかという着想から、妖怪による人類文化に関する民族誌の試みを提案する。さらに人類学者が怪物研究にアプローチする手立てとして提案するのが、「微生物叢」に着想を得た「怪物叢」（monsterbiome）である。カッパが実在するとは信じていないが、ほぼ皆がカッパをイメージできるような、怪物たちもいる集団に属する「私たち」が、自分自身を定義し影響を与えていることを改めて検討する、そのような提案である。日本の妖怪に造形が深いフォスター氏の論考には、多くのヒントが散りばめられている。

筆者・安井眞奈美の「怪異・妖怪の契機としての出産」は、妊娠・出産時に亡くなった女性の妖怪である「ウブメ」（姑獲鳥／産女）をはじめ、出産や女性の身体が妖怪や怪異の出現の契機になることに注目し、出産のどのような側面が妖怪や怪異と関連づけられるのかを、ジュリア・クリステヴァの『恐怖の権力』（一九八四年）で展開された〈アブジェクシオン〉論――「おぞましきもの」の議論――をもとに展開し、一九世紀前半の妊娠・出産に関わる怪異譚の特徴を探ろうとしている。妊産婦の死、通常とは異なる出産、処女懐胎、異形のものを産む、異なる身体部位からの出産などは、怪異の契機であるとともに、高僧や聖人の誕生物語の契機でもあった。また当時、堕胎や間引きは怪異と結びつけられず、罪の意識が強調された。安井は、出産時の出血の穢れゆえに女性が穢れているとした、中国から伝わったとされる『血盆経』とその信仰についても、産死者の供養という点から検討している。

木場貴俊氏の「妖怪の生と死――生物としての妖怪」は、シラネ氏が一四世紀を転換点としたこと、フォスター氏が指摘したマルチスピーシーズ民族誌や「怪物叢」の試みを考える際にも重要な視点を提供する。木場氏は、「妖怪」の生物としての側面、つまり大塚氏が議論した「身体性をもつこと」、また生と死があることについて、古代から中世、近世の妖怪について検討している。そして、一四世紀に成立した絵巻に異形の怪物が描かれ、身体を持って登場すると、それ以降も妖怪は生物として理解されていたという。さらに江戸時代には、本草学と儒学（朱子学）という江戸時代に発展した学問により、妖怪を生物として理解する新たな動きが見られた。興味深いのは、「不死」と記された死なない妖怪は、『奇異雑談集』（一六八七年）の「産女」だけだとの指摘である。もともと死んでいるので退治はできず、できるのは供養や退散であるという。このように、「死ぬ妖怪」「死なない妖怪」という区分はたいへんに興味深い。

金容儀氏の「妖怪と仏菩薩の図像表現における相似性――「手の目」と「三つ目」を手がかりにして」は、これまでの妖怪研究が仏教を視野に入れることなく、「仏教の空白」状況が続いてきたと指摘する。金氏は、「神」と「妖怪」の二者の関係だけではなく、「神」と「仏」と「妖怪」という三者の関係を追求した方がより幅広く、また「神仏習合」の過程において、妖怪を「神仏」どちらにも組み込まれなかった「超自然的な存在」と定義できるのでは、と仮説を立てて実証を試みる。具体的には、仏教的な要素が色濃く出ている鳥山石燕の妖怪画から、「目」に特化して妖怪の「目」と仏菩薩の「目」を分析し、三つ目を持つ不動明王が、妖怪の一種として取り上げられてきた経緯を明らかにする。こうした一つ一つの作業の積み重ねが、「仏教の空白」を埋め、また「妖怪の理論化と歴史化」に向けての作業になる、と金氏は主張する。

山中由里子氏の「驚異と怪異の理論化――妖怪研究の周縁から」は、中東のイスラーム世界とヨーロッパのキリスト教世界という一神教世界の「驚異」と、東アジアの「怪異」を対峙させ、不可知なものを知ろうとする人間の営みが生み出してきた表象を解明してきた研究を振り返る。山中氏は共同研究を立ち上げ、国立民族学博物館で特別展示「驚異と怪異――想像界の生きものたち」を開催して大ヒットを記録し、巡回展を続け、共同研究の成果を発信し続けてきた。その詳細は、本論の前半に余すところなく紹介されている。山中氏は「怪異」を、フロイトの「不気味」の研究を意識しつつ uncanny と訳し、「身近なところでも起こり得る、あるいは見慣れた日常の何かがずれるからこそ異常性が際立つ存在・現象であり、恐怖や不安の感情を引き起こす」と定義する。「怪異」を考える上で、文化を越えて人類に普遍の心的な反応を議論の俎上に載せることは重要である。

第二部には、コロンビア大学でのワークショップの様子を収録した。ル・コー氏「中国語の用語とその意味合い」、ハルオ・シラネ氏の「日本語の重要語を翻訳するにあたっての課題」、マイケル・フォスター氏の「日本民俗学における厄介な用語」、アン・コモンズ氏の「日本的超自然の翻訳戦略」、そして安井眞奈美「和漢におけるウブメの表象」「日文研妖怪データベース」の発表である。コー氏とシラネ氏の用語集は日本語の翻訳に英語の原文も所収した。日英の用語集が、今後の議論や英語での研究成果の発信に役立つと考えたからである。翻訳にあたっては、英文に挿入された日本語の用語、クォーテーションマークのついた用語などを、廣田氏が記号を用いて丁寧に訳し分けている。

用語集の定義が正解で、固定されている、というわけでは決してない。第一部にて、シラネ氏の論考をもとに各執筆者が進めた議論と、第二部の妖怪、怪異を英語で論じるワークショップの成果は、これからも検討を続けていくこととなる。なかでも廣田氏は、霊魂を基盤にして妖怪を定義することに異を唱えており、これについては、シラネ氏からの反論もあるだろう。また山中氏が指摘する通り、日文研で継続してきた日中妖怪研究シンポジウムの成果を含めて、今後検討し、東アジアの妖怪・怪異の特徴を分析していく必要がある。(9) そのときに、金氏の指摘する仏教的な枠組みや、筆者の論じるジェンダー的な視点も、東アジアの特徴を考える際に重要となってくるだろう。また、木場氏の提示する「妖怪の生と死」、「妖怪の身体性」の問題は、可視化／絵画化することとも深く関わっており、近世から近現代のメディアの中で問い直すこともできるだろう。これらの議論を重ねながら、フォスター氏が本書で提示した欧米でのモンスター研究や、山中氏が進めてきた中東のイスラーム圏、ヨーロッパのキリスト教圏の驚異の研究などと、日本および東アジアの妖怪・怪異の研究を照らし合わせ、人類学や精神医学などの研究成果も踏まえつつ進めていくことが次の課題となろう。その際、西洋近代で鍛え上げられてきた枠組みのみで把握するのではなく、それらを相対化しつつ、日本から理論的な成果を発信していきたい。さしあたって次は、日本の妖怪研究の成果と現状を英語で発表し、また議論の場を広げるための、妖怪・怪異研究のプラットフォーム作りを進めていく。

本書の冒頭のシラネの論考を踏まえて、各執筆者が自らの研究に引き付けて取り組んだ妖怪および怪異研究の最新の成果を、興味にあわせてどこからでも読んでいただければ幸いである。本書は、日文研の妖怪文化叢書の五冊目となる。国際シンポジウムや海外でのワークショップなどを積み重ね、本書の刊行をもって一つの区切りを迎えられたことに、編者としてほっとしている。最後にこの場を借りて、関係者の皆様に深く御礼申し上げる。とりわけ長年にわたり、妖怪研究の成果を世に送り出してくださった、せりか書房の船橋純一郎氏、船橋泰氏と、装幀を担当してくださった工藤強勝デザイン実験室の皆さんに、心より感謝の意を表したい。校正を手伝ってくれた妖怪プロジェクト室の仲田侑加さん、木下昌美さん、小野絢子さんにも御礼申し上げる。

注

1 *Pandemonium and parade: Japanese monsters and the culture of Yōkai*, 2009, Berkeley, Calif.: University of California Press. マイケル・ディラン・フォスター、廣田龍平訳『日本妖怪考――百鬼夜行から水木しげるまで』森話社、二〇一七年。

2 Komatsu Kazuhiko, *An introduction to yōkai culture: monsters, ghosts, and outsiders in Japanese history*, Hiroko Yoda and Matt Alt (tr.), Japan Publishing Industry Foundation for Culture, 2017.

3 本書 フォスター氏の「怪物叢・覚書」に詳しい。

4 安井眞奈美「研究懇話会「「自然環境と異類・妖怪をめぐって――コロンビア大学ハルオ・シラネ教授を囲んだ研究懇談会 報告」(『怪と幽』一五、二〇二三年、一五八―九頁)に詳細をまとめている。

5 安井眞奈美「妖怪の理論化と妖怪データベースのこれから」(『怪と幽』一六、二〇二四年、九二―三頁)を参照。

6 安井眞奈美「コロンビア大学で「妖怪」を議論する」(『怪と幽』一七、二〇二四年、一五二―三頁)に詳細をまとめている。

7 日文研の妖怪データベースには、怪異・妖怪伝承データベース(https://www.nichibun.ac.jp/YoukaiDB/)と怪異・妖怪画像データベース(https://www.nichibun.ac.jp/YoukaiGazouMenu/)がある。詳細は、安井眞奈美「妖怪データベースが拓く新たな研究の可能性」(鄭炳浩・松田利彦・馬場幸栄編『デジタルヒューマニティーズが拓く人文学』二〇二五年、晃洋書房)を参照されたい。

8 小松和彦『カラー版 重ね地図で読み解く京都の「魔界」』宝島社、二〇一九年。小松和彦『京都魔界案内――出かけよう、「発見の旅」へ』光文社、二〇〇二年。

9 最新の日中妖怪研究シンポジウムの様子は、安井眞奈美「東アジアの「妖怪」と自然観・霊魂観」(『怪と幽』一八、二〇二四年、一〇四―五頁)を参照されたい。

第Ⅰ部

霊魂、異界、妖怪——一四世紀を転換期として

ハルオ・シラネ／衣笠正晃訳

はじめに

私が室町時代の御伽草子（物語）とその異界や異類との関係に興味をもつようになったのは一五年ほど前のことである。ケラー・キンブローとともに二〇あまりの御伽草子を翻訳し、『怪物、動物と異界——中世短編物語集』（コロンビア大学出版局、二〇一八年）という書籍にまとめたが[1]、そこには以下の作品の翻訳を収めた。

『長谷雄草子』『土蜘蛛の草子』『酒呑童子』『伊吹童子』『俵藤太物語』『天狗の内裏』『御曹司島渡り』『天稚彦物語』『諏訪の本地』『富士の人穴草子』『磯崎』『姥皮』『鼠の草子』『かざしの姫君』『玉水物語』『雁の草子』『をこぜ』『玉藻の草子』『蛤の草紙』

これらの翻訳は英語では最初のもので、鬼や天狗、異界への旅、動物、異類婚姻譚などに焦点を当てたものである。室町物語は文字による伝統に属するが、匿名で、多くの異本があり、先行する神話や伝説、民間伝承に大

きく依拠しており、当時の民衆文化を代表するものとなっている。そして現在「昔話」と呼ばれる近代以降の民話とも重なりあっており、異類婚姻譚や異界への旅など、多くのモチーフやテーマを共有している。

御伽草子のもう一つの大きな特徴は、その多くが絵巻物や奈良絵本などのように挿絵入りであったことである。御伽草子は今日のマンガやアニメを含む、近世・近現代の視覚文化の先駆的存在であった。御伽草子の多くは、読者や聴衆に「見えない」世界を伝えただけでなく、その絵解きをおこなったのである。さらに重要なこととして、一四世紀から一七世紀にかけての御伽草子の時代は、観客を神や妖怪、鬼、天狗、草木の精たちの「異界」への旅へといざなう能の時代でもあったのである。

御伽草子や能に登場する「異界」とはどのようなものなのだろうか。一四世紀半ばの「異界」はそれ以前の時代のものとどのように異なっているのか。「霊（タマ）」の「異界」や「他界」に対する関係はどのようなものか。このことは、他界観について、また死者の霊や亡霊（「幽霊」）のとらえ方について、何を意味するのだろうか。これらは歴史的にどのように展開してきたのだろうか。

私はここで二つの基本的アプローチをとる。一つは山や海、川、動物、植物に対する人間の態度や扱い方に関するものであり、もう一つはカミからオニ（demon-spirit）、死者の霊にいたる、さまざまなタマ（spirit-soul）の概念にかかわるものである。タマの大きな特徴は、肉体の死後も活動し続けることである。環境とタマは深く結びついており、植物から川、山にいたるまで、あらゆるものにタマが宿ると考えられ、その結果、環境はこの上なく生命に満ち溢れたものとなった。自然は人間的性格を与えられることが多く、人間と人間以外のものはしばしば一種の内面性を共有するため、両者は密接に影響し合うと考えられた。このことは、異類婚姻譚に見られるような緊密で一見調和のとれた関係にも、また敵対的で相互破壊的な関係にもつながりうる。これに劣らず重要なのは、環境とタマのいずれもが非常に不安定なものと見なされていたことである。

日本は豊かな農業と漁業とに恵まれている。日本には多くの降雨、豊かな土壌、四季のサイクル、多種多様な食料源がある。また日本列島には果てしなく続く海岸線があり、山が海岸まで迫っているため、数多くの入り江が形成され、年間を通じて新鮮な魚介類が手に入る。その一方で日本は、地震、津波、活火山、疫病、モンスーン、ハリケーン、洪水、干ばつ、山崩れなど、自然災害の国でもある。近代以前の日本では、夏、とくに八月は、暑さと湿気のせいで死と病気の季節だった。

タマの大きな特徴は、カミの場合と同じく、その不安定さである。タマには基本的に二つの面がある。平和的かつ穏やかで調和のとれた面（「和魂《にきみたま》」と呼ばれる、文字通りには「調和した、または穏やかな魂」）と、暴力的で荒々しい面（「荒魂《あらみたま》」と呼ばれる、非常に危険なものとなりうる魂）である。伊勢神宮の祭神である天照大神にも、それぞれその荒魂と和魂を祀る二つの社がある。人間や動物の、ときには山や木のタマでさえ、怒りや恨みをいだくことがあり、きわめて危険な状態になりうる。肉体の死後もタマが死ぬことはない。そのため、近代以前の日本では死後のタマの不安定さや変動が重要な関心事となる。五来重は、すべてのタマが死後ただちに怨霊（怒りや恨みをいだいた霊）になるとさえ述べている。[2]

歴史的に、自然災害が発生すると、基本的に次の三つの方法で解釈された。すなわち（一）義務の不履行、互恵関係の破綻の結果であり、自省を促し、社会契約の更新の必要性を認識させるものとして、[3]（二）災害を道徳的失敗や罪に対する罰とみなす仏教的な因果の枠組みのなかで、（三）自然の制御不能な部分、カミや霊の「荒魂」として、である。多くの場合これらの解釈のいずれか、あるいは複数の組み合わせが適用される。重要なのは、荒魂はつねに和魂となる可能性をもつということである。自然災害は――山であれ、動物であれ、巨木であれ――人間以外のものをあらゆる次元で尊重すること、しきたりや儀式などの手段を通じて互いの関係を守ることを、痛ましくも思い起こさせるものだったのである。この意味で「祭り」は、修復過程であるとともに予防装置でもあるのだ。

山、川、海、動物、そして人間のもつ重要な側面の一つが「荒々しさ」であり、それは負のパワーであるにとどまらず、強力な生命力を具現化している。鬼退治の物語では、この「荒々しさ」は文明や道徳秩序を脅かす大蛇や鬼によってあらわされることが多いが、その同じ大蛇や鬼が、再生やリセットに必要な力ないし生命力をもつことも多い。「荒々しさ」は危険なものだが、うまく利用すれば、武士に共同体にとっての脅威を克服する力を与えてくれる。一七世紀に登場した歌舞伎の「荒事」が示すように、荒魂の「野性味」「荒々しさ」をそなえた武士の主人公は肯定的に受け止められた。武士は敵を殺す強さと決断力をもつために「荒々しく」あらねばならなかったが、同時に説経節の『小栗判官』(その主人公は暴力を振るったために殺される)に見られるように、野放図な荒々しさは社会にとっての脅威だったのである。

一 夢と異界

異界観は共同体や時代、場所によって根本的に異なる。手始めに三つの基本的な種類を見てみよう。まず一つ目は、大きな旅を必要とするものである。(浦島太郎伝説のように)海底(多くの場合竜宮城)への旅ということもあれば、(『酒呑童子』のように)山奥、あるいは(『御曹司島渡《おんぞうしじまわたり》』のように)遠い島への旅ということもある。古代において異界への旅は(海の彼方の島である)「常世」や、海神の宮殿(のちの竜宮)といった例に見られるように、海を舞台にしたものが多かった。しかし中世になると異界は、都の盆地という環境や里山の広がりを反映してか、山間部(『酒呑童子』の大江山など)に出現する傾向がある。さらに、室町時代になると『諏訪の本地《ほんじ》』や『富士の人穴《ひとあな》草子』に見られるように、異界は地下に潜り、日本と中国やインドを結ぶ広大なトンネルが出現する。『天稚彦草子《あめわかひこそうし》』のように天空に異界が現れることもある。また地下も、『鼠の草子』のような地下に住む動物の物語、さらに『狐の草子』のような床下に住む狐の物語に登場している。

第二の異界は第一の異界と重なっており、「異類」がこの世を訪れたり、この世に突然現れたりするというかたちをとる。御伽草子の大きな特徴の一つは「異類」——獣(『玉藻の草子』の狐)、鳥(『雁の草子』の野雁)、昆虫(『玉水物語』)、魚貝(『蛤物語』の蛤)、植物(『かざしの姫君』の菊)などが人間と結婚し、ときに幸運を、ときに悲劇をもたらす——の物語に満たされていることである。ところで、能(および狂言)にも人間以外の主人公が登場することは偶然とは思われない。木(『遊行柳』『西行桜』)、植物(『芭蕉』)、さらに雪(『雪』)までもが登場し、その多くはこの世への執着と闘っているのである。

ところでまた別の異界が、夢のなかに現れている。『平家物語』第五巻の「物怪之沙汰」では、ある若侍が見た夢のなかで、平清盛が信仰していた厳島明神が追い立てられ、一人の老人(八幡大菩薩だと明らかになる)が長年平家の手にあった刀を伊豆の流人頼朝に与えようと言う。(4) この夢は(清盛が率いてきた)平家が滅び、(頼朝の率いる)源氏が天下を取るという、日本史の流れを変えることになる劇的な展開を予言している。奇妙な出来事はまた、差し迫った大災害の前兆でもある。ここでは夢は日常世界の出来事よりも強力なものとなっている。この世の人々の生活――米の豊作、疫病の蔓延、火事の発生、一族の衰退など――が、異界の住人の行動にかかっていることを明らかにするのである。(5)

天台座主で歌人でもあった慈円（一一五五～一二二五）は、その史書『愚管抄』（一二二〇年）のなかで、「目に見える世界」（顕界《げんかい》）と対置される「目に見えない世界」（冥界《みょうかい》）の住人を四つに区分している。（一）天照大神や春日明神のような歴史を超えて存在する神々、（二）聖徳太子や藤原鎌足（大織冠）、菅原道真、良源（元三大師）ら、人間としてこの世に一時的に姿を現す神々、（三）祟りをなす死者の霊（怨霊）、（四）天狗、狐、狸、悪霊（魔物）など、である。超歴史的な神々は上代に、歴史上の人間としての神々は平安時代初期（八―九世紀）に、怨霊は藤原氏による摂関政治の全盛期（一〇～一一世紀）に、天狗やその他の害をなす霊は摂関政治の衰退期（一一～一二世紀）に、それぞれ登場している。(6) 慈円からすれば、冥界には、人間を守護するカミと、人間に敵対したり暴力を振るったりする悪意に満ちた亡霊、今で言うところの妖怪が住んでおり、この世に大きな影響を与えていた。たとえば、悪意に満ちた亡霊たちは、顕界ではできないことをあの世で実行したのである。慈円はみずから『平家物語』（平曲）の口演の支援者として力を尽くしたが、それは平家の落人の霊をなだめるためであった。

一四世紀半ばには、能、御伽草子、そして軍記物語の『太平記』に見られるように、大きな変化が起こる。これらは皆『平家物語』や『愚管抄』では目に見えなかったものを、ますます見えるものにしている。典型的な謡曲の前半は目に見える「顕界」での出来事だが、後半では観客は目に見えない「冥界」に入り、幽霊や神、鬼、天狗に出会う。一四世紀の諸ジャンルは、死者の霊の運命にも焦点を当てている。生前の楠木正成はその武勇と忠誠で知られていたが、『太平記』では天狗、仇をなす霊となる。第二四巻の有名なエピソードでは、武士で猿楽師でもあった大森彦七が、謡曲の上演中に亡き楠木の怒りに燃える霊と出会う。(7) つまり能はこの世と異界の架け橋となるのである。(8) 楠木の霊は戦に敗れたことへの怒りをあらわにし、さまざまな要求をするが、最後は大般若経の読経によって鎮まり、その姿を消す。

このような興味深い変化は謡曲『鵺《ぬえ》』にも見られる。『平家物語』の第四巻では、近衛院が病にかかり、「変化《へんげ》」(化け物)に怯える。丑の刻(午前二時)に御所の空を飛び交うヌエの高い声に脅かされるのである。『平家物語』は内乱や「諸行無常」という主題、極楽往生への願いだけでなく、差し迫った滅亡や破局の予兆となる不可思議な出来事や奇妙な生き物にも焦点を当てている。(9) 源頼政が召し出され、見事に弓矢でヌエを射落とすと「頭《かしら》は猿、むくろは狸、尾は蛇《くちなは》、手足は虎の姿」だと判明する。(10)

数世紀ののち、世阿弥(一三六三?~一四四三?)は謡曲『鵺《ぬえ》』のなかで、月光も陽光も差さない暗いうつろ舟に閉じ込められたヌエの亡霊に焦点を移す。ヌエの霊は怒りや復讐心に燃えているわけではない。それどころか、海の墓のような場所でただ一人忘れ去られ、旅の僧に救済の祈りを求めるのである。旅の僧が誦経するとヌエは生前の姿で再び登場し、頼政に殺された経緯を物語り、さらなる祈りを僧に求めて姿を消す。(11) 『平家物語』が勇猛な武士の怪物(変化《へんげ》)を退治し、天皇の命を救うという偉業を称えているのとは対照的に、能は敗者である退治された怪物の視点を提示するとともに、そのタマの運命に焦点を当てる。謡曲『鵺』の主人公は、殺された武士の霊が生者の前に現れて救いを求める「修羅物《しゅらもの》」の主人公に似ている。(12) 特筆すべきは能が、怪物や動物、植物など、いずれも死後の供養が必要なタマをもつとされる、人間以外のものの視点を与えてくれるということである。

二　地獄への旅と魂魄《こんぱく》

上古の時代の異界への旅の大きな特徴は、主人公がこの世に戻ってくることである。主人公は別世界を旅し、そこで財宝を手に入れたり、その世界の人間と結婚したりする。主人公は山奥や海底に行くこともあるが、必ず最後にはこの世に戻ってくる。これに対して、平安末期から中世初期の物語の大きな特徴をなす浄土への旅は異なっている。浄土に転生した人はこの世には戻らない。平安後期の物語の多くでは、人は六道、とりわけ地獄に転生するのである。

しかし、つとに奈良時代から、日本人は地獄を遠いものではなく、歩いて行ける距離にある、あるいは国内の山（とくに立山）にあると考える傾向があった。奈良時代以降に数多く登場する転生譚では、地獄に落ちた人が生き返ったり、地蔵菩薩や観音菩薩に救われたりする。中世キリスト教の地獄が永遠のものだったのとは異なり、日本の地獄は一種の「煉獄」であり、贖罪によってこの世に戻れると考えられた。これとは別の考え方は『六道釈』での慈円の説に代表されるもので、中世初期に登場し、能において顕著になったが、六道はこの世に存在するというものだった。人々は地獄に住んでいる、あるいは地獄は心の状態である、とされたのである。

こうした地獄への旅――『道賢上人冥途記』（九四一年）など――は、今や地獄においても遭遇することになった「怨霊」への見方を変えた。たとえば（『日本霊異記』巻三の一六のような）地獄への旅において、生者は亡き親の霊に遭遇するが、これは家族的価値観、とくに親孝行を強調するものだった。伝統的に『栄花物語』のような平安時代のテクストでは、亡くなった親（ないし先祖）の霊が子供や子孫を守るのだが、地獄行きの物語では状況が逆となり、子供が異界にいる親の面倒を見なければならなくなったのである。この点をつよく力説しているのが、釈迦の弟子であった目蓮の伝説に基づく室町期の御伽草子『目蓮の草子』で、そこでは六道の一つである餓鬼道で苦しむ母を、息子である目蓮が供養によって救ったとされている。

仏教は、死と再生からなる輪廻転生を主張する。その結果として中世には二種類のタマが登場した。その一つは霊がこの世に、地中に、死んだ場所の近くや墓地にとどまるというものであり、今一つは死者の霊魂が（ふつうは地獄に）転生し、そこで（中世後期に登場する）閻魔大王の裁きを受けるというものである。

この二種類のタマは一四世紀に融合し「魂魄《こんぱく》」という複合語になった。古代中国では魂《こん》と魄《はく》は霊魂の二つの側面と見なされ、魂《こん》は陽のスピリット、魄《はく》は陰のスピリットを表した。中世日本で魂魄は別の意味で解釈され、魂《こん》のスピリットは善処（浄土）に行けるが、魄《はく》のスピリットは埋葬された死者の遺骨とともにとどまると考えられていた。(13) 戦いに敗れ自害した源朝長を描いた修羅能『朝長』では、お盆の初め、朝長が自害した宿の女主人と朝長の元家来である旅の僧とが墓前で出会う。後半、土中にあった朝長の霊が僧の前に姿を現して言う。「もとの身ながら、たまきはる。魂《こん》は善処《ぜんしょ》に赴《おもむ》けども。魄《はく》は修羅道に残って暫し苦しみを受くるなり」(14)。阿修羅道（修羅道）とは戦場の跡を指し、そこでは死者の霊がとどまり続け、互いに戦い続けている。この阿修羅道は遠くにある異領域ではなく、この世に存在する場所なのである。

魂魄という語は、タマについての共存する二つのとらえ方のあいだの緊張関係を反映している。漁師や猟師を題材にした『善知鳥《うとう》』『阿漕《あこぎ》』『鵜飼《うかい》』などいくつかの謡曲では、地獄に堕ちた魂《こん》に焦点が当てられている。こうした漁師や猟師は「悪人」として生まれ、殺生《せっしょう》をする運命にあるが、地蔵や観音、（法華経を写経したり念仏を唱えたりする）熱心な修行者、あるいは過去に施したたった一つの善行の記憶のおかげを被ることさえできれば、そのタマは解放されるのである。またわれわれは、地獄はこの世にあるとか、閻魔大王は心のなかにいる存在だなどと言い聞かせられている。しかしほとんどの謡曲、とくに世阿弥の作品では、魄《はく》、つまりこの世にとどまる死者の霊に焦点が当てられている。典型的な夢幻能の最後では、ワキ（旅僧）が死者の霊に祈りを捧げるのがふつうである。伝統的に、死者の霊（死霊《しれい》）は祖霊《それい》になるために浄化されなければならず、地獄に落ちることは永遠の天罰ではなく、むしろ償いと浄化のプロセスの一階梯と見なされた。その好例が六道珍皇寺《ろくどうちんのうじ》の「六道参り《ろくどうまいり》」である。これはお盆に地獄から帰ってきた死者の霊を家族が出迎えるというものだが、仏教の宇宙観と祖霊崇拝がいかに結びついたかを示す年中行事で、今日に至るまで続けられている。

複雑な状況を要約するなら、一四世紀になると亡霊に対する二つの見解が対立するようになった。一つは、死者の霊が怒り、恨みを抱き、復讐しようとしているという見方である。このとらえ方は、平安時代に登場した陰陽師にまでさかのぼることができ、一四世紀の内乱の政治的結果に焦点を当てた『太平記』にも引き続き見られるが、（地獄や阿修羅道に住む）復讐心に燃える亡霊の行動は、隠匿され抑圧された不正や暴力を表している。二つ目の亡霊観は能に見られるもので、個人の救済にかかわる。つまり内なる平和と解放を見出すことの必要性である。『謡曲大観』の編者である佐成謙太郎の言葉を借りれば、能は究極的には救済を求めるものである。（崇徳院のような）著名かつ高位のリーダーたちの死後に焦点を当てる『太平記』とは対照的に、能は亡霊、とくに二世紀前の源平合戦で死んだ、地位も権力もない兵士たちの霊に焦点を当てるのである。

三　来世は近くにある

中世後期には、死後の世界が遠い場所であるという概念と同様、魂魄の概念も薄れていった。平田篤胤（一七七六～一八四三）はその『鬼神新論《きじんしんろん》』（一八二〇年頃）で、「死ぬればその霊《たま》、永く幽界《かくりよ》に帰《おもむ》き居る」と主張している。[15]『霊能真柱《たまのみはしら》』では、篤胤はより具体的に、死後の世界は（本居宣長が提唱した）地下の黄泉《よみ》でも遠くの浄土でもないとする。むしろ「この顕国《うつしくに》の内いづこにも有りなれど、幽冥《ほのか》にして、現世《うつしよ》とは隔たり見え」ない存在なのだと述べるのである。ここで篤胤は、死後の世界と生者の世界との距離を縮めている。「社《やしろ》また祠《ほこら》などの建て祭りたるは、其処に鎮まり座れども、しからぬは、その墓の上に鎮まり居り」。[16]平田篤胤は、慈円ら僧侶によって確立された「顕」と「冥」あるいは「顕界」と「冥界」という中世の二元論を「顕」と「幽」（「幽冥」）に置き換え、「幽」では死者は近くにいてかすかに見える存在であるとした。こうした近世の来世観が、柳田國男が『先祖の話』（一九四五年）で述べた近代的なとらえ方の基礎となっている。そこで柳田は、日本人の死後の世界についての基本的な考え方は、「霊は永久にこの国土のうちに留まって、そう遠方へは行ってしまわない」というものだと述べている。[17]柳田はさらに、日本人は死者の世界を身近に感じていると強調する。

末木文美士が指摘するように、平田篤胤や柳田國男が主張する死者への親近感は近世・近代のものである。古代や中世では、死者の遺体は恐れられ、その存在は生者にケガレをもたらすと考えられていた。[18]江戸時代になると、埋葬方法が改善されたためか、生者は死者に近づき、村の近くの寺院墓地に埋葬されるようになった。しかし、ケガレに対する懸念が広く残っていたことは、日本の各地で生まれた両墓制に明らかである。ここでは死体（魂が抜けたあとの体）は「もぬけの殻」として扱われ、ケガレたものとみなされ、集落から少し離れた場所にある「埋墓《うめばか》」や「捨《す》て墓《ばか》」に埋葬され、事実上忘れ去られた。一方で「詣墓《まいりばか》」と呼ばれる別の墓が設けられ、霊はそこで大切にされ、祈りを捧げられたのである。[19]

死体のケガレは江戸時代になっても大きな関心事であった。このことは伝説上の妖怪である産女《うぶめ》に対する扱いを見ても明らかである。産女は出産時に亡くなった女性が一種の亡霊となったもので、血まみれの姿で赤ん坊を抱いており、道行く人にその子を抱いてくれと頼むのである。「流れ灌頂」では、亡くなった母親の着物に経文を書いて橋のたもとや川岸に置き、通りすがりの人がそれに水をかける。経文と衣紋が消えれば故人の執着が消えたとされるのである。出産は新しい生命が誕生する瞬間であるがゆえに故人は深い無念を抱いていると考えられ、したがって故人の霊を鎮め、ケガレを取り除くためには数多くの人の努力が必要となるのである。[20]

四　ケガレ、清め、リセット

ケガレの概念は、共同体、信仰体系、時代によって異なるため、定義するのは非常に難しい。しかし少なくとも三つの重要なタイプがある。一つ目は身体的なケガレ（血や死体との接触など）で、カミを怒らせ天災を引き起こした。二つ目は内面的なケガレ（ツミの一種）で、さまざまな種類の違反行為や不道徳的行為から生じ、通常は仏教によって主張されたものだった。第三のタイプは、多くの民俗学者が研究しているが、大部分が農業（稲作）的なものである文化――そこでは稲は収穫されて「死に」、種籾に生まれ変わる――のなかにおける、生命力の喪失ないし減少である。東大寺などの寺院で毎年春先に行われる「修二会《しゅにえ》」のような仏教の清めの儀式は、身体および内面の刷新と生命力の回復、つまり私が「リセット」と呼ぶものをもたらす。節分その他の年中行事の鬼払いは、タマの更新のため、カミの降臨に道を開くため、あるいはその両方を同時に行うための、重要な清めのプロセスの一部となっている。

古代においてケガレは、自然界における一種のアンバランス、突発的な不安定ないし危機（血、月経、出産、死、死体、火事など）であり、（安定を取り戻すため）隔離や固定によって対処する必要があった。以下に挙げるモデルはカミに基づくもので、四つの連動する重要な現象――（一）不浄、（二）自然災害、（三）清め、（四）カミへの供儀（祭り）――からなる。

天災（タタリ）――不浄（ケガレ）
｜
清め（祓）――カミへの供儀（祭り）

自然（カミ）は恵み（豊かな作物など）を与えてくれるが、それが汚されるとタタリをもたらし、それにはまず清め、さらに供儀で対処する必要がある。死とそれにともなうさまざまな危険（広義のケガレ）は「祓」、すなわち清掃・洗浄の儀式によって消去でき、それが「リセット」を可能にするのである。

日本の歴史のなかで、（血、死体、月経、出産などに代表される）外的なケガレから（ツミとみなされる）内面的ケガレへという変化が、おもに仏教の影響によって徐々に生じた。(21) その結果、二種類のケガレが重なり合うことになった。（一）禊《みそぎ》、祓《はらえ》、忌《いみ》によって対処される身体的・物質的な穢れと、（二）告白（懺悔《ざんげ》）に始まり、法華経の写経や読誦、山岳修行、さらに悔過《けか》（観音菩薩や薬師如来、吉祥天などの仏像の前での悔悟）にいたる、さまざまな儀式によって対処される内面的ケガレである。第一のケガレと清めが登場するのが、イザナギがイザナミの死骸に接触し、そこを逃げ出して水で身を洗う（禊）というエピソードである。第二のタイプは『小栗《おぐり》』ないし『小栗判官《おぐりはんがん》』と呼ばれる説経節に見られる。主人公は粗暴な武士で、地獄に落ちて口の利けない体に生まれ変わり、ケガレを負わされた非人となる。巫女である照手《てるて》の助けと熊野にある温泉への巡礼のおかげで、小栗は阿弥陀仏の水を授かるが、それによって障害を負った体は癒され、さらに積年の罪は帳消しとなる。外的と内的、いずれのケガレも取り除かれたことで、主人公は完全に生まれ変わるのである。

死者の霊のための仏教の供物や祈祷（供養）も一種の清めであった。菅原道真は不当にも九州に流され憤死したが、その復讐心は雷となって都に戻り内裏を焼いた。平安時代の他の御霊《ごりょう》と同様、道真に対してその苦しみや罪を軽くするよう仏教の供養がなされた。その結果、平安中期には次のようなタマのパラダイムが登場することとなった。

天災（タタリ）――怒れる死者の魂（怨霊）
　　――
仏教による弔いの儀式（供養）――悟りの境地（成仏《じょうぶつ》）

このパラダイムでは、怒るのはカミではなく死者の霊であるが、天災がもたらされることは同じである。大まかに言えば、死者の霊を鎮めるために行われる仏教の「供養」は、タタリや災害を引き起こしている霊を鎮めるという点で（カミをたたえる）「祭り」と似た機能をもっていたのである。しかし供養は、死者の霊を敬うだけでなく、怒り取り憑く霊（タマ）を成仏させ、苦しみの原因となる負の執着から解き放つという点で、祭りと異なっていた。供養は、天神（カミとしての道真）の場合のように、霊がカミになることを可能にすることさえあるのだ。

不安定な神々や諸霊を鎮めること（鎮魂）と、神に供物を捧げること（祭り）がカミ信仰の中心的な儀式だったとすれば、「供養」はその仏教版であった。そのどちらもが日本の芸能、演劇、口承文芸の中核をなしている。たとえば一三世紀に生まれた平家琵琶は、敗れた平家の霊の鎮魂を目的としており、『曽我物語《そがものがたり》』の瞽女《ごぜ》による口演は、源頼朝によって処刑された曽我兄弟の霊に向けたものである。池上良正が指摘するように、「供養」のような仏教的戦略は、土着の儀礼である「祭り」や「祓《はらえ》」に取って代わるのではなく、むしろそれと融合した。(22)ふつう年中行事や地域社会の活動だった「祭り」とは対照的に、「供養」は亡くなった人の霊を対象とし、読経、念仏、法華経の写経など、霊を成仏させるためのさまざまな仏教儀式をともなうものであった。

結論

近代以前における「他界」（死後の世界）と「異界」についての考え方は、私たち現代人に時間、空間、人生について再考を迫るものである。中世に広まった仏教の「三世《さんぜ》」――前世《ぜんせ》、現世《げんせ》、来世《らいせ》――の概念に見るように、人にとっての「生の時間」は、生まれてから死ぬまでの時間だけでなく、その前後の時間も含む。個人は自分一人だけで存在するのではなく、複数の人の生涯にまたがる直系家族（stem family）（イエ）の一部として存在するのだが、このイエの概念が祖先崇拝の根底にある。現代においても、人生には前半（生まれてから死ぬまで）の「見える」世界と、後半（死んでから祖先の霊として成熟するまで）の「見えない」世界との二つの部分があると考えられる。このことはまた「孝」「恩」「報恩」といった基本的な社会的価値観が、複数の生涯にわたって、目に見える世界と目に見えない世界とにまたがって存在することを意味する。死後の世界は空間的にも考える必要があり、仏教的な（煉獄的要素を含む）地獄は、山中、ヌエの墓のようなうつろ舟の中、地面の下など、さまざまな空間に存在する。タマは魂魄という現れ方が示すように、異なる二つの場所に同時に存在することもある。死後の世界の風景は、生者の世界のそれと同じく多様なものなのである。

同様に重要なのは、「この世」と「あの世」、あるいは「この世」と「あの世」のあいだにあるコンタクトゾーンとも呼ぶべきものである。神社にはじまり、都市や住居への悪鬼の侵入を阻むためにおかれた境界空間（北東の鬼門など）、毎年悪霊を追い払い善霊を呼び寄せる儀式が行われる村の外の辻、悪霊のみならずカミも姿を現すと考えられた「境界の時間」（午前二時から四時にかけての丑寅《うしとら》）にいたるまで、コンタクトゾーンにはさまざまな形がある。前述のとおり、能の「橋掛り」から（あの世への通路になるとされる）説経節で演者がかざす傘にいたるまで、パフォーマンスは観客を異界へと誘うインターフェースである。薪能は夜に野外で演じられ、異界の霊を呼び寄せる。さらに死亡直後の時間もまた、霊魂がこの世とあの世のどちらにも完全には存在しない「境界の時間」と考えられるのである。

　このコンタクトゾーンは、現代の地理学者エドワード・ソジャが提唱する「第三の空間 Third Space」と親和性がある。「第三の空間」とは、私的な空間（第一の空間）と公的な空間（第二の空間）の外部にある代替的空間であり、抑圧や疎外を受けている共同体が不平等な空間を克服しようとして作り出した社会的空間である。ソジャにとって第三の空間は、現実であると同時に想像上のものでもある[23]。これと同様にコンタクトゾーンも相対的かつ移動可能で、議論の的となる存在である。能から御伽草子にいたるさまざまなメディアは「見えない」世界を覗く窓であっただけでなく、支配的な世界観を修正しそれに置き換わる強力な手段であり、従属的ないし周縁化された共同体を表象する方法でもあったのである。有力な大名や将軍の後援を受けた能は、源頼光《みなもとのらいこう》のような武士が国家を脅かす鬼を退治する英雄となって国家に秩序をもたらすという新たな社会的・政治的ヒエラルキーを表現していた。しかし能の役者や作者たちは奈良坂の非人を出自とする、社会における周縁的存在だった。その結果として能は、敗者や疎外された者、鬼となった者の視点を示すとともに、『鵺』や殺された玉藻前の死後を描いた『殺生石』に見られるような妖怪（変化《へんげ》）の来世を明らかにしてもいるのである。

『土蜘蛛《つちぐも》草紙《そうし》』（鎌倉後期、一四世紀）は、それ以前の伝説をもとに、都の北（北野以北）で土蜘蛛が源頼光に討たれる様子を描いている。しかし、謡曲『土蜘蛛』の作者は、土蜘蛛の居城を都から葛城山（奈良盆地の西南部）

に移し、土蜘蛛と頼光の伝説の様相を変えた。謡曲の後半、鬼人《きじん》として登場する主人公（後ジテ）がこのように言う。「汝知らずやわれ昔。葛城山に年を経し。土蜘蛛の精魂なり。なほ君が代に障りをなさんと。頼光に近づき奉れば。却《かへつ》て命を断たんとや」(24)。小松和彦の考察によれば、土蜘蛛を葛城山に置くことによって、作者は土蜘蛛を大和朝廷に激しく抵抗し、新しい支配者に忠誠を誓うことを拒絶した土着氏族の代表としているのである。土蜘蛛は敗れて殺され、既存の朝廷の秩序が強制されることになるが、この謡曲は同時に、敗れても抵抗する葛城地方の民衆の声を代弁するものとなっている。

同様の状況が、南北朝の戦いを記録した一四世紀の『太平記』における天狗や修験者の登場に見られる。既存の寺院の外部で活動する修行者である山伏は、修験道の中心地となっていた山間部だけでなく、村落においても祈祷師兼治療者の役割を果たす者として、一四世紀にはすでに目立った存在になっていた。南北朝の戦い（一三三六－五七）の際、最終的には敗者となった南朝の軍勢は、修験道の本拠地の一つであった吉野の山に退却し、そこで山伏に助けられたが、その山伏たちが『太平記』の執筆に協力した。『太平記』では山伏に助けられた崇徳院ら敗者の霊が、怒りに燃えた天狗（怨霊天狗）として現れ、足利幕府を攻撃し、幕閣に不和をもたらす。『太平記』では愛宕山をはじめとする修験道の山々が、代替的な（たとえば敗者の）声を聞くことのできる、一種の「第三の空間」となっているのである。

中世のジャンルの多くは、アリゾナ州のアパッチ族を研究した人類学者キース・バッソが「プレイスメイキング」と呼ぶ営み――それによって語り手（語り部）は祖先の物語を、訪問可能な物理的場所に結びつける――に参与している(25)。場所には記憶と共同体としての体験が存在し、それは長老たちの話を聞くことで深められる。典型的な謡曲では、旅人（ワキ）はある土地を訪れ、その土地の人と出会う。その人物は土地と過去との関係を説明し、土地や故人にまつわるさまざまな話を物語る。後半では故人あるいは土地のカミの霊が登場し、訪問者をその土地の霊に直接結びつける。謡曲は旅僧がその土地の霊に祈りを捧げることで終わるが、その霊は過去を語った（あるいは再現した）のち、再びこの曲が演じられるまで姿を消すのである。上演（パフォーマンス）は反復を通じて、場所とそこに埋もれた精神の記憶を更新し伝達するのである。

基本的な論点に戻ると、日本人はその豊かで不安定な環境ゆえに、自然を敬うとともに恐れてもきた。地震、火山、山崩れなどの不安定な環境は、自然災害が予期せず起こり、ほとんど防ぎようがないことを意味している。その結果、（自然の恵みに対する）感謝の気持ちと（切迫する災害に対する）恐怖心や不安感の両方が生まれる。八岐大蛇《やまたのおろち》のような、神話や伝説に登場する大蛇の多くは、破壊的な自然やその荒々しさに対する恐れを反映したものである。同様に重要なのは、人間のタマ（霊魂）が、まさにカミの性格と同様、荒々しく不安定なものであるという想定である。人間のタマとカミのタマは実際には重なり合い、区別がつかなくなることもある。とりわけ死後においては、（人間ばかりでなく、ときには動物や樹木でさえも）タマが極めて不安定になるのである。

人間のタマの来世には生前の人生のように段階があるという考え方は、繰り返し見られるものである。現代でも、人生は二つの部分をもったものと見なされている。前半（誕生から死まで）は「目に見える」世界でのことであり、後半（死から祖霊になるまで）は「目に見えない」世界でのことである。死後の世界は、もっとも不安定な時期である死亡直後から始まり、折口信夫が「完成した霊魂」と呼んだものへと次第に向かっていく[26]。死後の段階という考え方は仏教にもあるが、そこでは「完成した霊魂」は「成仏」と呼ばれ、苦悩や執着からの解脱を意味する。死亡直後の時期において問題になるのは、死によって引き起こされるケガレである。ケガレから清浄さに至る連続体のなかで、カミは「完成した霊魂」と同様に、もっとも清浄なものである。仏教においてケガレはより内面的なものであり、死亡直後の時期は一種の煉獄であって、そこではツミが縮小ないし削除され、タマの解放が可能となるのである。

死亡直後のタマが死から来世ないし解脱へと移行することができなければ「亡霊」、つまり迷えるタマとなる。また死亡直後のタマが粗暴で悪意を抱いていれば「怨霊」となる。「祖霊」と「亡霊」、「怨霊」の違いは、祖霊が死から「完成した霊魂」への移行に成功しているのに対し、怨霊は死と来世とのあいだをさまよっている。亡霊はこの世と人間の近くにとどまり、浄化、解脱、成仏への助力を願う。怨霊は亡霊の極端な形態とも見なせるが、積極的に害をなす存在である。広義の幽霊は、次のような連続体として見ることができる。

祖霊（先祖霊）――亡霊（放浪霊）――怨霊（復讐霊）

亡霊には供養してくれる家族も縁者もない無縁仏が含まれることがある。無縁仏は、戦争や大災害のため何千何万もの人々が不自然な死を遂げることで、その数が膨大になり、深刻な問題となる。折口信夫の指摘によると、念仏踊りは中世において戦乱で多くの死者が出たことに応じて生まれた。念仏踊りは盆踊りと重なるが、祖先霊と放浪霊の両方に向けられたものである。[27] 能はもっぱら亡霊に焦点を当てているが、その亡霊の多くはとくに地位が高くはない。これに対して『太平記』は、位の高い、敗れた指導者たちの怨霊を扱っている。

次の図は、人間のタマのあり方のさまざまな可能性を示したものである。崇敬・崇拝の対象となるタマ（祖先霊や御霊《ごりょう》など）は、カミないし守護神となりうる。極度に怒り取り憑かれたタマは、怨霊、鬼、ないし天狗となりうる。死後さまようタマは、亡霊となりうるのである。

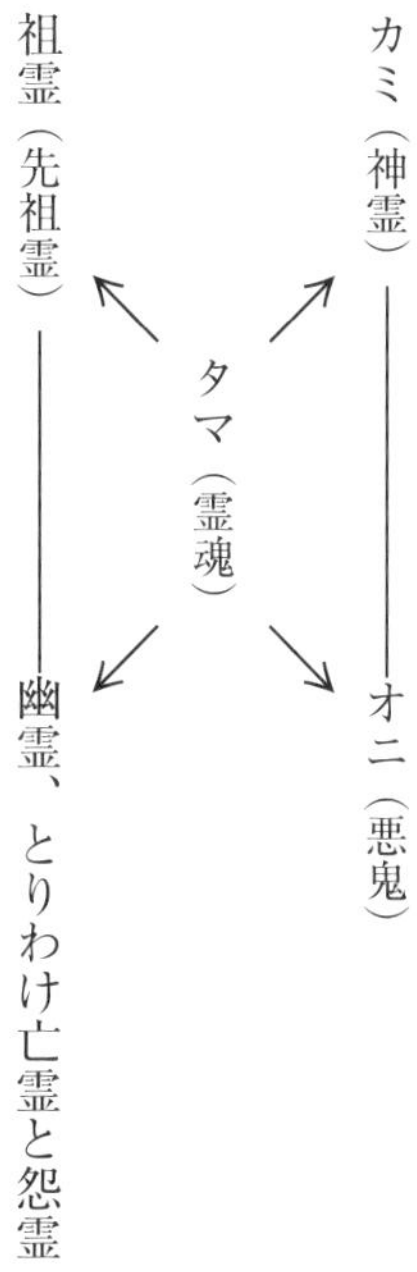

この図で上側にあるものは守護的であるが、下側にあるものは害をもたらす可能性がある。小松和彦が主張するように、カミとオニは二項対立ではなく、むしろ連続体として存在し、オニはカミに転じたり、カミとして扱われたりする。

日本の伝説は、ほとんどつねに特定の場所（たいていの場合その人物が殺されたり死んだりした、墓や神社が建てられている場所）と結びついているという点で注目に値する。その代表例は、京都の中心部の二条城近くの小公園、ヌエが頼政に殺されたとされる場所にある「鵺大明神社」である。墓や神社は、お参りする人々を物理的場所をつうじて過去に結びつける、記憶の目印となるのである（毎年家族の墓参りをすることも、故人と生者を結びつけ家族の記憶を新たにするという点で、同じような役割を果たしている）。これまで見てきたように、日本の伝説の多くが明らかにするのは歴史の隠された、あるいは抑圧された面であり、菅原道真や平将門、崇徳院ら、敗戦や死から復活し、霊神として神社（北野天満宮、神田神社、白峰神社など）に祀られる敗者の物語なのだが、それはとりわけ彼らの霊が崇敬を集め、また恐れられているがゆえである。

タマは肉体の死後も存続するので、伝説上の人物はカミのように生き続けるものの、人間的な欠点や弱点があるため、その人間らしさが庶民には親近感を与える。天神のような御霊《ごりょう》は、元々人間であったという点で、天照大神のような天《あま》つ神《かみ》よりも親しみやすい。「本地物《ほんじもの》」はカミがカミになるまでの苦難を明らかにするもので、菅原道真についての『北野天神縁起絵巻』に始まり、中世後期から江戸初期にかけての『小栗判官』や説経節において頂点を迎えた伝統だが、前述の見方の延長上にあるものである。すなわち主人公たちは人間として苦悩し、多くの場合殺されて復活し、ようやくカミとなるのである。

注

1 Keller Kimbrough and Haruo Shirane, ed., *Monsters, Animals, and Other Worlds: A Collection of Short Medieval Japanese Tales. Translations and introductions* (Columbia University Press, New York), 2018.

2 五来重「陰陽と鎮魂」『日本人の死生観』講談社、二〇二一年（初版角川書店、一九九四年）、八八―一四五頁。

3 自然災害に対する仏教の対応については次を参照。Fabio Rambelli, “Gods, Dragons, Catfish, and Godzilla: Fragments for a History of Religious Views of Natural Disasters in Japan,”, Roy Starrs, ed., *When the Tsunami Came to Shore* :

Culture and Disaster in Japan (Global Oriental: Leiden, Boston, 2014), pp.50-68.

4 市古貞治編『平家物語　一』（新編日本古典文学全集第四五巻）小学館、一九九四年、三六〇―三六四頁。

5 三浦祐之「異界伝説」『日本神話伝説総覧』（歴史読本特別増刊）新人物往来社、一九九二年、二二八―二二九頁。

6 『愚管抄』（日本古典文学大系第八六巻）岩波書店、一九六七年、三二四―三二九頁。さらに下記所収の大隅和雄の訳と論考参照。中原啓治編『慈円・北畠親房』（日本の名著第九巻）中央公論社、一九七一年。

7 兵藤裕巳編『太平記　四』岩波書店、二〇一五年、七六―八七頁。

8 末木文美士「中世思想の転回と能」『能と狂言』第一四号、二〇一六年、二五―二七頁。

9 村山修一は、九条兼実の日記『玉葉』（一一六四―一二〇三）にも同様の見方があると指摘する。『変貌する神と仏たち――日本人の習合思想』人文書院、一九九〇年、二二一―二二三頁。

10 市古貞治編『平家物語　一』（新編古典文学全集第四五巻）小学館、一九九四年、三三八頁。

11 「鵺」佐成謙太郎編『謡曲大観』第四巻、明治書院、一九六四年、二三七七―二三九一頁。

12 世阿弥作とされる『頼政』は、英雄としての頼政ではなく、平家に敗れて宇治で自害した頼政に焦点を当てている。「頼政」佐成謙太郎編『謡曲大観』第五巻、明治書院、一九六四年、三二九七―三三一三頁。

13 高橋悠介「能の亡霊と魂魄」『能と狂言』第一四号、二〇一六年、三〇―四三頁。

14 「朝長」佐成謙太郎編『謡曲大観』第四巻、明治書院、一九六四年、二二七二頁。

15 浅野三平『原文&現代語訳　鬼神論・鬼神新論』笠間書院、二〇一二年、一二五頁。（末木文美士『近代思想と仏教』法蔵館、二〇二三年、三五八頁の引用による）。

16 子安宣邦編『霊の真柱』（岩波文庫）岩波書店、一九九八年、一六六、一七二頁。（末木前掲書、三五九頁）。

17 柳田國男『先祖の話』（角川文庫）角川書店、二〇一三年、六七頁。

18 末木文美士『近世思想と仏教』法蔵館、二〇二三年、三六〇頁。

19　赤田光男『祖霊信仰と他界観』人文書院、一九八六年、八頁。「捨て墓」とも呼ばれる「埋墓」に対し、「詣墓」は「祀り墓」（まつりばか）とも呼ばれた。

20　及川翔平『心霊スポット考』アーツアンドクラフツ、二〇二三年、二七―三五頁。

21　ジュリア・クリステヴァは、キリストの降臨以後、アブジェクション（汚辱や異質なものへの恐怖）の性質が変化すると主張する。バーバラ・クリードは彼女の議論を次のように要約する。「キリストの降臨以後、汚染は内部から生まれ、主体によって語られる「罪」として再定義される。キリストの役割は、個人の内部から罪を追い出すことである。アブジェクションはもはや外面的なものではない。〔…〕脅威はもはや外からではなく、内からやってくるのだ」。Barbara Creed, The Monstrous-Feminine: Film, Feminism, and Psychoanalysis (London and New York: Routledge, 1993), pp. 41-42. Julia Kristeva, *Powers of Horror: An Essay on Abjection* (New York, Columbia University Press, 1982), p 114.

22　池上良正『死者の救済史――供養と憑依の宗教学』（改訂版）（ちくま文庫）筑摩書房、二〇一九年、三八頁。

23　Edward W. Soja, *Thirdspace: Journeys to Los Angeles and Other Real-and-Imagined Places* (Blackwell Publishing, 1996). ソジャが依拠するのはベル・フックスだが、フックスは周辺部（margin）とは単に社会の主流から取り残された人々の社会的周辺部ではなく、境界的ないし抑圧された集団が自由な表現や抑圧への抵抗の場として積極的に開拓しうる領域だと示唆している。Bell Hooks, *Yearning: Race, Gender, and Cultural Politics* (Boston MA, South End Press, 1990).

24　佐成謙太郎編『謡曲大観』第三巻、明治書院、一九六四年、二〇六五頁。

25　Keith Basso, *Wisdom Sits in Places: Landscape and Language among the Western Apache* (Albuquerque: Univ. of New Mexico Press, 2010), p. 5.

26　折口信夫「民俗史観における他界観念」『折口信夫全集』第二〇巻、中央公論社、一九九六年、二一一頁。初出は『古典の新研究』第一集、角川書店、一九五二年。

27　折口信夫「民俗史観における他界観念」『折口信夫全集』第二〇巻、中央公論社、一九九六年、二一一頁。

日本の霊魂観を写す鏡としての妖怪
――誰が妖怪を「始末」するのか？

小松和彦

はじめに

本稿の目的は、妖怪を手がかりに日本人の霊魂観を探ることである。なぜ妖怪なのか。それは、日本人の霊魂観を考えていくと日本人の妖怪観に及び、日本人の妖怪観を考えていくと日本人の霊魂観に至る、と思われるからである。

日本の妖怪の歴史は長く、また多様性に富んでおり、一筋縄では捉えきれない。とくに古代から近世までの、すなわち超越的存在としての妖怪を信じていた時代と近世以後に浸透した娯楽の対象となって人間が次々に妖怪的存在を作り出して楽しむ娯楽化した時代とを一緒に論じることは難しい。

本稿で扱う妖怪は、前者の時代の妖怪であり、その時代は、人びとが妖怪を恐れそれから逃れることに腐心し、それに襲われたときにはどのように対処すべきかを考えた時代であった。すなわち、当時の日本人がどのように妖怪に向き合ってきたかということに焦点を合わせることで、そこに浮かび上がってくる霊魂観から日本人の妖怪観の一端を掴み出そうと試みている。

そしてさらにそれを敷衍していけば、その霊魂観は変質しつつもなお、現代の日本人の心性にまで通底していることもわかるはずである。

一　日本的アニミズムの基礎――「和魂」と「荒魂」

日本文化の基底には、古代から現代まで、有機物・無機物を問わず、動物や植物などのあらゆる存在には、外形的には異なっていても、人格化（擬人化）された、すなわち、喜怒哀楽をもった「霊魂」が宿っているとするアニミズム的観念が見いだされる。

「アニミズム」は、日本語では汎霊説とか精霊信仰などと訳され、一九世紀のイギリスの文化人類学者エドワード・タイラーが『原始文化』（一八七四年）において、文化（宗教）進化論という観点から、人類の最古の宗教的観念であるとみなして提唱された概念であったが、最近では、さまざまな民族、文化の信仰の性格・側面を把握・説明するための分析概念、すなわち考察のための道具として用いられており、もちろん、本稿で用いる「アニミズム」も同様に非・進化論的な後者の意味で用いている。

日本のアニミズムの基本は、「霊魂」（玉、霊）が、外形を成している「殻」（器、座、外形）の中に収まっているという観念で、この「殻」＋「魂」という存在は、さまざまな契機で発生し、成長し、衰退、消滅する、と考えられている。また、この観念は「霊魂」が「殻」から分離する、すなわち、「霊魂」は「殻」が無くなっても、浮遊して存在し続け、通常は別の「殻」を見いだしてそこに入ることで落ち着く、とも考えられていた。

このことを示すもっとも良い事例は、「亡骸」（なきがら）という言葉であろう。これは「死体」のことであるが、この言葉は、「魂」が抜けた状態の「体」、言い換えれば「血・骨・肉」を「殻」（から）として表現した典型

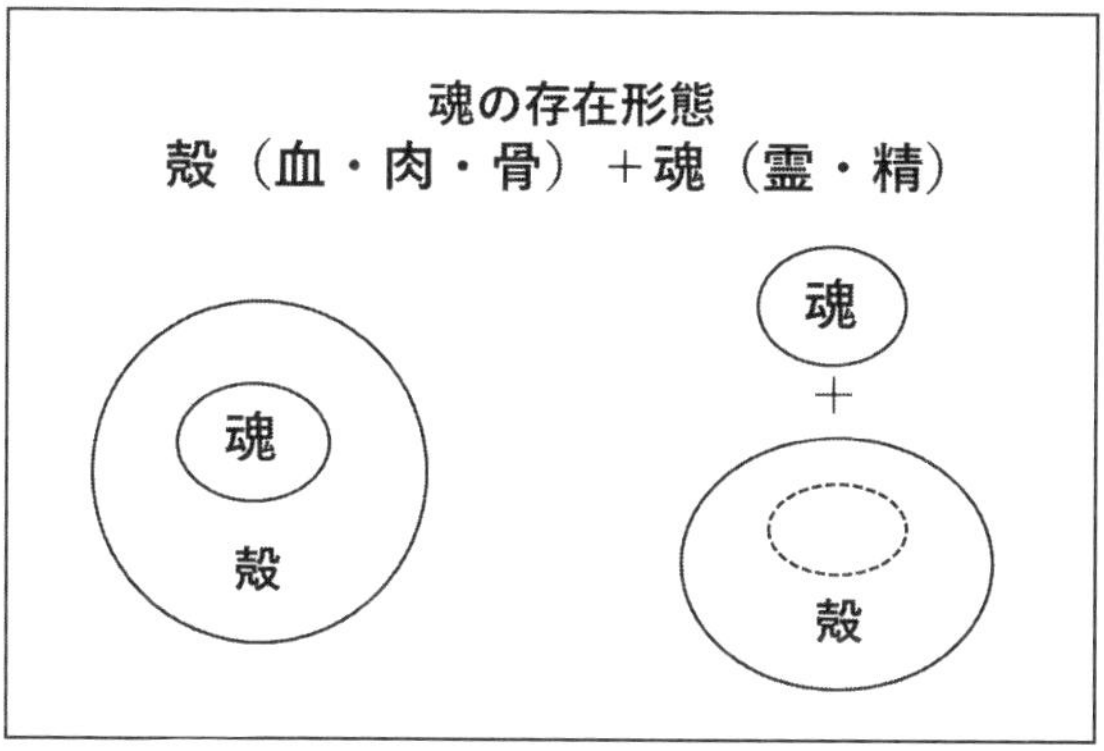

図1　魂の存在形態

例である。すなわち、「魂」には「殻」に収まっていた状態の「魂」と、亡くなって「殻」と「魂」が分離して「殻」（器）が無い「魂」の二つの状態、タイプがあるわけである。これを図式化したのが図1である。

上図の左の状態が「殻」（物理的もの）の中に収まった「魂」つまり「生命のある存在」で、人間を含む動物の場合は、「殻」は「血肉骨」である。「死」は「殻」が腐食・崩壊して消滅し、「魂」が遊離することである。すなわち、「殻」が壊れて「魂」を支えられなくなったり、「殻」は健全でも「魂」が抜ければ、「殻」も存在できなくなり、つまり枯れて、やがて消滅（死）が訪れるのである。その状態が上図の右である。

古代の日本人は、あらゆるものに、そのような「魂」が宿っており、それは「殻」とともに成長し、やがて衰退し、消滅するということを知っており、その間つねに「殻」と「魂」との関係が安定した状態であることを望んでいた。もちろんその「殻」には寿命があることもわかっていた。

あらゆる「魂」は人間と同様に喜怒哀楽の念をもっている。その「魂」は人間にとって好ましい状態と好ましくない状態に分けられ、前者を「にぎにぎしい」（和々しい）と表現し、そのような状態の「魂」を「和

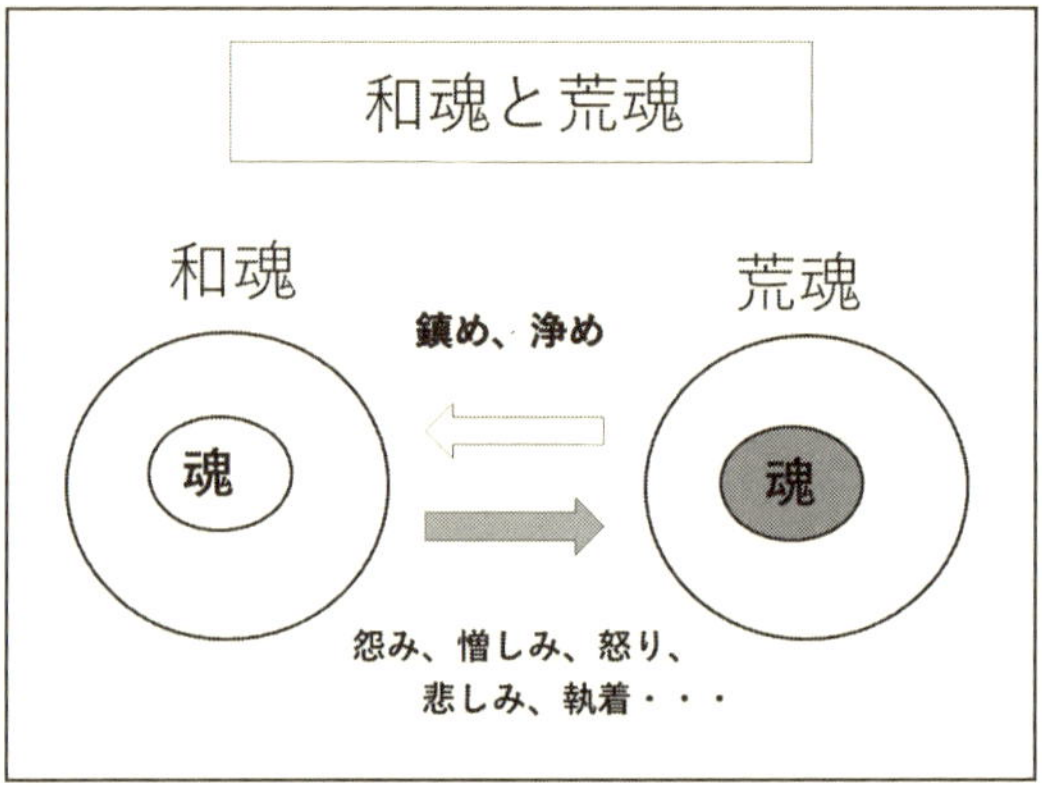

図2　和魂と荒魂

魂」（にぎみたま）と表現した。これは「鎮まっている魂」（鎮魂）とも表現された。

ところが、さまざまな契機でこの「魂」は「不安定」になった。「不安定になる」とは、擬人化された霊魂が「怒っている」「悲しんでいる」「この世のなにかに執着している」等々ということで、そのことが原因となって、すなわち具体的には神秘的な方法で人びとにさまざまな災厄をもたらすこともあると考えられていた。そのような状態になった「魂」を「和魂」に対して「荒魂」（あらみたま）と呼んでいた。その関係を示したものが図2である。この「魂」は「清浄」であることを望む「魂」で、「けがれる」と「荒れ」、この荒れる状態の具現化（災厄化）を「祟り」と表現したのである。例えば『常陸国風土記』（久慈郡の条）に、次のような話が記されている。

東の大きな山を、毗賀礼《かびれ》の高峯といい、天つ神が鎮座している。祭神は立速男命で、別名を速経和気命という。この神は天から下ってきた神（天孫系の神）で、そのときは松沢の松の木の八俣の上に鎮座していた。この神の祟りは激しいものがあり、人が鎮座する方向に向かって大小便をするときに災いを示し、病をもたらした。近くの住民はつねにとても苦しんでいたので、朝廷の役所に窮状を訴えたところ、片岡の大連を派遣して祭祀を行うことになった。大連が「ここに鎮座されていると、郷の民の家が近いために、穢れごとが多い。鎮座する場所としてはふさわしくない。どうかここを去って高山の浄らかな所に移り鎮まってください」と祈った。神はこれを受け入れて賀毗礼の峯に登られた。

「毗毗賀礼の社」とでも称していたであろうこの神の神社は、大和朝廷の支配がこの地域に及んだときにこの地に勧請されたもので、いわばこの土地の人々にとっては外来新参の神である。その神が祟ったとみなされたために、その神の怒りを静めるため、社をもっとふさわしいところに移したわけであるが、この神の怒りの原因が、鎮座する方向に向かって人が大小便をしたから、つまり「穢された」からであった。この事例が興味深いのは、「和魂」であるべき郷の鎮守でさえも「荒魂」に変貌するということであろう。その荒魂化が「祟り」の発現というかたちで示され、その荒魂を鎮める祭祀が「魂鎮め」の祭りであって、ここでは「遷宮」というかたちでの「祭り」がなされているわけである。

この事例が物語るように、人びとは「祭り」を通じてそのような荒ぶる「魂」をもとの「和魂」の状態に戻そうとした。このために動員されたのが、宗教者で、古代の言葉で言えば「はふり」(祝)が、「荒魂」の状態の魂に、「鎮まり給え、清まり給え」と呼び掛け、供物や歌舞音曲を奉納し、それが「祭り」の原初形態であると考えられている。

ところで、荒魂の鎮めには二つのタイプがあった。一つは元の和魂の状態に戻す場合と、別の状態の和魂として扱う場合である。右の事例でいえば、松沢の松の木の八俣の上に鎮座していた荒魂化した神を「祭り」によって鎮めるだけで、鎮座する場所はそのままの場合と、この事例に見られるように、鎮座の場所を変えたり、社の規模を大きくしたり、神の位を与えたり、位をより高いものにしたりすることによって鎮める場合である。

このような和魂から荒魂への変化、あるいはその逆の荒魂から和魂は、潜在的にあらゆる「魂」がもっているものであった。また、当然のことだが、「荒魂」の影響が小さいな地域に留まるような場合はその範囲内で、国家や広い地域に及ぶ場合は大きな規模の祭祀がなされた。

前者の場合の事例として、例えば『常陸国風土記』行方郡の条にみえる「夜刀の神」の話を挙げることができるだろう。

都から派遣された矢筈氏麻多智が、郡の西の谷の葦原を水田として開拓しようとしたところ、姿かたちが蛇で角をもつという夜刀の神たちの妨害を受けた。このため、麻多智は武器を執ってこれを撃ち殺し追い払うとともに、山口に杭を打ち堀を作り、夜刀の神たちに「ここから上は、神の地とし、ここから下は人の田とする。また、今後は、神の祝（神主）となって、末永くあなたたちを敬い祭るので、どうか祟らないでほしい、恨まないでほしい」と告げ、社を作って祭った。

「夜刀」とは「谷」という意味なので、おそらくこの神はこの地域の先住勢力が祭っていた谷や山、水などを神格化したアニミズム的な神であった。その神の領域が開拓によって侵されたために、麻多智らに祟りをなした。そこで、社を作って「夜刀の神」を鎮めたのであった。おそらく「夜刀の神」とは祭祀後の神名であろう。

右の事例は、地方の、つまり庶民のレベルでの祟り＝荒魂化であったが、このような観念はすでに天皇・貴族層においても浸透していた。『日本書紀』崇神天皇七年にみえる「大物主神」の祟りの記事などはその好例であろう。「大物主神」とは「大きなもの（魂）を持った神」という意味である。

災害がしきりに起きたので、天皇がその原因を占わせたところ、倭迹迹日百襲姫《やまとととびももそひめ》が神がかって、自分を祭れば平らかになるであろう、と託宣した。天皇が「そういうあなたは、いかなる神か」と尋ねたところ、「私は大和国内に祭られている神の大物主神である」と名乗った。教えのままにこの神を祭ったが、効験がなかった。そこで天皇は精進潔斎し、夢のお告げを得ようと床に着いたところ、その夜の夢に一人の貴人が現れ、自分は大物主神であると名乗って、「天皇よ、そう嘆くことはない。国が治まらないのは私の心のせいである。自分の子である大田田根子《おおたたねこ》をもって祭ればたちどころに平らかになり、異国をも制圧できるであろう」と告げた。そこで勅命を出して大田田根子を探し出して大物主神の神主とし、また市磯長尾市《いちしのながおち》という者を大和の大国魂神《おおくにたまのかみ》を祭る神主にした。これによって疫病も止み、その年は五穀豊穣となって、民は多いに喜んだ。

崇神天皇は、大和国を本拠としてその近国遠国に兵を送って大和朝廷の支配域の拡張を図った大王であった。

しかし、ここで意識されている「国」は、その広大な支配領域ではなく、日常の生活領域としての「国」すなわち「大和」という「国」であって、その領域内に生じた災害や疫病を終息させることが問題となっていて、こうした災厄が生じた原因を占い（神託）によって大物主神の祟りによる、と知ったのである。

現在の大神神社（大三輪神の社）は、この大物主神を祭る神社で、三輪山そのものを神体としており、本殿をもたず、拝殿から三輪山自体を崇敬するという古い神道の形態を今に残し、日本で最古の神社の一つとされる。すなわち、この神社は、この時に祭られ出した新しい神格ではなく、外来の政治勢力が大和に侵入して樹立した大和政権以前から先住勢力によって祭られていた古い神社であって、三輪山という山の「魂」を「神」（三輪の山の神）として祭ったものであったと思われる。また、この場合は特に祭祀者の交代によって荒魂が鎮まっている。

留意したいのは、「和魂」と「荒魂」は、図2によって示すと、両極に位置するように見えるが、荒魂化の度合いは異なる。弱い荒魂ならば簡単な祭祀（鎮魂儀礼）で済むが、強い荒魂ならば強力な祭祀が必要となる。荒魂は運動しているのである。

「荒魂」に関しての留意点のもう一つは、後になると、古代から続く大社では、例えば伊勢神宮や鹿島神宮に見られるように、祭神の「霊魂」から「荒魂的霊魂部分」を取り出し、本殿（本宮）には「和魂」を、別殿（別宮）には「荒魂」を祭ることもなされるようになったことである。この場合は、一つの「殻」に「和魂」と「荒魂」の二つの「魂」が共存しており、そのうちの「荒魂」を切り離すことで、「和魂」の「和魂」としての恒常化を図った後の時代の特殊な霊魂観と考えるべきであろう。

ここで強調しておきたいのは、「魂」には、しかるべき安定した場所、つまり「殻」があるのが望ましいと考えられていたことである。これは生きているものだけでなく、死んでいるものの「魂」についても言える。日本の祭りは「荒魂」をその「殻」に収まって―鎮まって―貰うことを願ったものであった。魂が遊離している場合は、元の「殻」に、あるいは新しい「殻」に収まって貰って鎮まって貰おうとしたのである。「鎮座」という言葉がまさしくこのことをよく表現しているだろう。この「座」という語は「殻」に等しい意味をもっている。また、そのような「殻」（座）がない場合には、新たに「殻」（座）を作って祭ったり、封じ込めたり、結界の外にある元の「殻」へ追放したのである。

二　妖怪の類型

さて、以上のことをふまえて、ようやく妖怪論の領域の議論に移ることが出来るようになった。というのも、これまで見てきた「荒魂化」とは「妖怪化」と言い換えることができると考えているからである。

この観点から、以下で「荒魂」の類型（存在形態）を整理しておこうと思う。具体例は、後にみることにして、私は、日本の妖怪は大きく次の四つの類型に分けられると考えている。

もっとも素朴な「荒魂化」（前妖怪化とも言える状態）は、「殻」＋「魂」の状態で「魂」が荒れる状態で、これは異常な言動・振る舞いなどでわかるにすぎないタイプである。例えば私がなんらかの契機で怒り狂い、その状態が「切れた状態」、いわゆるヒステリーとなった状態である。しかし、この状態は適切な処理の時間が経てば、鎮まることになる。こうしたことは、人によって頻度は異なるにせよ、往々にあることである。この状態の留意点は、この異常な言動が、本人自身の「魂」によるものであって、別の「荒魂」の「憑依」によるとはみなされないということである。

私が「荒魂」の「妖怪化」と考えているのは、図3に示した次の二群・四タイプである。

第一群のタイプは、「殻と魂」がセットになっている系統の「荒魂」すなわち「殻がある妖怪」で、これには二つのタイプがある。その一つは、「怪物化」とでも表現できるもので、荒魂化の力が強い結果、その「膨れ上がる荒魂」を包んでいる「殻」もまた肥大化するというものである。例えば私の姿が二倍も三倍にもなるということである。こうした「肥大化」つまり「怪物化」は荒れる感情の過剰さによっても生じるが、年齢を百年とか二百年といった異常なまでに生き続けることによっても生じる。

第一群のもう一つのタイプは、強力な荒魂によって「殻」の状態を変えることができる「化物」タイプである。これを「変身する能力」とも表現することができるだろう。このタイプの場合、多くは人間の霊魂の場合は鬼や蛇へ、また人間以外の場合は人間に化けるようである。

この二つのタイプは個別のものではなく、例えば年取った狐が巨大化しかつ美女に化けることができるといったように、両方のタイプを合わせ持っていることが多い。

これに対して、第二群のタイプは、「殻」から抜け出した「魂」の系統の「荒魂」すなわち「魂だけの妖怪」である。

このタイプも二つあり、一つは、「殻」から抜け出したり、殻を失った「魂」がさ迷い、その姿が特定の人には見えるというものであるが、その姿は「殻」がないので「幻影」であるにすぎない。その典型例は「亡霊」とか

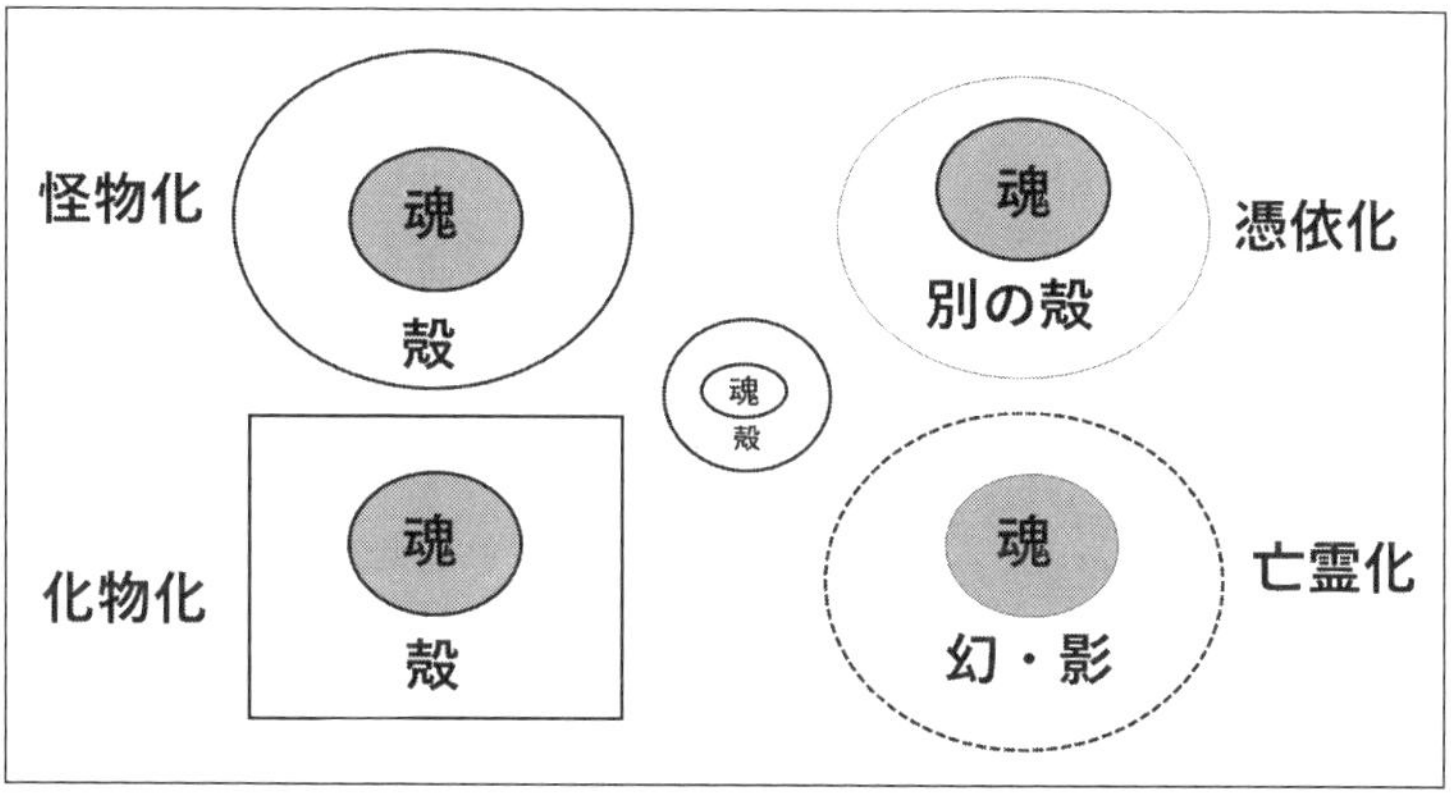

図3　妖怪の四類型

「幽霊」と言われているもので、ここでは「亡霊」となった「荒魂（妖怪）」と表現できるだろう。

第二群のもう一つのタイプは、荒れた「魂」が「殻」から抜けて別の存在の「殻」に入るというもので、このような現象・状態は「憑依」と表現できる。この「憑依」によって、憑依した先の「殻」や「魂」を蝕み、最悪の場合、死に至らしめることさえあった。その典型例は「死霊」や「犬神」や「狐霊」に憑かれるといった場合である（図3）。

これらの四つの妖怪の類型はあくまで便宜的に区別したもので、一つの「荒魂」つまり「妖怪」が、その活動の過程でこれら四つの類型に変身・移動することを否定するものではなく、それらの属性を合わせ持っていると考えるべきで、むしろそこにこそ妖怪の特徴が見いだされるのである。

また、こうした属性は、妖怪とコインの裏表のような関係にある、人間と好ましい関係にある神仏についてもおおむね同様に見いだされるものであることにも留意しておく必要がある。

三 「荒魂」（妖怪）と対峙・処理する専門家たち

ところで、こうした類型に分けてみたのは、妖怪が出現したとすると、当然のことながら、その妖怪と対峙し、それを鎮める（退治もしくは退散させる）特別な能力をもった者と対応・役割分担があったと見なされているからである。

これについても整理しておこう。日本では、神ごとを司る者は、古くは「はふり」とか「かんなぎ」「ものいみ」「みこ」などと呼ばれた人たちであった。やがて仏教の伝来によって「仏教僧」（祈禱僧）が、また陰陽五行説を基調とする陰陽道の専門家「陰陽師」が、また武芸に優れた「武士」などの多様な専門家が登場してきた。かれらは、それぞれ得意な技能によって役割分担をある程度することで共存していたのである。順次、その特技・役割を説明しよう。

「はふり、みこ」の系統は霊視・神がかり（託宣）である。悪霊を退散させる知識をもっているが、直接悪霊に働きかけて退治することはほとんどない。

例えば、菅原道真と同時代を生きた著名な学者の三善清行が残した著作に、彼自身と彼の父氏吉が体験した巫覡にまつわる話を記した『善家異記』というものがある。そこに次のような話が記されている。

父の氏吉は貞観二年（八六〇）に淡路守に任じられたが、同年四年重い病にかかり危篤になった。そのとき、よく鬼を見たり人の生死を知ることができるという老女（巫女）が阿波国から来たので、その女を招いて病人の脇に侍らせた。すると老女は、「裸の鬼が槌をもって病人のところにやって来たが、一人の男がこの鬼を追い払っている」と何度も語った。また、「この男は三善氏の氏神に似ているから、氏神をしっかり祈るように」と告げた。そのとおり氏神をしっかり祈ったところ、巫女は「男が鬼を追って阿波の鳴門の彼方に行ってしまわれた」と告げた。その後、氏吉の病は快方に向かった。その後、貞観六年、氏吉がまた病になったので、この老巫女を呼び寄せたところ、今度は氏吉の寿命が尽きたことを暗示する、氏吉の枕もとで例の男が泣いている。三善氏の氏神社が荒れ果てている、という占いをした。はたせるか数日後の氏吉は亡くなったのであった。

この話の老巫女は、一般の人たちには見えない「氏神」や「鬼」の姿かたちを見る能力を持っていた。だが、彼女には病気の原因とみなされた「鬼」を自らの力で退散させることはできない。「氏神」に頼めば—祭れば—退散してくれるかもしれないと判断するだけなのである。この系統の専門家は、原因を判断をすることつまり「占い」はすることができるが、その原因となっている「もの」の退散を自ら試みるとすれば「散米」をする、つまり「病人」やその「場」を浄化する程度しか方法を持っていなかったらしい。

清行がこの様子を目撃したとすると、九世紀には、「氏神」や「鬼」は、民間の巫覡の前に姿かたちをとって示現するようになっていたわけである。この事例でとくに興味深いのは、この頃にはすでに病気をもたらす鬼は、槌をもち裸と思える姿をしていると見なされていたことである。この槌でもって病人を打って苦しめると考えられていたようである。

「仏教僧」は、もちろん「経典・経文」による加持祈祷によって妖怪と対峙する。その呪力は絶大であったが、妖怪によって生じている病気の原因を、その知識・能力すなわち巫女のような霊視によっては究められないために、「よりまし」(憑坐)にその妖怪を憑依・託宣させることによって判断した。かれらが通常できることは妖怪の正体を明らかにし「護法」(護法童子)のような「使役霊」を用いて病者の体からあるいは病者の生活領域から妖怪を退散させることであって、めったに妖怪を退治することはしない、いやできなかったが、優れた祈祷僧の場合、毘沙門天や不動明王のような仏教系の武神に働きかけその武力によって妖怪を呪縛・退治することもあった。この祈祷僧から派生した宗教的専門家に「山伏・修験」がいる。かれらを独立した専門家とすることもできるが、ここでは「祈祷僧」に含めている。

「陰陽師」の能力・役割も「仏教僧」とあまり違いはない。かれらの能力・知識の基本は中国から伝来した陰陽五行説に基づくものであって、神職が祭祀をするにあたって唱える「祝詞」や僧侶が唱える「経文」に相当する「祭文」を唱えて妖怪の退散を試みるのであるが、仏教僧との大きな違いは、式盤や筮竹などを用いておこなう「占い」に秀でていたことである。すなわち、怪異・災厄があれば、まず陰陽師を招いて「占い」をさせ、その結果にもとづいて陰陽師や僧侶にその原因となっている妖怪の退散のための祈祷をするのは一般的であった。

「武士」は「弓矢・刀剣」によって人間である敵を殺傷するのが本来の役割であるが、その弓矢・刀剣によって妖怪にも対峙した。とくに武士は「弓箭の強者」と評されるように、刀剣よりも弓矢の操作に秀でることが好まれた。そしてその弓の弦を弾き鳴らす「鳴弦」によって妖怪を退散させることができると考えられていた。また妖怪退治には音を立てて飛んでいく「鏑矢」が用いられることもあった。

図４　「北野天神縁起絵巻」（北野天満宮蔵）

これらいずれもそれぞれの特技をもった妖怪に対峙する四つの種類の専門家を挙げたが、この中で武士が得意としたのは「殻」と「魂」を合わせ持った「妖怪」つまり「血肉骨をもった生きている妖怪」の「退治」である。逆にいえば、「殻」の無い「魂だけの妖怪」は弓矢・刀剣が効かないので苦手であった。

これらの妖怪退治の専門家を一堂に会するかたちで描いたのが、「北野天満宮」の起源を語った絵巻「北野天神縁起絵巻」の一場面である（図4）。

図4の右上に「祈祷僧」（図4の屋敷に頭巾を被った山伏らしき者もいるが、ここでは祈祷僧に含めた）、左上に「みこ」（巫女）、中央に弓弦を鳴らす「武士」、庭には、祭壇を作って祭文を読む「陰陽師」がいる。

当時の人はこれらの四種の専門家が妖怪に対峙することができる人たちであることをよく知っていたのである。

以上のことを念頭において、以下では、具体的な事例を挙げて検討してみよう。

事例1　武士による鵺退治

一つめの事例は、頭は「猿」、胴は「狸」、尾は「蛇」、手足は「虎」、胴体

図5　「源三位頼政の鵺退治」（国際日本文化研究センター蔵）

は「狸」という異形の鳥すなわち「鵺」を、源三位頼政が弓矢で射落としたということで知られている話である（図5）。

この妖怪鳥伝承の原拠は、『平家物語』巻五に記された次のような話である。

近衛院の時のことである。天皇が夜な夜なものに怯えることがあった。高僧たちが祈祷をしたがいっこうに効果がなかった。東三条の森から一群の黒雲が現れて御殿を覆ったときに、帝は怯える、という。そこで公卿たちが詮議し、源頼政が召されることになった。

選ばれた理由は、源氏一族の先祖の一人源義家が、堀河天皇が、「もの」に怯えることがあったときに召され、弓と山鳥の尾羽で作った矢をたずさえて南殿に伺候し、天皇が「もの」に怯える症状を訴えたときに、「前の陸奥守、源義家」と大声で名乗り、弓を鳴らしたところ、天皇の病も治ったという先例があったからである。

頼政もまた先祖の先例にしたがって、山鳥の羽で作った矢を用意して待機していると、夜中になって、一群の黒雲がやってきて、御殿の上をたなびき、そのなかに怪しきものの姿が見てとれた。頼政が「神様仏様助け給え、八幡大菩薩助け給え」と祈って、矢を放ったところ、見事に射当てて、怪しきものが南の庭に落ちてきた。頼政配下の猪の早太が駆け寄って止めを刺した。

亡骸をあらためると、頭は猿、胴は狸、尾は蛇、手足は虎、鳴く声は鵺（トラツグミ）に似た、異形の鳥であった。歓心した天皇から獅子王という剣を賜り、それを取り次いだ藤原頼長との間に、「ほととぎす 名をも雲井に あぐるかな」と詠むと、頼政が「弓張月の 射るにまかせて」という歌をやりとりして、武名のみならず歌の道をも優れていると評された。

いっぽう、退治された化け物は、「うつぼ舟」に入れて流されたという。

これは、宮中を脅かす妖怪鳥が武士の働きで「退治」されて「めでたし、めでたし」という話である。「名乗り、鳴弦、山鳥の羽で作った矢、神仏の援助」など、いろいろ注目すべきことが語られているが、ここで私たちが注目したいのは、「鵺」は「殻」つまり「血肉骨」を持った妖怪であって、それゆえに武将に退治されたということにある。

たしかに、物語としてはいちおう完結している。宮中から怪異は無くなりその原因とされた鵺の亡骸も川に流されてどこかに去って行ったからである。

しかしながら、武将は、この妖怪鳥の「殻」の部分を機能停止させた、あるいは生きている状態の「殻」＋「魂」の活動を終えさせたにすぎないのであって、その「魂」の部分までも活動を完全に停止、消滅させたわけではない。武士にはそこまでは出来ないのである。

事例2　僧侶による鵺の亡魂鎮め

当時の日本人は、「鵺」の「魂」はなお生命を失った「殻」（遺骸）の中にあってあるいは遺骸から遊離して活動していると考えていた。このことを語るのが、能の『鵺』という作品である。

諸国一見の僧が、熊野参詣を終えて都に戻る途中、難波の浦を通って芦屋の浜まで来たところで日が暮れる。地元の者に「一晩過ごす所はないか」と尋ねると、「当地では旅の者を泊めてはいけないという決まりになっているので、私の家にはお泊めできない。河口の浜に堂が建っているので、そこに泊まられたらいかがでしょう。ただし、その堂には、川から化物が上がってくるそうですから、どうか承知しておいてください」と教える。

僧が堂で宿を取っていると、空舟に乗った舟人（海人）が現れ、「じつは私は近衛の院の時代に、源頼政に矢で射殺された鵺の亡魂である。この私の妄執を弔って欲しい」と頼み、そのときの様子を詳しく語る。語り終えた舟人は、また空舟に乗って、怖ろしい声をときどきあげながら、夜の波間に浮きつ沈みつ消え去って行った。

そこで、僧が浜辺でねんごろに鵺の供養のための読経をしていると、今度は鵺の亡霊が現れ、やはり退治されたときの様子を、次のように語る。「頼政は帝から獅子王という剣を賜り、その際に宇治の大臣（藤原頼長）と歌のやりとりもして、名を上げたのに対し、殺された私は、空舟に乗せられ川に流され、淀川から海に出て、葦屋の浮き洲に流れ着き、朽ちゆく暗黒の空舟のなかで、同じく暗い冥途の道に入ってしまった。

どうか仏の光を自分に照らしてください」と言って海中に消え去る。

この話では、鵺の「魂」はなお生き続けていて、源頼政によって退治されたことを怨み悲しんでおり、その妄執のために「亡霊」となってさ迷っていて往生できないでいる。その「魂」がその状態から解放して欲しいと僧の前に出現している。

このような状態の「鵺」は、「血肉骨」を持った「鵺」ではない。スクリーンに映された像のようなもの、「魂」が作り出した「幻影」であって、「武士」にはこれを退治（始末）できない。ここに武士が駆けつけてこの「亡霊」に向かって弓矢を放ったとしてもなんの効果もなかったはずである。このような「魂」に対処できるのは、「僧侶」なのである。

ところで、この話は、鵺の亡霊が旅の僧に自分の「回向・供養」を頼んで去って行ったというところで終わっている。

それでは、その後、この「魂」はどうなったのだろうか。多くの日本人は、想像するはずである。僧は「鵺の亡霊」の依頼通りに応じて「回向・供養」あるいは「解脱・成仏」させるための読経を行って「魂」を鎮めただろう、と。また、その際、船に「鵺の遺骸」があれば、穴を掘って埋め「卒塔婆」（供養塔）を建てて「墓」（塚）としたのではなかろうかと。

『平家物語』の鵺退治の話にせよ、能の『鵺』話にせよ、物語（作り話）の中でのことで、実話、歴史的事件を語ったものではない。にもかかわらず、いつの頃か、誰によってかもわからないが――ここではとりあえず民衆

図６　芦屋公園の「ぬえ塚」

としておこう――、能の舞台となった芦屋の浜近くに、「鵺の塚」が作られていた。

例えば、『摂陽群談』（元禄一四年（一七〇一））には「鵺塚は東芦屋川の東、街道の南手にあり、今は某氏の庭園となりて、老松数株存す」、また、『摂津名所図会』（寛政八年（一七九六））には、「芦屋川、住吉川の間にあり。今さだかならず。むかし、源三位頼政、暮目にて射落としたり化鳥、うつぼ船に乗せて西海に流す。この浦に流れてより止まるを、浦人ここに埋むといふ。また東成郡滓上江村の東、田圃の中にも鵺塚と称するあり。いづれも分明ならず」と記されている。

現在も、芦屋市松浜町の芦屋公園内に「ぬえ塚」があるが（図６）、ここが上述の「鵺塚」の後身なのかどうかははっきりしない。いったい、誰が塚を作り誰がそれを守り続けたのか。この物語を知る誰かが、鵺の物語の、言い換えれば「鵺の魂の終息・最終形態」としての「祭祀」もしくは「供養」の場を探し求め、無ければ作り出したのである。これは、とても興味深い事実である。というのも、虚構が現実に根を下ろしたともいえるからであり、日本人の「魂」の最終的な「鎮め方・収め方」つまり「始末の付け方」が示されているように思われるからである。

私が特に注目するのは、この「塚」や「墓」「祠」である。日本人は、武士による弓矢・刀剣による退治も、僧侶らによる祈祷も不完全な「退治」「鎮魂」であって、記念物のようなものを作るまでしなければ「魂」は完全に鎮まらないと考えていたらしいということである。

このことは、次の「玉藻前伝説」の事例によっても確認できるはずである。

事例3　金毛九尾の妖狐をめぐる伝説

次の事例は、「金毛九尾の妖狐」としても「妲己の妖狐」としても知られるもので、その原拠を中国の伝説に求めることができる話である。その日本版が「玉藻前伝説」である。

久寿元年（一一五四）、鳥羽院の御所に一人の美女が現れた。才覚もすぐれ、仏法をはじめ何事にも明るいので、院は「玉藻前」と名づけて寵愛した。ところが、院の健康がだんだんすぐれなくなっていった。僧を招いて祈祷をしても効果がない。医師の手にもあまり、原因を陰陽師の安倍泰成に占わせたところ、「これは玉藻前の仕業で、玉藻前の正体は、那須野に棲む丈七尋、尾が二つある、中国から渡ってきた妖狐である」と告げる。

そして、泰成は次のように語る。「かつて、道にはずれた僧にそそのかされた天竺の天羅国の斑足王が、千人の王の首を供えて塚の神を祭ろうとしたが、般若波羅蜜の力で改心し仏道に帰依した。このときの塚の

図７「東錦晝夜競　玉藻前」（部分、国際日本文化研究センター蔵）

神がこの狐であって、中国に渡って周の幽王の妃となって王の命を奪い、さらに日本に渡ってきて、鳥羽院に近づき、その命を奪って、王法と仏法を破壊し、日本の王になろうとしている」

これを聞いた院をはじめとする御所の人びとは、にわかには信じがたかった。しかし、泰成の言うとおり、泰山府君の祭りを営み、玉藻前に奉幣の役を務めさせると、祭文を読んでいる途中で、玉藻前の姿が忽然と消えてしまう。泰成の占いが間違いでなかったことを知った院は、東国の武士の三浦之介と上総之介の二人に、那須野の妖狐を退治するよう命じる。

二人は苦心の末にこれを退治し、その「遺骸」を都に運んだ。院の叡覧があったのち、遺骸は宇治の平等院の宝蔵に納められたという。

ここまでの話で終われば、その物語構造は「陰陽師」による「占い」と宮中からの妖狐の「祓い」（退散）、那須野に逃げ隠れた妖狐を武士による「退治」（図7）ということになるだろう。ここでこの物語を「めでたし、めでたし」と終わらせることもできるわけで、そのような話になっているものもあるが、この伝説でもさらに、「僧侶」による「殻」から抜け出して「荒れる魂」（妖狐の荒魂）の「鎮魂」の話が続くのである。

能の『殺生石』は、話の内容はくり返しになるが、次のような話である。

事例4

玄翁という高僧が下野国那須野の原（今の栃木県那須郡那須町）を通りかかる。ある石の周囲を飛ぶ鳥が落ちるのを見て、玄翁が不審に思っていると、ひとりの女が現れ、その石は殺生石といって近づく生き物を殺してしまうから近寄ってはいけないと教える。玄翁の問いに、女は殺生石の由来を語る。

「昔、鳥羽の院の時代に、玉藻の前という宮廷女官がいた。才色兼備の玉藻前は鳥羽の院の寵愛を受けたが、狐の化け物であることを陰陽師の安倍泰成に見破られ、正体を現して那須野の原まで逃げたが、ついに討たれてしまう。その魂が残って巨石に取り憑き、殺生石となった」。

そう語り終えると、女は「玉藻前の亡霊」であることを知らせて消える。玄翁は、「石に宿る妖狐の魂」を仏道に導いてやろうと法事を執りおこなう。すると石が割れて、野干（狐のこと）の精霊（鬼）が姿を現す。

野干の精霊は、「天竺、唐、日本をまたにかけて、世に乱れをもたらしてきたが、安倍泰成に調伏され、那須野の原に逃げてきたところを、三浦の介、上総の介の二人が指揮する狩人たちに追われ、ついに射伏せられて那須野の原の露と消えた。以来、殺生石となって人を殺して何年も過ごしてきた」と、これまでを振り返る。

そして今、有難い仏法を授けられたからには、もはや悪事はいたしませんと固い約束を結んで、妖狐の霊魂は消え去る。

これによって「魂」も「鎮められた」(処理された)ことになるが、この玄翁和尚は、妖狐の「魂」を鎮めた(供養した)だけで、鎮まった妖狐の「魂」が収まる新しい「殻」(座)、すなわち「塚」や「墓」「小祠」などを作ったかは定かでない。玄翁も諸国一見の僧なので、すぐにその場を立ち去ったかもしれないからである。ところが地元では、どういう経緯があったかは不明であるが、「妖狐の魂」が現在でも「玉藻前神社」や「九尾稲荷神社」などに祭られているのである。ここでもまた、虚構の物語が現実の世界に根を下していたわけである。きっと、この物語を知った那須野の人たちの気持ちは、「妖狐の魂を祭り続ける施設」がなければ収まりがつかなかったのであろう。

私は、この「魂」の祭り上げ、さらに祭り続けなければ、収まりがつかないという心性に日本人の霊魂観の特徴が見いだされると考えている。言い換えれば、日本人の「荒魂」の始末・処理の最終処理形態は、「鎮め」「供養」に留まらず、「祭り上げて祭り続けること」、仏教風に言えば「供養し続けること」にあるのである。そのためのいわば装置が「塚」や「墓」あるいは「祠」「神社」「寺」であった。

これらは「荒魂」が「和霊」となって収まる「座」であるが、さらに「荒魂」の物語の「記憶装置」でもあって、

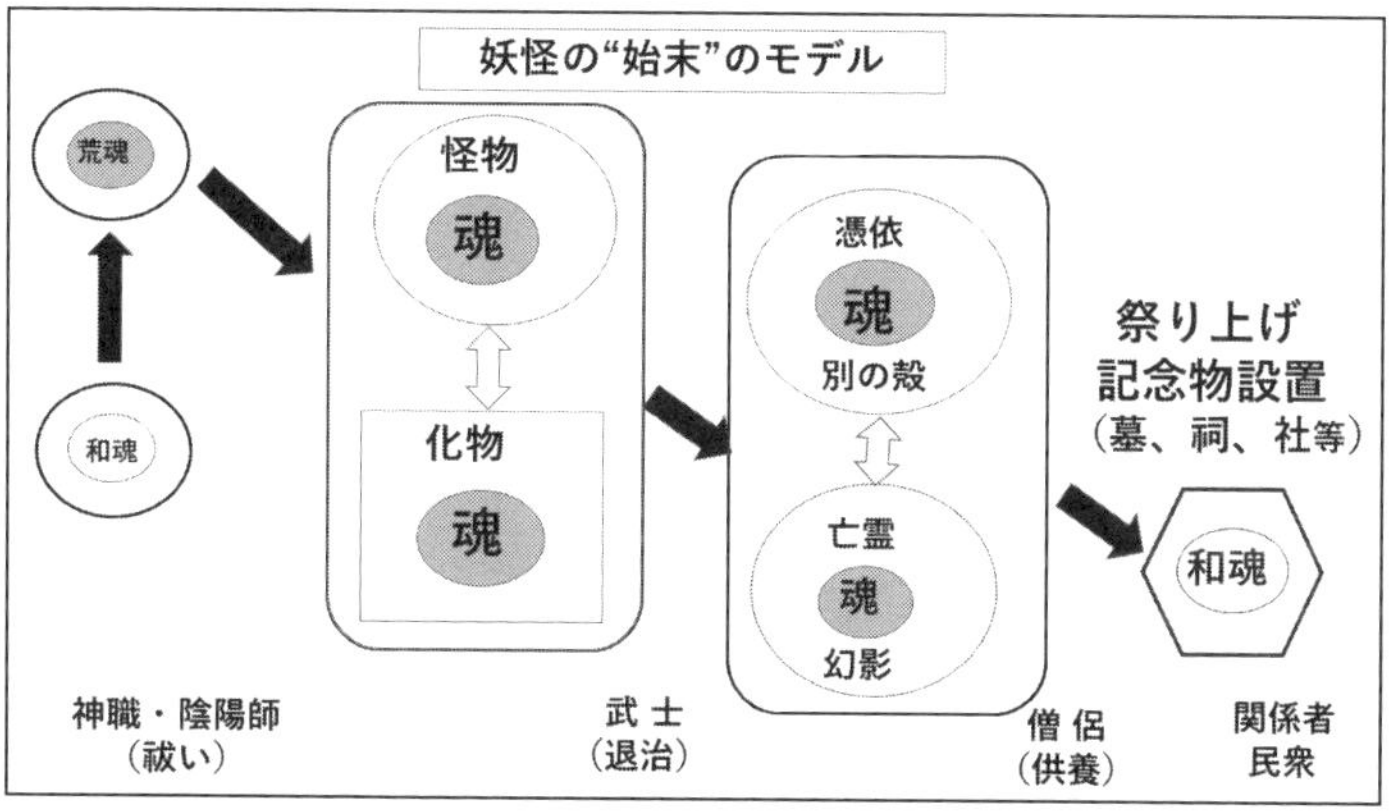

図8　妖怪の“始末”のモデル

その物語を記憶し続けることが「和霊化」にとって重要だったようである。

この話は、日本人が考えていた、まさしく「妖怪」に対峙する日本人の「妖怪の始末の一連のプロセスの理念型」（図8）と言えるような構造をもった話であるといえそうである。

それでは、現代では「魂」の「荒魂化」はあるのだろうか。もちろん、巷では医者にも治せないような難病にかかった者の幾人かは、拝み屋のもとを訪ね、氏神の神木を切ったので氏神が祟っている、水子や先祖の霊が祟っているといったということで、その「荒魂」を個人のレベルで鎮めようとしているといった事例は、数えきれないほどあまたあるはずである。そのレベルでの検討も不可欠であろう。

私が注目するのは、飛行機事故や列車事故、地震や水害などでたくさんの人が亡くなった場合の、亡くなった人たちの「魂」の「最終処理」（処遇）である。そこにも、「記憶」と「忘却」をめぐっての霊魂観が見いだせるからである。その場合の「魂」の「処理」を現代では「慰霊」という言葉で表現しているのである。「荒魂」ではないけれども、「慰めねばならない霊（魂）」（この世に思いを残しているだろうと思われる魂）は、その必要がなくなるまで慰め続けようとしている。そのいちおうの落着点が「慰霊碑」の建立であり、その前での「祭り」（供養）である。

東日本大震災のあと、被災地では被災者の幽霊を見たという話がたくさん報告されたが、墓が作られ、慰霊碑が建立された頃には、このような話も収束に向かったようである。逆にいえば、墓を作り慰霊碑を建立し、その前で「祭祀」（供養）をすることにならなければ、「魂」の処理は終わらないのである。このときは遺族その他の関係者がそれをおこなうはずである。

だが、私は想像してしまう。五〇年後、一〇〇年後はどうなっているのだろうか。誰がその管理をしているのだろうか。遺族の子孫？ あるいはその関係者？ そのことをふまえて「魂」の「記憶」と「忘却」の有り様を想像してみる必要があるだろう。

それはさておき、右でみてきたような霊魂観が、このような心性が、現代の日本人にも知らず知らずに刷り込まれているのではなかろうか。このあたりの検討は、拙著『神なき時代の民俗学』（せりか書房、二〇〇二）に収めた論考や『神になった日本人』（中央公論社、二〇二〇）でも試みているので、それらにあたっていただくことにして、ここでは、以上の二つの事例から、妖怪を手がかりにした日本人の霊魂観・妖怪観の構造を図8のようにモデル化してみた。

このモデルを手元において、妖怪譚を読むと、納得できることが多いはずである。例えば「大江山の酒呑童子伝説」を取り上げて、このモデルに照らすとその話はどの部分にあたるか、「累ヶ淵伝説」ではどうかと考えてみるといいだろう。いや、そうした物語の「荒魂」（妖怪）に留まらず、菅原道真の「魂」を祭った「北野天満宮」

や後醍醐天皇の「魂」を祭った「天竜寺」の創建のプロセスの理解にも、このモデルは役立つはずである。

それればかりではなく、このモデルは、妖怪化しない霊魂、すなわち不慮の出来事などで亡くなった人たちの「魂」の処理の方法にも見いだせるはずである。

信仰と深く関わった日本の妖怪観には、日本人の霊魂観がたしかに映し出されている。本稿の冒頭において、「日本人の霊魂観を考えていると日本人の妖怪観に及び、日本人の妖怪観を考えていると日本人の霊魂観に至る」と述べたが、以上の考察から「日本人の妖怪観を考えていると、日本人の霊魂観に及ぶ」ということや「妖怪の魂の最終処理・始末の方法は何か」ということについても理解していただけたのではなかろうか。

＊本稿は、二〇二四年一〇月一九日、国際日本文化研究センターで開催された「日中妖怪研究シンポジウム」において行った特別講演のために用意した原稿に加筆・修正を行ったものである。

図版詳細

図４　「北野天神縁起絵巻」（北野天満宮蔵より、小松茂美編『日本絵巻大成二一　北野天神縁起』中央公論社、一九七八年、四一頁より転載）

図５　「源三位頼政の鵺退治」（一勇齋國芳作、江戸後期、国際日本文化研究センター蔵）

図７　「東錦畫夜競　玉藻前」（橋本周延作、一八八六年、国際日本文化研究センター蔵）

霊魂ならざる諸々のカテゴリー——機械論的妖怪論

廣田龍平

はじめに——人類学的視点から

本稿の主張は、妖怪の概念化において、その中心に霊魂を位置づけることはできないということである。

本書に収められたハルオ・シラネの論文がその代表例だが、妖怪を霊魂として定義することは珍しいものではない。何よりも小松和彦は、「妖怪を考えるうえで、その前提として了解しておかなければならないのは、あらゆるものには「霊魂」が宿っていると考えるアニミズム的観念である」と述べている（小松 二〇一一、一六）。

しかしここで何をもってある対象を霊魂とすべきか、あるいはいかにして妖怪の概念化の中心に霊魂があると認められるのかについては十分な議論がされていない。妖怪を論じているわけではないが、参考のため、人類学者どうしの霊魂概念に対する立場の違いを一つの例として見てみよう。アニミズム研究者のグレアム・ハーヴェイは、シャーマニズム研究者のピアーズ・ヴィテブスキーが『シャーマンの世界』において、現地のインフォーマントの言葉をひそかに——そして西洋近代の読者には分かりやすいように——改変していることを指摘する。同書のあるページでヴィテブスキーは、ネパールのタムの人々が実践する儀式を撮影した一枚の写真を掲げる。その写真のなかでは、暗いなかでシャーマンや儀式を見守る男性たちの手前のほうを、現代日本の用語で言うならば「オーブ」のような黄色い光が横切っている。写真を見たシャーマンの一人は「この通りに見えるんだ。神も魔女も祖先も。よく絵に描かれているような顔のある神なんて見えないのさ。[……]それにしても、私にしか見えないものを、このカメラはどうやって見たのだろう」と述べた。続いてはヴィテブスキーによる説明だ。

写真を横切る黄色い線はシャーマンを護るためにやってきた祖先の霊で、到着したばかりのときにこのように見える。シャーマンたちの頭の上を横切るオレンジの線は、魔女の魂からシャーマンを護るためにやってきた神クーリエ・ソンディ・プーレソンディ。ここでの魔女は悪意を持つ生身の人間だが、三人のシャーマンの頭上に緑の波打つような線で見える(ヴィテブスキー 一九九六、二〇)。

ここに密かな概念のすり替えがあることに気づくだろうか。ハーヴェイは、ヴィテブスキーが「祖先」を「祖先の霊」に、「魔女」を「魔女の魂」にパラフレーズしているという。「ここや他の箇所での「霊」という語は、良いように受け止めても宗教用語であり、悪いように受け止めるならば、観察者が持ち込んだ言葉である――観察者が何を意図していようが、それによって理解は向上するよりも低下してしまう」(Harvey 2010: 27-28)。西洋近代的世界に生きる私たちは、何であれ非科学的であり、実証的ではない存在を、自分たちとは世界を共有しない人々が、それらは実在して意図を持ち、自分たちに影響を与えると主張するとき、いったん宗教的なものと見なし、そして「霊」や「魂」にカテゴリー区分する。たとえ人々が、それらを指すカテゴリーとして、日本語

（英語）の「霊」（spirit）や「魂」（soul）に相当する概念を用いていなかったとしても――上述の事例の場合、「祖先」および「魔女」を用いていたとしても。

一『愚管抄』読解の問題

本書のシラネ論文を読んでみると、ヴィテブスキーの場合と似たような問題に遭遇する。まず、慈円『愚管抄』（一二二〇年）のくだりに注目してみよう。シラネは、慈円がこの世を人間の「顕界」と神仏の「冥界」に分け、後者の住人を四つに区分したと述べる。そのうちの三つめが怨霊、四つめが天狗や狐狸などで、いずれも妖怪に相当する。これらをまとめて「冥衆」とも言う（注で示されているように、この四区分は大隅和雄の分析に依拠している（大隅 一九九九、一二九－一三四））。この「冥」や「冥衆」の概念は、シラネが論じようとする対象（異界および霊魂）にほぼ対応する非近代的カテゴリーを提示する具体的な典拠という点で重要である。

『愚管抄』をはじめとした中世におけるこの存在論的区分は広く受け入れられており、たとえば池見清隆はこれを「冥顕論」と名付けている。冥界は暗く、顕界は明るい。暗い方から明るい方は見えるが、逆はそうではない。冥は不可視であり、顕は冥のほうから一方的にみられている。この「まなざしの齟齬性」が、冥顕論の基本構造となっているのだという（池見 二〇一二、八）。このような解釈は「今日通説となって」おり、「『愚管抄』以外の冥顕論にも適用されつつある」（森 二〇一八、一七〇）。冥顕論を提唱する池見は、冥衆のカテゴリーに生者を害する餓鬼も加えている。

しかし、『愚管抄』の文言を厳密に分析した議論によると、天狗や狐狸が冥衆であるという説明は誤っている。まず中世の人々にとって、一般的に「冥」の世界は神仏のみで構成されていた（田中 一九九五、五五－五六）。また『愚管抄』においても、「怨霊や天狗・狐狸を神々や仏・菩薩のように「冥」の世界の構成要素として扱っていない……［慈円は］天災や怨霊さらには天狗・狐狸などの魔物類の活動が、「冥」から「顕」へのはたらきかけではなく、「顕」の世界の政治や社会の動向の中に現れる一事象として、むしろ「冥」の力に対向する位置を保っていたことを論じたかった」（前掲、六七、森 二〇一八、一六九）。そもそも大隅は怨霊や天狗が「冥」であることの根拠を示していない（田中 一九九五、六九）。

この議論から分かるのは、冥顕を、人間から「見る／見えない」の非対称性だけで捉えることは、当時の用語法に裏付けられたものではないということである。確かに神仏は人間を見ることができるのに対し、人間からは見えないが、それは「冥」に神仏の意味があることから派生する副次的な事実であって、その逆ではない。また、かりに冥顕を史料用語とは無関係な分析概念とするにしても、中世の諸理論・実践を分析するにあたって、単に「不可視的」や「霊的」「超自然的」といった概念を用いるのとどう異なるかが見えてこない。

時代は異なるが、『付喪神絵巻』（『付喪神記』とも）と称される室町時代の御伽草子にも、単純に不可視の妖怪たちを「冥」と呼ぶことができない表現が出てくる。この物語のなかに登場する付喪神は、捨てられた道具が変化したものの集団で、作中では「化生のもの」「妖物」などと呼ばれ、人馬などを貪り食っていた。しかもその姿は人間には見えず、人々は恐れる一方だった。だが、尊勝陀羅尼のお守りなど、仏法にまつわる事物によって攻撃された付喪神は、自分たちが気ままにふるまい生類を殺したために「忽に、冥の責を蒙ぬ」と反省する

（横山、松本 一九八一、四二二）。ここでいう「冥」を、田中貴子は現代語訳で「仏法」と訳している（田中（訳）一九九九、四〇）。明らかに付喪神側は「冥」ではない。人間からは見えない妖物であっても、ただちにそれが「冥」側に属すことを意味するわけではないということを、この御伽草子は明確に示している。

こうした問題点は、先述の池見が冥顕を近代的思考と対比するとき、すでに矛盾として現れているものでもあった。彼はまず、「冥」を「非日常的・非現実的で超越的な領域」として定義する。それは近代的には「想像力の産物」であるが、中世の人びとにあっては「あくまで実在するものと受けとめられていた」。「近代人の解釈を中世に投影することは厳に慎しまなければならない」とも言う。池見は、「冥」の領域は、近代と中世とで存在論的身分が反転しているだけで、存在論的区分としては維持できる、ということを暗黙の前提にしている。それゆえ、仏神に加え、近代的には「想像力の産物」である怨霊や天狗、狐狸までも一つのカテゴリーにまとめることに抵抗がなかったのだろう。しかし、境界線自体が近代と中世とでは異なっていることを、池見は見落としている。[1]

大隅の四区分を無批判に受け入れるシラネもまた、同様の陥穽にはまっている。慎重に「超自然」や「想像力」などの近代的概念を回避しようとしつつも、結局のところそれらを「霊魂」や「霊的」といった（実質的にはほとんど重なる）カテゴリーに入れ替えるだけなので、『愚管抄』について近代的な区分を行なった研究者の主張をそのまま受け入れてしまっているのである。

「冥」と同様、現代的先入観によるカテゴリー構築として、能楽研究における「夢幻能」が挙げられる。このカテゴリーは大正時代になって発明されたものであり、世阿弥の時代はおろか明治時代までは存在しなかった。概念的に見ても、近代合理主義的観点では現実には存在しないとされる形象が登場する作品を遡及的にまとめたものでしかなく、前近代の文献にその根拠を求めることはできない（重田 二〇一六）。シラネ論文の謡曲についての部分では、必ずしも夢幻能の概念に基づいて議論が展開されるわけではないが（ただしこの語は出てくる）、現代において夢幻能に分類される作品のなかでは現世と異界が区分されていると主張しているとすれば、そうした区分がされているとする非近代的な根拠は十分に注意深く提示しなければならない。

二　霊的なものへの志向

シラネの議論における「霊的なもの」への志向は、カミとオニ、祖霊と幽霊の四項対立を描き出した図によっても確かめられる。ここにおいて妖怪概念にもっとも近い位置である「オニ」は「タマ」（霊魂）の四つの現れ方の一つであり、「カミ」に対立する。興味深いのは、シラネが小松和彦の議論に従いつつ、オニとカミは単なる二項対立ではなく連続体を構成する概念の対であると指摘しているものの――その場合、「オニ」概念は小松の「妖怪」概念とほとんど変わらない――、小松が「鬼」は「人間」とも対立すると論じたことは見逃しているところである。『憑霊信仰論』における構造的妖怪定義の図式において小松は、超自然／自然の二項対立に重ねて、「《神》《鬼》《人間》の三極対立」を示す逆三角形を位置づけている（図1）。この三角形は、超自然的なものが、この概念の当否は措くとして、自然的なものに対立するのとは別に、人間を中心として見たとき、人間に対してプラスに関わり、幸いをもたらすものが「神」であり、人間に対してマイナスに関わり、災いをもたらすものが「鬼」であると定義していることを示している（小松 一九九四、二八九－二九〇）。小松の別の言葉で言い換えると、

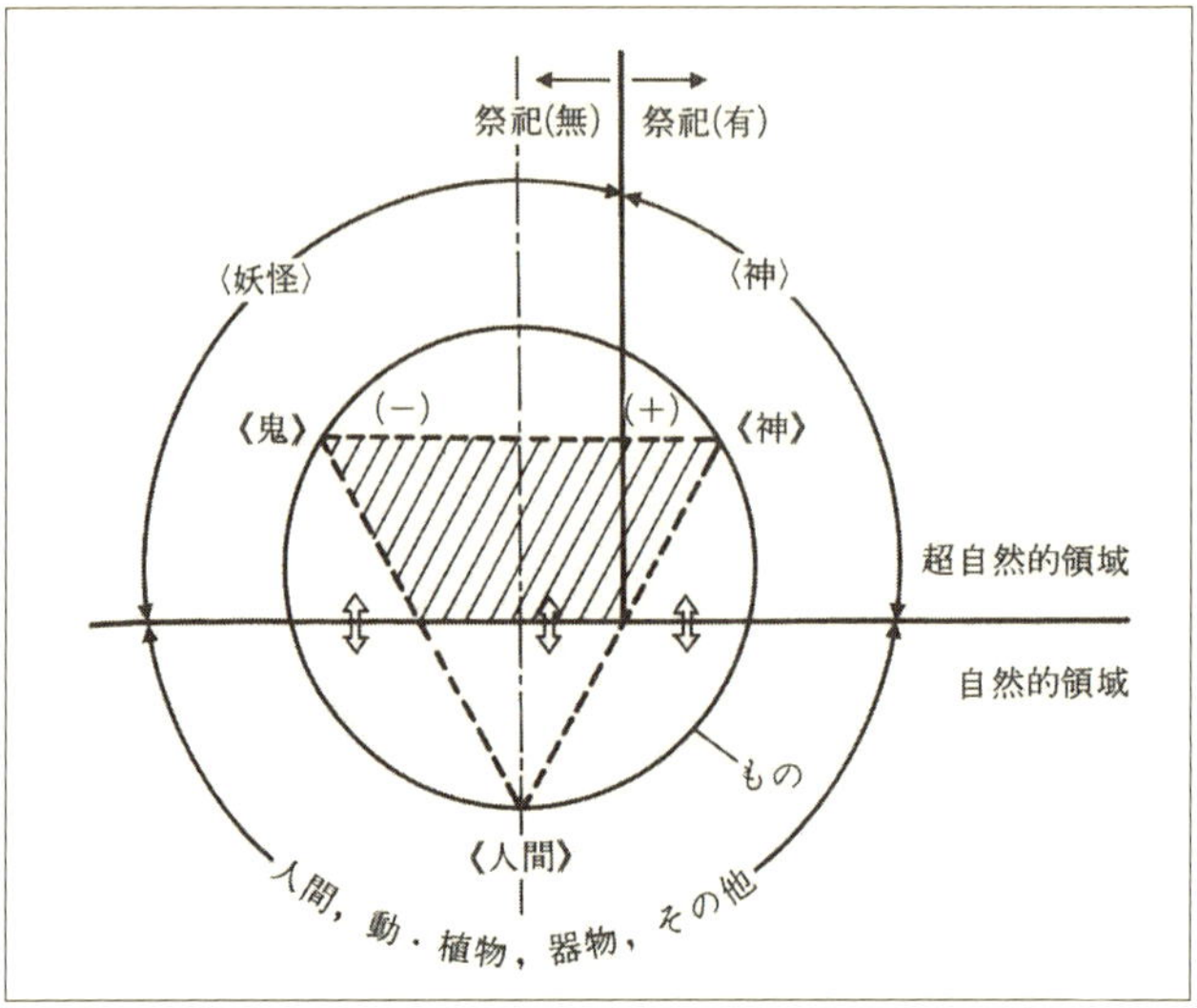

図1　小松和彦の妖怪概念（小松 1994、290）

「鬼」の概念とは、「日本人の想像した「反社会的存在、逆立ちした人間」のイメージ」であり（小松 二〇一二、一三六）、構造主義的に言えば、「人間」の概念を反転的に変換させたものが「鬼」なのである。

「神」に対置された「鬼」は、概念的には超自然的なもの――この場合、霊魂的なものとほぼ同義――の下位カテゴリーになるので、霊魂と見なしても問題ない。それに対して、三角形上は同一の位置を占めるとはいえ、「人間」に対置された「鬼」はそうではない。三項対立において、対立する要素は三つの関係それぞれにおいて異なることに注意してほしい。「神」と「鬼」が霊魂という共通要素のうえでプラスとマイナスという点で反転しているからといって、「神」と「人間」、「鬼」と「人間」が、やはり霊魂という共通要素のうえで別の何かを反転させていることにはならない。そうだとすれば「人間」も超自然的なものとなってしまうだろうが、「人間」は定義上自然的なので、そうはならない。それではどのような点で「人間」と「鬼」は対立しているのだろうか。たとえば「人を食べる、人間社会を破壊する、人に恨みをいだき殺そうとする、夜中に出没し、子女や財宝を奪い取っていく、酒を好みいつも宴会や遊芸・賭けごとに熱中する、徒党を組んで一種の王国をつくっている、山奥や地下界、天上界に棲んでいる……」などであり、いずれも「人間それも社会的・道徳的人間の否定項として挙げられる」(小松 一九九七、七二)。ここに身体/霊魂や自然/超自然、物質的/霊的といった対立は存在しない。そうした鬼の特性の多くは、むしろ身体的であり物質的であり――肉食によって生きる、物理的な武器で殺される(酒呑童子など)――「鬼」の概念を霊魂の現れ方に還元することは困難である。

私たちはここで、人類学者のイストヴァン・プラトがエクアドルの先住民であるチャチの人々が語る「ウヤラ」(uyala)という存在から得たMonsterという概念を参照できるだろう。筆者はこの概念を「鬼」と訳したことがある。というのも、この概念が「全体として通訳不可能であり、そして同時に、完璧に等価」だからである(Praet 2014: 39; 廣田 二〇二三b、一一三–四)。この反転関係は存在それ自体ではなく行為によって決定される。人を喰うのがウヤラ、喰わないのが人間。生肉を喰うのがウヤラ、調理するのが人間。性欲過多なのがウヤラ、一夫一妻なのが人間など。そのため、人間は人間でありつづけるための努力をせず、生肉を喰ったり性欲過多になったりすることでウヤラになってしまいうる。まったく同一のことを、小松和彦は日本の鬼について論じている――「人が鬼の属性とみなされるような立ち振舞いをすると、その人は人間ではなく鬼とみなされることになる」(小松 一九九七、七二)。私たちがよく知っているのは安達ヶ原の鬼婆であろう。このとき「身体が霊魂になる」などの出来事は生じない。霊魂的側面が強調されることもない。

このように見ていくと、霊魂の概念を基盤として妖怪や鬼を構造的に定位することにより欠けてしまうものが、抽象的な概念の水準においてさえ多いということが分かってくる。そうであるにもかかわらず、なぜ多くの論者は妖怪を霊魂として、神と連続的なものとして概念化してしまうのであろうか。これは、筆者がいくつかの論考で指摘した、多くの論者が妖怪を超自然的なものとして、神と連続的なものとして概念化してしまうこと（廣田 二〇二二、二九、二〇二三b、六五－六六）と並行する問題である。そうした概念化の利点は、妖怪を宗教的秩序の内部に収められること、いわゆるコスモロジーに一定の位置づけを行なえること、すなわち妖怪を学術的に理解可能なものにできることである。それまで排他的に神仏や死者のみ取り上げられてきたなかに、それらに対立する霊的対象として新たに――といっても半世紀以上前から実施されていることではあるが――「鬼」なり「妖怪」なりを位置づけることにより、確かに宗教的秩序やコスモロジーのなかで把握できるものは増加する。私たちの西洋近代的世界とは異なる諸々の世界に生きる人々が知覚していた諸々の環境を、より十全に明確な概念を用いて描き出すことが可能になるのは事実である。

　とはいえ、やはり筆者がこれまでの論考や本稿で示してきたように、現在「妖怪」と呼ばれているものの多くは、前近代において神仏や死者と（ほかのどの存在カテゴリーよりも近接しているという意味で）並び立つものとは見なされていなかった（廣田 二〇二二、二章）。それを現代的な先入観によって誤って同じカテゴリーに入れてしまったのが、先述した大隅和雄による「冥」の概念化である。非科学的な、しかし実在が語られてきた存在をすべてひとつのカテゴリーにまとめることは、近代化の過程で存在者のカテゴリーがデフレしていくなか、かろうじて守ってきた非科学的なものの狭隘なカテゴリー、すなわち霊魂および超越者に、そうではなかったものを還元していく行為であるように思える。

三　ホオナデの非均質的なカテゴリー

「そうでなかったもの」は、ではどういったものだったのだろうか。これまでの学術では、個別の妖怪や、妖怪とみなしうる集合体のサブカテゴリーについての研究は盛んであるが、妖怪概念それ自体にかかわる議論はそれほど進められていない。一九九〇年代以降、人文学および社会科学のなかに妖怪研究が存在感を持って確立し、多くの資料が発見・再発見され、その多様性や複雑性が認識されることにより、事例研究に重点が置かれ、それによって従来の妖怪概念に対する多くの例外が照らし出されることにより、そもそも概念を規定することの困難さが明らかになっていったというのは事実である。このような状況のため、たとえば筆者は、妖怪カテゴリーのすべての成員にのみ共通する要素は存在しないことを指摘した（廣田 二〇二二、三四五）。

本節では、似たような妖怪の複数の事例を見ることにより、妖怪を霊魂へと還元することの不可能性や、同じような妖怪であっても非均質的なカテゴリーに分散することがある点について確認してみようと思う。取り上げる事例は、近現代の山梨県から埼玉県にかけての山間部に分布している「ホオナデ」という妖怪である。文字通り人間の顔の頬を撫でるだけの妖怪であり、ほとんど同じものとして「カオナデ」という妖怪も知られている。ホオナデには方言などで表記が異なるものもあるが、基本的には同じような妖怪として考えてよいだろう。以下、筆者が把握したかぎりの事例を紹介するが、いずれも情報はほとんどなく、大掛かりな説話に登場する類いのものではないし、地元の知識人が考察したものも見当たらない。民俗学者による詳細な分析対象にもなっていない。

ホオナデのもっとも短い資料は、『甲州秋山の民俗』（山梨県南都留郡秋山村）にあるもので、「夜淋しい所を通ると、ホオナゼ（頬撫で）というお化けがでる」とだけ記述されている（東京女子大学史学科民俗調査団 一九七四、八九）。これにはほとんど情報がなく、何をするのかも不明である。とはいえ、名前のとおり頬を撫でるのだろう。

ほかの資料を見るともう少し詳しい説明が出てくる。群馬県と埼玉県の県境にある三波石峡にはホオナデというものが出たといい、これも頬を撫でて驚かすのだが、正体は分からない。キツネの仕業ともされた（群馬県教育委員会 一九六五、一一二）。また、長野県北安曇郡会染村（現・池田町）の、ある寺に向かう道は両脇に大樹が並んでいて、真っ暗な晩には「顔なぜ」という怪物がそっと顔を撫でたという（信濃教育会北安曇部会 一九三〇、八八）。埼玉県越生町にもフウナデというのが夜道に出て、やはり頬をすっと撫でた（越生町教育委員会、共立女子大学日本民話研究会 一九九二、三二）。

ホオナデの資料としてもっとも知られているのは山梨県道志村の民俗誌『道志七里』である。これが『綜合日本民俗語彙』や今野圓輔『日本怪談集 妖怪篇』といった民俗学書に収録され、その後の妖怪本にも引用され、さらには水木しげるもイラストにしている。短いので全文引用してみよう。「大羽根の小暗く渓間を綴る小路に〝ほうなで〟が出た。ある者は夜露を宿した枯尾花が顔を撫で、ゆくのだと豪語したが、実際に撫でられた者は、等しく蒼白い手が暗闇からぬっぺりと頬を撫でたと、色を失い口数少なく話すのであつた」（伊藤 一九五三、二四九、民俗学研究所 一九五六、一四一二、今野 一九八一、三六、村上 二〇〇〇、三〇六）。水木の妖怪画は精巧で、ススキの穂に交じって、穂のかわりに手が伸びるという状況を描いている。これまでの事例に見られるように、ホオナデは明らかに触覚優位の妖怪なのだが、その不気味な感覚を見事に表現しているといえよう（水木 一九九一、四一五）。この情報が載っている『道志七里』は、やや強調気味に記述するところがあるので、「蒼白い手」

や「色を失い口数少なく」あたりは脚色かもしれない。道志村ではその後も語りつがれていたようで、一九八九年の論文でも「ホウナデ」について二つ報告されている。いずれもススキの穂が正体であることも含めて語られている（堀内 一九八九、二三一－二三二）。また、『富士吉田市史』（山梨県）の民俗編には、題名だけしか記載されていないが「ホオナデの正体」という話が記録されたとあり、これも同様の内容だろう（富士吉田市史編さん委員会 一九九六、七三七）。

ホオナデは妖怪退治の世間話として語られることも多い。東京都川口村（現・八王子市）の畳ヶ原にホーナゼという化け物が出ると評判になったことがあった。ある人が夜中にホーナゼを斬った。明るくなってから見てみるとカヤの木が切られていて、その木から血が流れていたという（草川 一九五七、一〇）。また、山梨県忍野村では、ある森で夜になるとホウナゼが出るというので、五年にわたって人通りが途絶えてしまった。ある男が行ってみると、名のとおり頬をべたりと撫ぜられたので切り伏せた。翌朝になってみてみると、ヨシが切られて血染めになっていた。これは、今まで人々を撫でていてヨシに悪気がこもったためであろうという（昭和一〇年に語られたもの）（忍野村 一九八九、四六一－四六二）。

東京都檜原村では、異なる話者が微妙に異なったホオナデ退治を語っている。檜原村から五日市町（現・あきるの市）に向かうところにある中山橋（中山の滝あたり？）に「ほおなでのバケモノ」が出るといううわさがあった。剣道の得意な兄弟がそこに行ってみることにした。先行する弟の頬が確かに撫でられ、次いで兄も撫でられた。そこで帰路、先行する弟が、撫でられると同時に刀を抜いたところ、兄は撫でられることがなかった（記述はないが、おそらく夜中の出来事）。翌朝行ってみると、茅の穂が二つに切れていた。夕方になると穂に露が出るので、ちょうど頬のあたりのところまで下がる。それが当たっていたわけである。ただ、「人のこわいこわいと言う妄念で、茅の切口から血が出ていたと言う」（増田、今越 一九八三、二四）。また、別の話者によると、ホオナデというのが頬を撫でるので、ある若者が鎌を持っていき、撫でたので切った。それは夜露で濡れたススキの穂が垂れてきたものだった。それ以降、ススキの首は赤いという（前掲、二五）。さらに別の話者はもっと簡単に、ホウナデは土手の茅の穂がちょうど頬にあたるぐらいのところに下がっていたものだったとだけ語っている（前掲、二五）。以上は同一の文献にあるものだが、さらに別の文献では、話者の父親が友人と連れ立ってホオナデを捕えようとして、二本の太いススキをつかんだ。これまでの事例と同じように夜露に濡れて垂れ下がっていたのだったが、切ってみると、一本目は普通だったが、二本目からは血が出てきた。帰宅した父親は話者に「これがほおなでっていうお化けだった。見てみろ。血が出たきた《ママ》」と語った（高津編 一九九五、四二－四四）。父親が実際にホオナデを切ったのかどうかはともかくとして、話者は一九二三年生まれなので、出来事自体は昭和初期のことであろうか。

最後に、妖怪名は出てこないが地域的に近く、現象としても類似している事例を紹介しよう。群馬県松井田町（現・安中市）で、夜中にある道を通ると、「通った人の誰もが「ぞおう」として気持が悪くなって」しまっていた。そのため、ある人が勇気を出してその辺のススキを刈り取ってみたところ、そのような被害はなくなった。ススキの穂が首のところを撫でるようになっていたためだという（群馬県教育委員会 一九六七、一一三）。

以上の事例は、大半が触られたことによってホオナデの存在に気づくというものになっている（『道志七里』の手だけは異なる）。伊藤龍平は「基本的には、妖怪も五官で捉えられる」と述べ、ホオナデを「触覚で捉えられる妖怪」に分類する（伊藤 二〇一八、一九）。また、ホオナデ（主として昭和期）とはやや時代がずれるが、平成期の実話怪談集に収められた体験談を調べた本間朱音のデータに基づくと、五感のなかでは触覚だけのものが約八％（『新耳袋』）および約三％（『山怪』）だった（本間 二〇二四、四五－六六）。これは視覚（同五四％と四五％）などと比較すると少数派ではあるが、味覚のようにゼロというわけではなく、私たちとしても想像できないような体験ではない。その意味で、触覚由来のホオナデはすべての妖怪を代表する事例というわけではまったくないが、しかし極めて例外的であって特別に考慮すべき事情を有する事例というわけでもない(2)。

いずれにしても、ホオナデはきわめて実感にあふれた妖怪である。どれだけ近代合理主義的な思考を持っていようと、少なくとも事例で語られるような体験をした人々がいるということまでは否定できないに違いない。分布も中信地方から多摩地方、埼玉そして群馬にいたる山間部と比較的広く、記録に残されていないだけで、かなり多くの人々が実体験していたか、少なくとも伝承を共有していたのではないかと思われる。これが妖怪——怪奇的で不思議なものといえる点は、暗闇で人の顔を濡れたものでそっと撫でることの不気味さと、正体である草木を切断すると流血したという異常さにある。正体が特定されていない時点でそれが妖怪的であるのは言うまでもない。他方で、ススキなどが夜露の重さで垂れ下がるのは自然なことだから、ことさら妖怪現象の位置に留めておくことはできない。しかし血を流すのは尋常ではない。このことへの理由付けはほとんど見られない。正体が分かってなお、また別の怪奇性が生じている。他方で、流血については、人々の悪気や妄念が草木に染み込んだからと語るものがある。その場合、ホオナデは怪奇的な草木を作用者（agent）とする単純な構図から、作用者を怖れる人々がむしろ作用者となり、怪奇的な草木を構築したということになる。このように、ホオナデの妖怪たる所以は、小さな話のバリエーションとしても、さまざまな存在カテゴリーに拡散しており、さらに妖怪ではなくなることもある以上、一つにまとめることはできない。

筆者がここで怪奇性や不思議性を強調するのは、マイケル・ディラン・フォスターに続いて、霊魂ではなく怪奇的で不思議であることが妖怪の規定的特徴であると考えているからだ（フォスター 二〇一七、廣田 二〇二一、二〇二三b）。これに対してホオナデを霊魂として分析してみるにしても材料が少ない。強いていうならば「悪気」や「妄念」は、人間に由来する非物質的要素であるから、霊魂の働きとして考えられるかもしれない。とはいえそれが草木へと感染した結果として生じるのは、出血するという身体的特徴である。非物質的な作用が物質的結果を引き起こすこと自体は興味深いが、この小さな事例においてさえ、妖怪を霊魂に位置づけることで失われるものは多い(3)。

もちろん、霊魂を有することが明白な作用者としての妖怪は多数おり、少なくともシラネが重視する資料ジャンルである説話において主流であることは間違いない。ただ、そうした作用者を論じるならば、より適切な概念を用いるほうがよいことも多い。もっとも事例の多いキツネやタヌキやヘビ、カッパなどは、非近代的概念を用いるならば「生類」や「獣」など、あるいは人類学における分析概念を用いるならば「非人間的動物」（nonhuman animal）でよいだろう。この下位カテゴリーとして「変身するもの」（shapeshifter）や「怪物」（monster）があってもよいだろう。また、死んだものの現れは、その多くが「幽霊」（ghost）でよいだろう。テングやオニは「非人間的種族」（nonhuman people）かもしれないし、草木の作用者は「霊」（spirit）あるいは「神格」（deity）でいいかもしれない。もちろん、「非人間的動物」であろうが「霊」であろうが、西洋近代の通俗的概念とは大きく異なるから、個別に検証していく必要はある（動物については、廣田 二〇二一b 参照）。どちらにしてもここで言いたいのは、妖怪を一つのカテゴリーとして措定すること、ましてや一律に霊魂というカテゴリーに還元する分析法には限界があり、その限界はこれまで妖怪と呼ばれてきた数万におよぶ事例を、少なくともそのうちの代表的な事例を見定めたうえで綿密に分類しなおすことによってしか乗り越えることができないという、今後の学術的な妖怪研究に向けた提案である。

四　説話と俗信、生気論と機械論

研究者が妖怪の本質に霊魂を見出しがちなのはなぜなのだろうか。先ほどは秩序への——宗教的秩序・コスモロジーへの還元による説明の節約《エコノミー》を挙げてみたが、本節ではそれに加えて、少なくとも部分的に資料ジャンルの偏りが挙げられるのではないかという見通しを示してみたい。

シラネなどの議論に典型的にみられるのは、とりわけ中世までを題材にして妖怪を論じるとき、物語のなかに登場するものを妖怪として選び取っているという傾向である。シラネが重視するお伽草子や謡曲などのジャンルには、確かに酒呑童子や塵輪、玉藻前、鵺、土蜘蛛、天狗など、無数の妖怪（個体であれ種族であれ）が登場する。説話集や寺社縁起も同様である（伊藤 二〇一一、伊藤 二〇二一、三二三－三三一、小松 一九九二）。『妖怪を名づける』において中世と近世との妖怪観の劇的変化を論じた香川雅信もまた、比較対象として取り上げる中世までの妖怪は、その大半が『今昔物語集』などの説話集に登場するものか、現実の出来事（「怪異」）として記録されたものである（香川 二〇二四、一一―五四）。ここで主張したいのは、注目すべき時代が異なることにより、概念化の中心が異なってくるという可能性である。ここで取り上げたいのが、説話ではない妖怪の資料形態である。

伊藤龍平は現代の口裂け女について、説話と俗信という二つの資料形態があることを指摘する。たとえば「口裂け女に誰それが出会った」ならば過去の出来事が言語として叙述され、ひとまとまりになったもの、つまり「説話」だが、「どこそこに口裂け女が出る」という無時間的なものならば、それは知識であって物語ではなく、民俗学用語で言えば「俗信」である。同じ妖怪を対象にしていても、「説話」と「俗信」とでは存在形態が異なる。これまで口裂け女は説話の下位ジャンルである世間話として分析されてきたが、むしろ俗信として分析すべきものが多いのではないかというのが伊藤の主張である（伊藤 二〇二一、cf. 伊藤 二〇二三、二〇八―二一〇）。

香川自身は論じていないが、『妖怪を名づける』が取り扱う資料のジャンルと時代の関係も、ごく大まかな傾向を捉えるならば、説話と俗信という概念の対立によって理解することができる。古代・中世における妖怪資料がおおむね過去の時間的経過を含みこむのに対して、近世初期における妖怪資料として香川が取り上げるもののなかには、そうでないものが目立ってきているのである。一つずつ検討するわけにはいかないので例示に留めるが、香川が列挙している文献のなかでも妖怪名が比較的多く記載されている『新刊多識編』や『古今百物語評判』、『摂陽群談』、『諸国里人談』、『和漢三才図会』、俳諧関連の文献などに見られる妖怪の事例には、過去の由来や誰かの体験談が付されることもあるが、無時間的な知識、すなわち俗信として提示される妖怪が多い。こうした傾向の一部を香川は「日常化」（香川 二〇二四、一二五―一三〇）と呼び、中世までと異なり近世に怪異は無害だと見なされる傾向が生じたからだと論じている[4]。そして近世の次に記録が増えるのは、言うまでもなく、大正時代以降の民俗学のせいである。正確に数えたわけではないので断言はできないが、大正昭和期に記録された妖怪の語彙は近世までのそれをはるかに上回るだろう。語彙収集の代表例である柳田國男の「妖怪名彙」に見えるものは大半が俗信であったことを伊藤が指摘している（伊藤 二〇二一、二二〇－二二二）[5]。言うまでもなく、世間話をはじめとする説話も多く収集されているが、それらに現れる妖怪の多くは狐狸やカッパ、テングなど一般的なもので、語彙の増加に貢献しないものが多かったように思われる。

このように、中世・古代において時間的経過を含む資料が大半であるとすれば、シラネらがこの時代を中心として妖怪を論じることにどのような影響を及ぼしていると言えるだろうか。まず、説話のなかには必ず時間的経過があり、変化（動き）がある。何らかの動きが作用者を導き出し、それが霊魂の存在を仮定することは、ここでは詳論しないが、人類学的にも心理学的にも裏付けられている（岩田 一九八九、二七五－二七六、デネット 二〇一〇、一五八－一五九、Barrett 2000, Gell 1998）。霊魂―作用者―動き―時間性―説話は、ひとつながりの切っても切れない連合関係にある。そのため、説話を主要な資料とした場合、たとえ登場するのが動物だろうが幽霊だろうが死者だろうが、霊魂こそが基盤にあると考えることは認知的にきわめて自然なプロセスである。これを「生気論的な把握」としよう。

ただし、こと妖怪に関しては、この認知的プロセスに従うことには少なくとも二つの、相互に関連した陥穽がある。一つめが、俗信としての妖怪における歴史性の欠如である。というのも、俗信というのは一定の条件下で反復可能なものだから（ある時間帯にある場所に行く→ある妖怪を体験できる、など）、何らかの作用者による意図的行為が出来事を引き起こすのではなく、むしろ、やや概念を拡張することになるが、機械論的に把握することが可能なのである。ホオナデのように、夜露によって垂れたススキの穂が顔の高さにまで降りてきて頬に接触するという事例が「機械論的な把握」の具体例である。この場合、ススキやホオナデにあえて霊魂や作用者性（agency）は帰属されないだろう。

本稿のはじめに引用したように、小松和彦は妖怪を論じる上で「あらゆるものには「霊魂」が宿っていると考えるアニミズム的観念」を了解しなければならないと述べたが（小松 二〇一一、一六）、狩猟採集民のアニミズム社会ではすべての実体に霊魂が帰属されるわけではない。たとえば一部の野獣や魚類、植物などには霊魂が認められないか、部分的にしか認められないことがある（Fausto 2007: 503-504）。ススキや魚類にも霊魂があえて帰属されないのならば、安定したカテゴリーに位置づけられない妖怪にも帰属されないことはあるだろう。筆者はそのような妖怪の事例として広島のバタバタや江戸の風子を挙げ（廣田 二〇二二、三二一－二四）（廣田 二〇二三b、八八－九）、こうした（いわば）機械論的な妖怪こそ、妖怪概念の中心に据えるべきではないかと提案したことがある。それ以外の（いわば）生気論的な作用者は、先述のように、「非人間的動物」や「怪物」、「霊」、「死者」などの、別のカテゴリーで分析すればよい、ということである。そしてこの点では（霊魂に還元できるならば霊魂として分析するという点では）、筆者はシラネの議論に同意する。

二つめは、そもそもホオナデにしてもバタバタにしても風子にしても、時間的経過のある出来事の時点でさえ、生気論的な理解が重視されなかったり、霊魂や作用者の割り当てが失敗したりしているという点である。香川が『妖怪を名づける』の古代・中世のセクションにおいて、『今昔物語集』にあるような明確な説話のほかに、やはり時間経過は認められるが、一般には説話に分類されない、単に記録された出来事としての怪異を例示しているのが示唆的である。中世までの人々は、その判断主体がどこにあるにせよ、出来事としての怪異を、それ（凶兆）が発生すれば別のこと（凶事）が発生するという、やはり機械論的な予測をするための資源として記録していた（香川 二〇二四、四八）。ここで一気に二〇二〇年代まで飛躍していいのならば、現代におけるネット怪談もまた、ある種の機械論的な宇宙論を背景として、バグやグリッチといったかたちで超常的なことが生じるとするものが目立つようになっている（廣田 二〇二四、一二五－一二九、二四八－二五二）。そうした怪異や超常現象は、説話というよりも、そうしたものが発生しうるという知識を人々が所持している事態と環境の変化との相互作用から導かれるインスタンス化として理解したほうがよいだろう。もちろん当事者にとっては、いくら機械論《メカニズム》的といっても、その仕組《メカニズム》みはわからないままではある。だから妖怪なのだ。

加えて言うならば、バタバタなどのいくつかの妖怪に見られるように、何の仕業かわからないまま「無害化」するものもいる。むしろ私たちは、そのような、生気論的であれ機械論的であれ、コスモロジーに位置づけることすらままならない怪奇的で不思議なものに、しばしば遭遇しているのではないだろうか（廣田 二〇二三b、八六－八七、木澤 二〇二四、三一四－三一五）。

おわりに

本稿では、妖怪を霊魂として捉えるアプローチの限界を示しつつ、新たな視点を提起した。妖怪がしばしば霊魂をはじめとする宗教的秩序に還元される一方で、具体的な事例——たとえばホオナデなど——を通じて見えてくるのは、妖怪が必ずしも霊魂に還元できないという点である。特に、ホオナデのような事例では、説話を概念化の基盤としたときに生じる生気論的な把握よりも、俗信を基盤としたときに生じる機械論的な把握が見られる。こうした理解も含めて妖怪を分析するとき、霊魂や宗教的秩序への還元は限界を露呈することになる。

本稿の筆者は文化人類学および民俗学の研究者である。そのため、近世後期から現代までが主要な研究対象である。したがって、説話と俗信の二分法において俗信に傾いた筆者のここまでの議論が、文学研究ではなく文化人類学・民俗学を利するためのものでしかないと批評することもできるだろう。とはいえ筆者の議論は、妖怪のカテゴリーを大きく解体している点で、従来の文化人類学・民俗学的な妖怪論に対しても破壊的である。その目的は、いずれにしても宗教的秩序や霊魂のコスモロジーに妖怪を封じ込めるのを避けることである。妖怪の宗教的領域への封じ込めは妖怪を非科学的・非合理的なものとして処理することと表裏一体であり、そこには西洋近代的な存在論がきわめて色濃く染み込んでいる。この問題は多角的であり、さらにいくつもの側面から批判しなければ、西洋近代的な偏向を取り除くことはできない。本稿はそのための一歩にすぎない。

注

1　本節の「冥」に関する議論は、筆者の博士論文で展開したものを含む（廣田 二〇二一a、六九―七一）。

2　群馬県松井田町の、妖怪名が存在しない事例では、触覚ではなく「「ぞおう」として気持が悪くなってしまっ」たとする感覚が記述されている。「首のところをなでる」と説明されているものの（群馬県教育委員会 一九六七、一一三）、それは後付けの説明のようにも見える。この「ぞっとする」感覚は、視覚・聴覚・嗅覚・味覚・触覚のいずれにも分類できない。しかし、よく考えてみれば、妖怪・怪異に関連する文脈では見慣れた表現である。妖怪と感覚という問題系では、伊藤龍平や本間朱音の議論において、人体の感覚と言えば五感しかないかのように扱われている。小松和彦も、妖怪現象は「五感を通じて把握される」と定義している（小松 二〇一一、一二）。しかし、たとえば――気分が悪くなる、息苦しくなる、鳥肌が立つ、悪寒がする、冷や汗をかく、ぞっとする、ぞわぞわする、不意にバランスが崩れる、腹痛や頭痛が生じる、むずむずする、耳がつまる――これらはいずれも五感には収まらない、しかし恐怖や異常を認識するときに生じてもおかしくない感覚ではないだろうか。そもそも五感は古代ギリシャのアリストテレスが『霊魂論』において定義した概念であり、人体についての科学知識が現代ほど細部まで追究されていなかった時代のものを21世紀に入っても追従する必要はない。たとえばバランスが崩れるのは平衡感覚が知覚する状態であり、五感以外の代表的な感覚である。いわゆる「五感」は外部からの物理的刺激を受け取る知覚という点で即物的なものだが、妖怪はそのような、いわば観測可能な刺激を送り込むだけのものではないだろう。さらに言うならば、このあたりに妖怪研究者の素朴な科学的理解が露呈しているのではないかと疑うこともできる（cf. 廣田 二〇二二、二三五―二三六）。妖怪研究者は、むしろ人体について、曖昧な理解に依拠するのではなく、現代医学の教科書に基づいて、より広い視野から感覚について論じていく必要がある（当事者が妖怪体験を五感に基づいて分類しているのならば話は違ってくるが）。

3 現代人類学で復興しているアニミズムが、霊魂だけではなく身体および身体的変化も重視していることは注目すべきであろう（デスコラ 二〇二〇、一八六―一九八）。

4 近世にいたって妖怪を指す語彙それ自体が増加したと理解できるかどうかには検討の余地がある。アルナルド・モミリアーノは歴史研究者にとっての危険な誘惑の一つは「記録されなかったものは存在しなかったとすること」であると指摘する（Momigliano 2016: 45）。そもそも、香川が古生物学におけるカンブリア爆発になぞらえて命名した「江戸の妖怪爆発」（香川 二〇二四、四）の主要な部分は、この俗信としての妖怪が記録される機会が爆発的に増えたものとして捉えることも可能なのである。実際、香川は「十八世紀、各地に輩出した文人たちによって、それまで知られることのなかった地方の伝承や奇談が掘り起こされ、記録されていった」とも述べている（前掲、一七六）。香川は「それまで知られることのなかった」と書いているが、これはあくまで文献を読む不特定多数の他地域の人々によって知られることがなかったと理解すべきである。つまり、もとから語られてはいたのだが、文字化され継承されていなかっただけという解釈も可能である。より広い視野から見るならば、妖怪語彙の上位カテゴリーである方言もまた、言うまでもなく先史時代から現在に至るまで日本各地で話されていたが、記録のうえで方言語彙が爆発的に増加したのは近代の方言学・民俗学成立前後のことである。とはいえ近代になって方言が爆発的に増加したわけではなく（むしろ逆である）、増加したのは記録の機会のほうである。いずれにしても、香川が『妖怪を名づける』で提示した分析から導き出されるように、近世以降に俗信としての妖怪の記録が増えるのは事実であり、ここを否定することはできない。

5

前注と同じように、ここでも大正昭和期に妖怪名が爆発的に増加したわけではなく、記録の機会が爆発的に増加したと考えるべきだろう。現在では有名な妖怪で、広域に伝わっていたことが推測されるものであっても、記録の機会がなければ、伝承が存在していた直接的な証拠は残らない。それどころか一世紀以上にわたって記録されないこともある。たとえばザシキワラシは佐々木喜善らによって明治末期から大正期にかけて記録され（佐々木 一九〇七、一九二〇、柳田 一九一〇）、徐々に知れ渡っていったが［永島 二〇二四］、文献上の初出はずっとさかのぼり、宝暦年間、津軽の某家に出没したという化政期の記録が存在する（青森県文化財保護協会 一九八二、五六）（したがって一九〇七年を初出とする［川島 一九九九、二二七、香川 二〇二二、二］は誤り。宝暦年間の事例は一九二九年刊の『奥隅奇譚』にすでに記載されている［中道 一九二九、二二八］）。これらの事実からは、一八世紀半ばに一度出没してから一世紀以上もザシキワラシが伝承されず、二〇世紀初頭にたまたま同名の妖怪が同地方で発生したと考えるよりも、文献にはまったく記録されなかったが、一八世紀後半から一九世紀末までザシキワラシが東北地方で連綿と伝わっていたと考えるほうが（少なくとも民俗学的には）適切である。また、妖怪を積極的に書き留める民俗学の時代に至っても、たとえばトイレの花子さんは一九四〇、五〇年代までさかのぼり、遅くとも一九七〇年代には全国化していたはずなのに（ASIOS & 廣田 二〇二二、二四八－二五〇、廣田 二〇二三a、四九－五〇）、伝承が初めて文字化されたのは一九八三年の民俗調査報告書である（岩手県教育委員会事務局文化課 一九八三、一一四）。中世・近世に関しては、河童（カワロウ）の記録は一四四四年の『下学集』から一六〇三年の『日葡辞書』まで空白があるが（しかも後者は日本語文献ではない）（中村 一九九六、四四）、そのあいだ伝承が断絶していたと考えるのは無理がある。この手の記録は偶然に左右されるもので、ひとたび記録されてそれが衆目を引けば、多くの記録が再生産されることになるだろうが、そうでもなければ誰も文字にしないまま時間だけが過ぎていくことだろう。各妖怪の年代的な上限を示す資料が現在まで伝わっていなければ私たちは河童を江戸時代に生まれた妖怪だと考えていただろうし、ザシキワラシを近代以降の妖怪だと思い込んでいたかもしれない。

文献

青森県文化財保護協会編　一九八二『原始謾筆風土年表』上、国書刊行会
ＡＳＩＯＳ、廣田龍平　二〇二二『謎解き「都市伝説」』彩図社
池見澄隆　二〇一二「「序」にかえて　冥・顕論の地平」池見澄隆編『冥顕論　日本人の精神史』、三－一四、法藏館
伊藤堅吉　一九五三『道志七里』道志村々史編纂資料蒐集委員会
伊藤慎吾　二〇一一「お伽草子と妖怪」小松和彦編著『妖怪学の基礎知識』角川学芸出版
伊藤慎吾編　二〇二〇『お伽草子超入門』勉誠出版

伊藤龍平　二〇一八『何かが後をついてくる　妖怪と身体感覚』青弓社
伊藤龍平　二〇二一「口裂け女は話されたか　「俗信」と「説話」」『口承文芸研究』四四、二一四－二二六
伊藤龍平　二〇二三『怪談の仕掛け』青弓社
岩田慶治　一九八九『カミと神　アニミズム宇宙の旅』講談社
岩手県教育委員会事務局文化課編　一九八三『岩手の俗信　第六集　生活に関する俗信』岩手県教育委員会
ヴィテブスキー、ピアーズ　中沢新一監修・岩坂彰訳　一九九六『シャーマンの世界』創元社
大隅和雄　一九九九『愚管抄を読む　中世日本の歴史観』講談社
越生町教育委員会、共立女子大学日本民話研究会　一九九二『おごせの昔話と伝説』越生町教育委員会
忍野村　一九八九『忍野村誌』第二巻、忍野村
香川雅信　二〇二二『日本妖怪史』河出書房新社
香川雅信　二〇二四『妖怪を名づける　鬼魅の名は』吉川弘文館
川島秀一　一九九九『ザシキワラシの見えるとき　東北の神霊と語り』三弥井書店
木澤佐登志　二〇二四『終わるまではすべてが永遠　崩壊を巡るいくつかの欠片』青土社
草川隆　一九五七「恩方村所見」『西郊民俗』三、一〇－一一
群馬県教育委員会　一九六五『下久保ダム水没地の民俗』群馬県教育委員会事務局
群馬県教育委員会　一九六七『松井田町の民俗　坂本・入山地区』群馬県教育委員会事務局
小松和彦　一九九二『日本妖怪異聞録』小学館
小松和彦　一九九四『憑霊信仰論　妖怪研究への試み』講談社
小松和彦　一九九七『酒呑童子の首』せりか書房
小松和彦　二〇一一「妖怪とは何か」小松和彦編著『妖怪学の基礎知識』角川学芸出版

小松和彦　二〇一二『妖怪文化入門』　角川学芸出版
今野圓輔　一九八一『日本怪談集　妖怪篇』　社会思想社
佐々木喜善　一九二〇『奥州のザシキワラシの話』　玄文社
佐々木鏡石　一九〇七「舘の家」『芸苑』　三
重田みち　二〇一六「「夢幻能」概念の再考　世阿弥とその周辺の能作者による幽霊能の激構造」『人文學報』一〇九、一四三－一八四
信濃教育会北安曇部会　一九三〇『北安曇郡郷土誌稿　第二輯　口碑伝説篇　第二冊』　郷土研究社
高津美保子編　一九九五「東京・檜原村　藤原ツヂ子の世間話」『民話と文学』二七
田中綾子　一九九五「『愚管抄』に見る「冥」の観念について」『文学・史学』一七、四七－七〇
田中貴子訳　一九九九「現代語訳『付喪神記』」『図説　百鬼夜行絵巻をよむ』、三四－四五、河出書房新社
デスコラ、フィリップ　小林徹訳　二〇二〇『自然と文化を越えて』　水声社
デネット、ダニエル・C　阿部文彦訳　二〇二〇『解明される宗教　進化論的アプローチ』　青土社
東京女子大学史学科民俗調査団　一九七四『甲州秋山の民俗　山梨県南都留郡秋山村寺下・尾崎』　東京女子大学史学科民俗調査団
永島大輝　二〇二四「総論　研究者が妖怪を普及させた　ザシキワラシ普及史」『広益体　妖怪普及史』、一一－一一、勉誠社
中道等　一九二九『奥隅奇譚　附原始謾筆風土年表抄』　郷土研究社
中村禎里　一九九六『河童の日本史』　日本エディタースクール出版部
廣田龍平　二〇二一a「妖怪の存在論的歴史人類学　日本における妖怪研究の概念および学史の批判的再構築」　筑波大学
廣田龍平　二〇二一b「シャーマン＝狩人としての動物　世間話における妖狐譚を構造分析する」『日本研究』六三、八五－一一一
廣田龍平　二〇二二『妖怪の誕生　超自然と怪奇的自然の存在論的歴史人類学』　青弓社

廣田龍平　二〇二三ａ「『学校の怪談』以前の事　1980～90年代ホラー漫画雑誌の読者投稿に関する基礎調査」『世間話研究』
　二九、一－五三
廣田龍平　二〇二三ｂ『〈怪奇的で不思議なもの〉の人類学　妖怪研究の存在論的転回』青土社
廣田龍平　二〇二四『ネット怪談の民俗学』早川書房
フォスター、マイケル・ディラン　廣田龍平訳　二〇一七『日本妖怪考　百鬼夜行から水木しげるまで』森話社
富士吉田市史編さん委員会編　一九九六『富士吉田市史　民俗編　第二巻』富士吉田市
堀内真　一九八九「山梨県道志村の口承文芸とその背景」『帝京大学山梨文化財研究所報告』一、二〇七－二六二
本間朱音　二〇二四「現代の怪異譚における身体　『新耳袋　現代百物語』と『山怪　山人の語る不思議な話』の分析から」
　及川祥平編『現代の怪異あるいは怪異の現代　現代怪異研究小論集』、三三－七五、アーツアンドクラフツ
増田昭子、今越祐子　一九八三「多摩の昔話（二）　山間部及び平野部の補遺」『常民文化研究』七、一－五二
水木しげる　一九九一『日本妖怪大全』講談社
民俗学研究所　一九五六『綜合日本民俗語彙』第四巻、平凡社
村上健司　二〇〇〇『妖怪事典』毎日新聞社
森新之介　二〇一八「慈円『愚管抄』の冥顕論と道理史観」『早稲田大学高等研究所紀要』一〇、一七〇－一六四
柳田國男　一九一〇『遠野物語』私家版
横山重、松本隆信　一九八一『室町時代物語大成　第九』角川書店
Barrett, Justin L. 2000. Exploring the natural foundations of religion. *Trends in Cognitive Science* 4 (1): 29–34.
Fausto, Carlos. 2007. Feasting on people. Eating animals and humans in Amazonia. *Current Anthropology* 48 (4): 497–530.
Gell, Alfred. 1998. *Art and agency: an anthropological theory*. Oxford: Oxford University Press.
Harvey, Graham. 2010. Animism rather than shamanism: new approaches to what shamans do (for other animists). In Bettina Schmidt

and Lucy Huskinson (eds.), *Spirit possession and trance: new interdisciplinary perspectives,* 16–34. London: Continuum.

Momigliano, Arnaldo. 2016. The rules of the game in the study of ancient history. Kenneth W.Yu (tr.). *History and Theory* 55(1): 39-45.

Praet, Istvan. 2014. *Animism and the question of life.* London: Routledge.

怪物叢・覚書

マイケル・ディラン・フォスター
廣田龍平訳

もし怪物が、私たちが物事を理解するためのカテゴリーに根底から大きく揺さぶりをかけるのならば、怪物人類学によって私たちは、人類学的探究の規矩や方法、目的を再考せざるをえなくなるだろう。[1] 民族誌的な観点から思考し、怪物たちや、それらが出没する土地の人々と一緒に地べたで作業することにより、怪物とは何なのか、怪物は何をしているのかといった問いを、これまでとは違ったかたちで問うことができる。怪物たちは、それらの自然環境(および文化的環境)のなかで、けっして単純な(単一の)解釈を許してくれず、つねに新たな探究や発見、理論化への方途を示唆する。そうした方途のうちの一つが、「変化」(change)に注目することである。というのも、決してじっとしていることがないというのが——この点は人間もそうなのだが——、怪物が怪物たる所以だからだ。怪物たちは、空間や時間のなか、そして意識のなかで、つねに姿かたちを変えつづける。

言うまでもなく、日本では(広義の)怪物的存在のことを一般的に「妖怪」と言うのだが、歴史的には「化物」とも言っていた。「化物」は、文字通りには「変化するもの」(changing-thing)を意味する。また口語では「おばけ」と言い、ここにも変化や変換の重要性が込められている。このような表現は、一定数の(すべてではないが)日本の怪物のありようを「姿を変えるもの」（shape-shifters）として言及するのみならず造語の際の変容（transformaticn）の重要性も明確に示している。怪物は、昆虫や植物、人類、観念などと同じように、変化によって特徴づけられているのである。

ここから先は、怪物にまつわる旧来の考え方から一歩踏み出し、その捉えがたさ（さらには認めがたさ、解しがたさ）に対する新しいアプローチを探る試みを提示したい。結論を出すつもりはないし、一貫した議論を進めるわけでもない。むしろここで述べる内容は、ジェフリー・ジェローム・コーエンの画期的な「七つの命題」――英語圏の怪物研究では頻繁に引用される有力な論考――の精神に沿って、考えをまとめるのではなく、解き放つものにしたい。また、私自身の日本国内での調査結果を使ってみるが、ほかの文化における「怪物」（同じように超越的な形象も含めて）の観念も幅広く語ってみようと思う。以下は、必ずしも連結したり一つの全体になったりはしない思考実験を、思いつくままに並べてみたものになる。相互に矛盾することもあるかもしれない。とはいえ、さらなる思索を誘発するものになるとすれば、願ったり叶ったりである。

思考実験その1　意味の染色

ある種の怪物（およびそれ以外の事物や観念）の拡散や変化を考察するための一つの比喩を、私は「意味の染色」（semantic staining）と名付けている。意味の染色とは、あるものが他のものと接触し、色づいたり染まったりして意味合いが変わり切ってしまう、そうした感染呪術的なもの[i]のことである。木材を染めるときと同様に、形状や木目がまだ見えることもあるかもしれないが、もともとの物体はすっかり変わってしまっている。この概念は、人類学者のヤスミン・ムシャーバシュとギーア・ヘニング・プレストルストンが提唱する一連の概念――さまざまな怪物の特質が一体化する「融合」（amalgamation）とかなり近いが、「適応」や「流用」、さらには「絶滅」とも関連している。これらの概念は、「（人類の）社会変化や転換状況のなかで怪物たちが「行動」する仕方」を指しているのだが、その行動を説明する仕組みの一つとして、あるいは少なくとも行動を見てみるための問題発見的な手段として、意味の染色について考えてみることができる。(2)

現代日本で広く知られている妖怪と言えば、もちろんカッパだ。(3)現在では、カッパは子どもサイズの人型の生きものとして描かれることが多い。体色は緑で、水かきとクチバシがあり、背中に甲羅を背負っており、頭頂部にはくぼみがあって、そこだけ毛が生えていない。大衆文化にはカッパが溢れかえっていて、児童番組や広告に登場したり村おこしのマスコットになったりしている。しかし、少なくとも一九世紀までのカッパは民俗文化のなかの怪物であり、数多くの伝説や世間話の主役でもあった。カッパは水場に潜んで牛馬や幼児を引きずり込んだり、厠で女性を襲ったり、通行人に相撲を挑んだり、キュウリなどの野菜を盗んだりする存在だった――そのため現在では、定番のキュウリ寿司のことを「河童巻き」と呼んでいる。民俗文化のなかには、カッパを水神として崇拝するところもある。だからカッパは恐ろしいものであると同時に人々を守ってくれるものであり、インドラ・アルムガムの言う「聖性のスペクトラム」（Arumugam 2020:47）を一つの種だけで体現していると言える。(4)

カッパが二〇世紀（そして二一世紀）を通して多くの変化を遂げてきたことは言うまでもない。だが、カッパがいつも（単なる）カッパだったわけではない。実は、「カッパ」と呼ばれているのは汎用化された姿であり、日本列島全体に伝わる水霊の融合（「骨抜き」と言ってもいい）の結果なのである。良く知られているように、歴史的に見ると、「カッパ」は水辺のいたずらな生類を示す数百もの方言――ガラッパ、エンコウ、ミンツチ、コマヒキなど、挙げればきりがない――の一つにすぎなかった。状況はきわめて複雑なのだが、思い切って簡略化すると、「カッパ」は関東・東北地方に見られる方言であった。それとは別に広まっていた方言が「カワタロウ」で、こちらは関西から西のほうで主流であった。江戸時代中期に入るまでは、カッパとカワタロウは、おそらく同類異種と思われていた。カワタロウは二足歩行する毛深い猿のように描かれるが、一方でカッパは蛙か亀に似た姿をしていた。

しかしどこかの時点で、カワタロウはカッパによって意味的に染色されてしまった。この変化は突然起きたわけではなく、多くの要因が絡み合っているのだが、なかでも重要だったのは関東地方での大衆文化産業の発展である。広範に流通させられる安価な書物や版本が量産されたのである。この状況下、鳥山石燕（一七一二―一七八八）が有名な怪物画集シリーズを出版した。この画集には手に水かきがある亀のような蛙のような姿のカッパの絵も収められており、わきには「河童　川太郎ともいふ」とだけ記されている。この画文は、西のカワタロウが東のカッパ図像に染色された、その変化の――少なくとも変化が確認された――瞬間を表していると考えてみたい。一九世紀後半までには、ぬらりとした東のカッパが国内における水霊の汎用版になっていき、さらに「カッパ」が種名の覇権を制した（香川 二〇〇二、六―七）。

今の日本では、ほとんどの人がカッパのイメージを思い浮かべられるが、カワタロウとなると激減するのではないだろうか。カッパはこの「自然カテゴリー」の中心にある「原型」になったのである。こうした自然カテゴリーは「焦点領域を決定づける原型に基づいて定義されつつ、そこから離れた対象もある程度はカバーしている

――言い換えれば、意味論的領野の外縁に向かうほど毛がそぎ落とされていくわけである」(Laughlin 1993: 20)[5][ii]。現代日本ではカワタロウも「カッパ」カテゴリーの一員であり、「家族的類似」(Roch and Mervis 1981)を示してはいるものの、中心にいるわけではない。その一方でカッパは水魔の初期値となり、ありとあらゆる民俗・大衆文化がらみの用途で呼び出される、信頼と実績のキャラとしての地位を築いている。言うまでもなく、この手の汎用化は日本に留まらない――たとえばクリスティン・ジュディス・ニコルズは、オーストラリアのバニップ(Bunyip)がほとんど同じ道をたどっていたことを実証している(Nicholls 2020, 89–111)。ある種の「お決まりの怪物」(DeSanti 2015: 186)になったのである[6]。

ここで描いてきた意味染色の仕組みは、基本的には資料館や図書館の資料を利用したものだが、民族誌的研究を通してみると、よりうまく焦点を当てることができる。私はこれまで二〇年以上にわたって鹿児島県南西沖の下甑島で断続的にフィールドワークを行なってきた。島内の手打という地域(人口約六〇〇人)で地元の妖怪を探し求めたところ、それまで聞いたことのなかった「ガミシロ」という妖怪を知った。島の子どもたちはガミシロのことを知らなかった。知っていたなかでもっとも若かったのは五〇代後半の友人男性で、子どものころ、ガミシロに襲われることがあるからキュウリを食べて海に入ってはいけないと言われたのだという。さらに年上の島民女性は、ガミシロが脚をつかんで引きずりこむから一人で泳ぐなと言われたという。また、別の八〇代後半の男性は子どものころ、手打湾の二ヶ所の深みにガミシロがいて引きずり込むから近づいてはいけないと言われた、と話してくれた。

こうした描写のなかには汎用的カッパと重なるところもある――水域やキュウリ、溺死との結びつき――が、どこか違うところもある。特に異なるのは、カッパは淡水の河川湖沼にいることが多いのだが、ガミシロは海にいるというところである。しかし何よりも印象的だったのは、ガミシロについて話すとき、誰もがすぐにカッパのようなものと見なしたことだった。八〇代後半の男性の言では、ガミシロは「今でいうカッパ」とのことだが、自身はガミシロを見たことがないようだった（見たことのある人も知らないという）。しかしこの男性はガミシロとカッパの汎用的イメージ——多くの人が図像や映画、テレビなどで見たことのあるもの——を比較するなかで、カッパのイメージが地元の水魔を染色して地方特有の認識を不可逆的に上書きする過程を体現していた。カッパのイメージがいつ下甑島に伝わったのか、過去にどれだけガミシロのイメージに手が加えられたのかを知るすべはないが、住民が皆、説明の便宜としてカッパを引き合いに出したことは、言語のみならず意味の観点からもカッパが主導権を握っていることを実証している。今やガミシロは絶滅したも同然であるが、カッパのほうは適応し、融合形態と化して大いに栄えている。

思考実験その2　ゆるゆる怪物

それでも、あの怪物が消えていったところで別の怪物が現れるものだ。日本在住ならば誰でも知っていることだが、二一世紀初頭から日本全国津々浦々、都会、小さな町、大学、企業を問わず、「ゆるキャラ」がはびこっている。これらのマスコットは「かわいく擬人化された漫画のようなキャラクター」（Occhi 2012:110）で、それぞれの土地やコミュニティ、団体の象徴となるべく創られたものである。ゆるキャラはアイコンやロゴマークになることもあるが、もっとも有名な形態は着ぐるみで演じるものだ。大きな体に小さな手足といった共通の特徴も多いが、その種類は果てしないほど多い。また、そのキャラが結びつけられた場所や実体を表す象徴的特性をつなぎ合わせて構築されることが非常に多い。

日本人の大半はゆるキャラを「妖怪」だとかこれぞ怪物だなどとは考えないだろうが、間違いなく怪物っぽいところはある――ハイブリッドな構成、巨大なサイズ、無言で怪しげにふらつく姿（着ぐるみの中の人が声を出せないからなのだが）などだ。加えてゆるキャラは、人間界に影響を及ぼす非人間的形象の美学を同様に反映してもいる。だから、汎用化の波がガミシロなどの地域固有の怪物の生存を脅かすにしても、同じメディア発の力は逆に新しく地域に根差した怪物たちを生み出している。これこそがムシャーバシュとプレストルストンが提案する「出現」過程（Musharbash and Presterudstuen 2020:8）の完璧な実例である。この過程では、「（新しい）怪物の出現は［……］時代精神を映し出す、別の「新しい」ものと直結した相関関係にある」。今回の場合だと、「新しい」要素は、企業からコミュニティにいたるまであらゆるものがゆるキャラになってしまえる効果のこととなるだろう。

思考実験その3　人類学者としての怪物

もし発想を一八〇度転換して、「怪物人類学」という言葉を、怪物たちのやる人類学という意味で想像したらどうなるだろうか――怪物たちが、自分の領域に出没する人類を民族誌的にフィールドワークするとしたらどうだろうか。怪物の視点からの人類の人類学は、人類と同じやり方で人類の行為主体性を解釈するのだろうか。[iii] そもそも怪物たちも行為主体性の概念を持っていると想定してもいいのだろうか。怪物たちが標準であり、怪物たちが信じる人類なるものが、それを信じる怪物たちの文化を反映しているなどという状況を想像できるだろうか。これらは悪戯な問いかけではあるが、私たち（人類）の人類学的実践を掘り下げるものでもある。怪物たちを、もっとも身近な人類から見ても大きく異なる世界観や理解のカテゴリーを持つ存在として捉えようとすることは、私たちが当たり前と思っているものの多くに根本から揺さぶりをかける。(7)

実際のところ、怪物はどのように人類を構築することになるのだろうか。デビー・フェルトンによると、古代ギリシャ・ローマにおいて、未開の地を突っ切る道路建設が、旅に対する人類の不安を煽り、道中で出くわす怪物たちの物語を生み出すことになった（Felton 2020: 29-44）。このような動態は［日本の］妖怪とも関わりが深い。実に多くの妖怪との遭遇譚が、人類が山道や人気のない森林を行くときに発生するのである。しかし逆に、見なれない生きもの、つまり変な言葉を話す人類や馬が突然縄張りに侵入してきたときに怪物たちの抱く不安や恐怖はいかばかりのものか。私たちはただただ、全世界のさまざまな文化において、人類のコミュニティをつなぐ道路や鉄道のネットワークを作っていくことが、怪物たちの世界認識やそのなかでの自身の位置づけを混乱に陥れたに違いない、と想像することができるのみである——怪物たちは、なんで人類どもが隠れ家からいきなり出てきて自分たちの棲み処に踏み入ってくるのか、理解しようがなかったことだろう。

怪物の視点からは、人類（および動物）の共同体はそもそも共同体のようには見えず、むしろ分類体系に押し込める必要のある不揃いで混沌とした群れのように映るかもしれない。そんな分類学はどのような感じになるだろうか。怪物たちは人々を、ジェンダーや年齢、肌の色、体の大きさ（人類が怪物によくやる方法）でカテゴリー分けするだろうか。それとも臭いや声で分けるだろうか。それとも、ある種の妖怪の分類法のように、出くわす場所で分けるのだろうか。それとも、社会的地位や経済階級で分けるのだろうか（とはいえ、怪物たちにそうした区分が把握できるものなのだろうか）。もしかすると怪物たちは、自分たちを認識したり、信じたり、コミュニケーションを取ったりする能力に応じて人類を分けるかもしれない。さらにありそうなのは、私たちが想像すらできないものを基準にすることだろう――というのも、ここでやってみたように、怪物を擬人化するのは安直な行為でしかないからだ。

怪物視点のながめ、あるいは「怪物への共感」とでも呼べそうなものは、言うまでもなく文学において実験されてきたものである。もっとも有名なのはメアリー・シェリーの『フランケンシュタイン』だろうし、『ベーオウルフ』[iv]さえグレンデル（Grendel）の外部者としての苦悶を描き出している。近年ではピクサー映画『モンスターズ・インク』（2001）が怪物からの視点を独創的に取り上げている。この映画では、子どもたちの恐怖がモンスターワールドを動かすための生の素材となっている。モンスターが暗い子ども部屋に忍び込むとき、視聴者も未知の禁足地に足を踏み入れているという緊張を味わうことになる[8]。

これらの実例は文学作品だったり映画作品だったりするが、民族誌的にやってみたらどうなるだろうか。私は答えを持ち合わせていないが、考えるだけの価値はあるだろう。怪物が人類をどう見ているのかを考察する――少なくとも想像してみようとする――ことにより、人類文化や社会に対するこれまでとは違った視点を得ることになるし、人類学という学問分野を定めるいろいろな境界を広げる機会を得ることにもなる。最近注目されているマルチスピーシーズ民族誌などの試みでは、人類がより広い民族誌的文脈に位置づけられており、「私たちと、私たち以外の生ある諸自己との『絡まりあい』がどうなるのかに関心を抱いている」（Kohn 2007: 4）。こうした

「生ある諸自己」（living selves）は、[v] 動植物など「かつては、人類学の辺境に――景観の一部として、人間にとっての食物として、もしくは象徴として――出没していた」生きものたち（Kirksey & Helmreich 2010: 545 = カークセイ、ヘルムライヒ 2017: 96）に偏りがちではあるが、人類は怪物たちとも深く絡まりあっている。このような調査研究がエドゥアルド・コーンの「生の人類学」に一致するところはあるだろう。コーンによるとそれは「人類だらけのこの世界を、人類を超えて広がる大きな過程や関係性に位置づける人類学」である（Kohn 2007: 6）。マツタケ（Tsing 2015 = チン 2019）、イヌ（Kohn 2007）、イチョウ（Crane 2013 = クレイン 2021）、さらには無生物にいたるまで民族誌的に理解できるとすれば、「伴侶種」（Haraway 2003 = ハラウェイ 2013）や人工物（Henare et al. 2007）と同じような関係性を人類の一部と取り結ぶ怪物たちを、民族誌的に理解できないなどということがあろうか。

マルチスピーシーズ民族誌の隆盛に関連して、いわゆる人類学の存在論的転回もまた怪物人類学へのアプローチを示唆するところがあるだろう。存在論的転回の推進者たちは昔ながらの文化相対主義を超えて進んでいく。というのも彼らが論じるには、文化相対主義が「主張するのは、認識論（知識や理解の形式）は多様で可変的だが存在論（存在や実存の形式）はただ一つだけということである。多くの世界観はあるが世界は一つ、ということだ。それに対して存在論的転回は、世界観だけではなく世界もまた多様で可変的であるかもしれないと提案する」（Heyward 2017: 2）。どういうことかというと、人類学や歴史学で研究される妖怪などの怪物は、単なる社会的・文化的構築物でもなければ現象の解釈でさえない。怪物たちは、端的に言って存在しているのである。[9]

とはいえ、従来の人類学的思考を乗り越えようとするこれらの試みを手にしたところで、いまだに人類が真ん中に留まっているようにも見える――さまざまに異なった存在論はあるのかもしれないが、（今のところは）所詮、私たち以外の人類が（ある程度は）アクセスできると思しき人類の存在論でしかない。人類が存在しないか、少なくとも注目の的になっていない怪物の人類学を想像することはできるのだろうか。異様な問いに思われるかもしれないが、私としては真面目に問いを投げかけているつもりだ。「これまで当然だと思っていたもの——明白すぎて気づかないぐらいに——が不意に問題を突き付けてくる可能性」（Rees 2018: 32）に望みを抱いているのである。このような可能性は、いずれにしても怪物たちにとっての可能性ではないだろうか。

思考実験その4　モモチャレンジからの挑戦状

存在論という考え方は——特にその複数形では——信念（belief）という扱いづらい論点や、とどのつまり現実とは何か、何があるのかという問いに向かってもいる。数年前、世界各地に「新しい」怪物が出現して大騒ぎになったことがあった。この騒ぎは、信念にまつわる難題や何が現実なのかについての問いを突き付けた——さらに、怪物がどのようにして変化していくのかについて、考えさせられるものになった。その騒ぎというのが「モモチャレンジ」（Momo Challenge）である。これは、インターネットで流行した現象の一つで、「不穏でおどろおどろしいアバター」がFacebookかWhatsApp経由で現れ、「子どもをゲームに誘い、暴力行為の画像や動画を投稿するよう挑発する。拒否すると、モモは脅しにかかる」という。ここで引用したのは、ネット上に似たり寄ったりのものが無数にある粗雑な記事の一つである。この記事は、ニュージャージー州の「モンマス郡の検察当局は保護者に対し、子どものネット利用を見張るように注意を喚起した」とあっさり締めくくる。[10] うわさが広まるにつれて、モモの恐怖画像がYouTube動画に割り込んで、ポップアップして子どもを怖がらせ、ときには自殺を煽ることもあるなどという注意喚起もされるようになった。この「チャレンジ」の歴史は明確にはわかっていないが、二〇一八年の夏ごろに始まり、二〇一九年二月には大手メディアやSNSでバズって「モラルパニック」を引き起こした（Herrman 2019）。ここで紹介したものはアメリカメディアの文脈に位置づけられるが、この流行現象は、ヨーロッパや日本、メキシコ、インドなどからも報告のあるグローバルなメディア環境の一部になっていった。(11)

二〇一九年三月初めには、「チャレンジ」を取材した記事はでたらめを暴く方向になり、一切合切が「いんちき」であって（Sakuma 2019）、「拡散したデマ」、「都市伝説」（Lorenz 2019）でしかないと指さされるようになった。現在では、Wikipedia に立項されているのは「モモ」でもなければ「モモチャレンジ」でさえなく、「モモチャレンジのデマ」（Momo Challenge hoax）である。(vi) つまり、モモを取り巻く言説――少なくとも大人たちの言説――は、あっという間にそれ（チャレンジ）が「現実」なのかどうかという難題に焦点を当てることになったのだ。『ニューヨークタイムズ』紙はいう。

「モモチャレンジ」への参加を押され、目に見えるかたちで影響を受けたとか、『ペッパピッグ』(vii)の動画中に登場するモモらしきものによって自殺に追い込まれた子どもがいるとする信頼できる報告は存在しない。それでもなお、世界各地の警察当局や学校の管理人、地方・全国メディアが、確かに差し迫った脅威としてこの流行現象を伝えるのを止めることはなかった。保護者や動揺した子ども伝いの、又聞き・又々聞きをひどく重視していたのである。モモの想像上のターゲットのなかに、モモは「現実」だと信じている子どもがいるというのもまた、明白なことではない（Herrman 2019）。

実際、このチャレンジの（怪物本体についてのものではないとしても）存在論的な真実性にメディアが執着するのは、ほとんど病的と言ってもよいものだった。次は『アトランティック』紙。

モモチャレンジが現実だったわけではないし、今だって現実ではない。各紙報道とは異なってYouTube公式は、「モモチャレンジ」を映したり煽ったりするYouTube動画の証拠は一切確認されていないと断言している。（……）さらに、この偽チャレンジに参加して自ら命を絶った子どもの存在を裏付ける報告は一つもない（Lorenz 2019；傍点は引用者）。

雑誌やブログ記事、SNSなどから、チャレンジの「現実性」論争に突き動かされた言説をさらに引用していくこともできる。とはいえ、人類学者も民俗学者もよく知っていることだが、怪物となると、何が「現実」かという問題は、決して気軽に「断言」したり否定したりできるものではなくなる――さらなることに、多くの人々にとって、そのことが格別に重要だというわけでさえない。

先ほどの『ニューヨークタイムズ』の記事は、続けて、大人たちは現にとても現実的な怖れを抱いていたということを事細かに述べている。「ネット上で自分たちの子が何をしているのか、ネットが自分たちの子に何をしでかすのか」（Herrman 2019）。チャレンジと怪物本体との重大なすり替えが生じている。しかし結局のところ、もし怪物が怖れを具体化したものだとすると、モモの恐るべき顔面は、保護者たちの形にならない（しかし現実的な）怖れを、奇妙にも体現したものだということになる。保護者たちは世界中に接続されたインターネットという危険極まりない未踏地帯——地図のない領域——に懸念を抱いており、そしてインターネットとは、遠く離れたコミュニティを結ぶ新しい道路とちょうど同じように、人類を怪物に直面させてしまえるものなのである。モモが「現実」であろうが「現実」でなかろうが、モモはいる。

　なおかつ、現時点での隠喩的な力強さにもかかわらず、この怪物の顔面には長い歴史がある。それをたどっていけば、いかにして「一体の」怪物が、時空を超えて根底から変化しつつも、その間ずっと「意味の機械」（Halberstam 1995: 21）[viii]として残っているのかを目にすることができるのである。英語では、モモチャレンジにまつわる恐るべき画像は、「悪魔のような鳥女」、「取り憑かれたような鶏女」（Sakuma 2019）、「睡眠も入浴もできないママの顔」（Herrman 2019）などと表現されている。三つめの論評は明らかに風刺だが、皮肉にも、はるか以前の具現化を指し示している。

　モモのきわめて印象的な画像は、実のところ、特殊効果専門の会社「リンクファクトリー」の創業者である日本人アーティストの相蘇敬介が制作した彫像の頭部を撮影したものである。[12] 彫像を全体的に見ると、ざんばら髪で目を剥いた女性の頭部を長い首が支えており、胸部は際立ち、腕のところはニワトリのような鳥脚になっている。この彫像は二〇一六年に制作されたもので、東京のアートスペース「ヴァニラ画廊」で開催された、幽霊などの異界的存在がテーマの特別企画展で展示されていた。[13] 二〇一八年の夏ごろ、この彫像の写真が某サブレディット[ix]のページに投稿されたようで、そこから拡散が始まった（Sakuma 2019; Lorenz 2019 参照）。

　ところでこの彫像は何だったのだろうか。英語圏の報道によると、モモになってしまったこの立像は「母鳥」

(Mother Bird)と呼ばれていた。この英訳が何に由来するのかはわからないが(「モモ」という名称の由来もわからない)、日本語では、この彫像は「【姑獲鳥：うぶめ】」と題されている。これはもちろん、豊富な記録のある妖怪ウブメのことを言わんとしており、遅くとも一二世紀の『今昔物語集』以来、日本の民俗信仰の一つとなっている。[14] ウブメの伝承は土地によってさまざまだが、標準的なものとしては、まず道の辻や橋のたもとに女性が現れる。下半身は血だらけで赤子を腕に抱いている。そして、通行人に赤子を抱いてくれと頼むが、もし受け取ってしまうと、赤子がだんだん重くなっていき、持っていられなくなってしまう。そこで念仏を唱えると、女性は赤子が「この世に戻ることができた」と感謝して、すぐにいなくなる(村上 2000: 56–57; 宮田 1990: 22–24)。

江戸時代のあいだ、悲しく恨めしげな顔と血だらけの下半身というウブメの図像は、多くの妖怪絵巻に描かれた。彼女はまた物語の登場人物になったり、歌舞伎のお約束になったりもした。この時代、ウブメがいろいろな不安の複雑な集まりを反映していたのを見てとることができるが、とりわけ目立つのは、産褥死というきわめて現実的な怖れである。また、ウブメは救済に関する通俗的な仏教思想ともはっきり重なっているし、我が子を溺愛する母親としては――あまりにも献身的すぎて、子を救うために死から舞い戻ってくるほどである――、自己犠牲や子どもの世話とも関係づけられるようになっていった。今日もなお、ウブメと関係のある寺院は母性と安産をつかさどっている。

「ウブメ」の漢字表記は「産女」であることが多いが(日本国語大辞典第二版編集委員会 2000: 402)、鳥山石燕の図像(稲田、田中 1992: 57)や、それより前の『和漢三才図会』の挿絵まで立ち戻ってみると、何らかの鳥類であることを示す「姑獲鳥」という漢字が使われていることに気づく。ここで寺島良安[『和漢三才図会』の著者]は、先行する中国文献に触れ、「毛を衣て飛鳥となり、毛を脱ぐと女人となる。これは産婦が死んで後になったものであるゆえ、胸の前に両乳があり、好んで人の子を取り、養って自分の子とする」と解説する。さらに良安は、人々はウブメへの恐怖から、夜中に子どもの服を外に干したままにすることの禁忌も述べていく。この禁忌を破ると子どもが死んだり病んだりする恐れがあるからである(寺島 1994: 342)。

何名もの研究者が綿密にウブメを論じているので、ここでそれらの素晴らしい研究成果の焼き直しをすることもないだろう。[15] 歴史に軽く触れるにとどめておきたい。というのも、「一体の」怪物が多彩に姿を変えていくなかでさまざまに異なる意味を帯び、その各々が、怪物が流通している文化的契機に見られる別々の関心事項を映し出していることを認識させてくれるからだ。ウブメの歴史はずらりと連なった怖れを表現している。中国における小児病、前近代日本における出産の危険性、さらには仏教色に染められた救済への不安などである。ここでは記述を単純化しているが——諸時代をとおしてウブメの持つ微細な意味合いの違いは複雑であり、この紙幅ではとても間に合わない——、要するに言いたいのは、変化は一直線というわけではないし、多岐にわたる影響と結果がある、ということである。

意図的だったかどうかは知らず、現代版のモモチャレンジは、いにしえの『和漢三才図会』の記述を思い起こさせるものになっている。鳥類と錯乱した母親を独創的に組み合わせ、際立って不気味なハイブリッドイメージを生み出しているのだ。相蘇は彫像を名付けるにあたり、鳥につながる「姑獲鳥」のほうを選んでいる——この怪物の複雑な発展史を直に示しているやり方だ。私たちはその創作物からいろいろと読み取ることはできるが、とりわけ「融合」と「適応」の過程の事例を見出すことができるし、さらに意味の染色の込み入った歴史も見て取ることができる。魔鳥の信仰が、出産で亡くなった女性の悲哀を宿して変容していき、無垢な動画から飛び出して（あるいは、飛び出してくると言われ）子どもを怖がらせる気味の悪い顔として出現したということである。

ここには、二〇一九年になってふたたび表舞台に出てきた母性に関するモチーフ（「睡眠も入浴もできないママの顔」）という一貫性があるが、しかし今回はそれが、インターネットという遊び場に出没する恐ろしい異人への深刻な不安として現れている。加えてモモは一つの国や言語集団、地域共同体に閉じ込められない、デジタルに接続されたグローバル社会の怪物である。姿かたちや名称を変え、文化や国境を越える（というか定義しなおす）能力を持つこの「一体の」怪物が、何らかの方法で行為主体性を発揮していない、つまり有意でありつづけようとする強固な意思やメディアからメディアへと跳梁していく不気味な能力を発揮していない——などということは想像できない。今日、怯えた子どもたちや不安がる保護者たちがこのイメージの系譜を何も知らないとして、それは問題になるのか。私たちはどのようにして、モモ／ウブメ／将来的になるかもしれない（ならないかもしれない）形態のような怪物に取り組もうというのか。これこそが、モモチャレンジからの一つの挑戦状《チャレンジ》である。

思考実験その5　ファジィ存在論

多くの怪物論、特に民族誌的視点の怪物論には、信念（belief，信仰）の概念にまつわる潜在的で執拗な問題がある——どうやって定義するのか、どうやって量的に取り扱うのか、どうやって質的に取り扱うのか、そして究極的には信念と不信のような二分法はそもそも意義があるのか、などである。人類学者のヤスミン・ムシャーバシュは、オーストラリア西部にあるユンドゥムの先住民コミュニティに暮らすワルピリの人々の調査に基づき、当地の友人のひとりが、二〇一三年にパンカラング（Pangkarlangu）なる怪物的形象が報じられたとき、信じるべきかどうか（あるいは、どうやって信じると信じないを両立させるか）悩んでいたことを論じている。ムシャーバシュが解説するところでは、その友人は「パンカラングの存在によって、自分の世界に複数の存在論があるという事実を認識できるようになった」（Musharbash 2020: 66）。地球の裏側にあるアイスランドでも同様に、メアリー・ホーキンズとヘレナ・オヌドッティルが、一個人であっても人生のなかで矛盾するような観念のバランスを取っていることを見抜いている。彼女らは、幽霊を信じるのは「馬鹿馬鹿しい」と強く主張する八一歳の男性を紹介しているのだが、その娘は、父親の幽霊話を聞きながら大きくなったと言っているのだ（Hawkins and Onnudottir 2020: 122）。

　このような遭遇は、怪物が時の流れとともに変化していくのみならず、個人のレベルであっても、人々は不確かなところ、両義的なところ、理解が揺れ動くところにいるということを再確認させてくれる。多くの場合、私たちが同時に複数の存在論を連続的に生きることは難しいものではないと論じてみたい。人々は「「二重意識」を行使して、補完性を受容し、認知的不協和を体験することなく、複数の世界に生きることが」できるのである（Saler 2012: 19）。[16] 実際のところ、さまざまに異なる世界や存在論は、お互いを打ち消しあうのではなく、生産的で有意味たりえる認知的協和のようなものを生み出すことが多いのである。[17]

　言ってしまうならば、怪物を信じるのが問題になるのは、私たちがそのことを問題にしたいときだけである。歴史学者のマイケル・セイラーが論じるように、現代西洋社会においてさえ「合理的な大人」（Saler 2012: 12）は想像上の虚構世界で時間を溶かしているし、「メディアに登場するキャラだらけの仮想世界に居座っている」(Saler 2012: 11)。セイラーが俎上にのせるキャラは、明らかに架空の存在である――シャーロック・ホームズとかトールキンの創造物とか――が、それでも実に多くのファンが、書物の外で実在するかのように取り扱っている。もちろんキャラは存在している――人類の生や感情に影響を与え、人々に悲しみの涙を流させ、喜ばせ、他にもいろいろなことをさせるのである。このような「信念」への欲動や、何かを「現実にあるもの」として相互行為することへの欲動は、神話伝説や宗教、そして儀礼の「登場人物」で最高潮に達する。ここでも怪物たちは単なる隠喩ではない。

もう一度日本国内に戻ってみよう。私が指摘したいのは、ある程度の数の――大半ではないかもしれないが――存在論は、とりわけ確立された宗教的実践の外側にはみ出ている怪物たちのようなものに取り組むときは、ファジィだということである。今の日本には、カッパなどの妖怪が現実に存在するなどと言い張る人々はほとんど滅多にいないだろう。とはいえ同時に、多くの人々はカッパの姿を思い描くことができるし、カッパの物語を話すことができるし、そうでなくてもわかりやすい特徴(キュウリ好きなど)をいくつか挙げることはできる。そうすると、どういった意味でカッパは存在しないなどと言えるのだろうか。ここに挙げた例は現代日本のものなので、もちろん他の文化とは違う。たとえばボルネオのプナンの集団では、ミケール・ロートスタインが述べるように「怪物たちは――精霊たちと同様――人々の日常生活を構成しているものであり、少なくとも部分的には日常生活を成り立たせる条件と言うこともできる。それに気づいたり反応したりしなければならない、不可避なものなのである」(Rothstein 2020:76)。妖怪が、現代日本の大半の人々の生活に重大な影響を与えるものではないというのはその通りなのだが、長きにわたって遊び道具のようなものであったのは確かである。それは奇妙な生きものや怪物的存在の仮想世界であり、地域の伝統を知っていたり、マンガやアニメ、テレビゲームなどの大衆メディアに関心を持っていたりすれば、誰でも利用できるものだった。ことによっては、幽霊の薄気味悪さやポルターガイストの実体験と、ある銀行に捨てられたカッパやタヌキのぬいぐるみ人形[x]につながっているところもあるだろうか。さらに、こうした伝統的な生きものたちや、大衆文化におけるそれらの化身は、上述したゆるキャラとどう違うのだろうか。私としては、いずれもがある種のファジィ存在論――というか、あれこれのファジィ存在論――を占拠していると指摘してみたい。ファジィ存在論においては、（どのように数量化するにしても）信念がどうであれ、怪物たちは現実の存在として、あるいは日常生活のなかで行為遂行《パフォーマンス》するキャラとして取り扱われている。言わば、認めようが認めまいが、私たちの大多数は怪物たちと共存しているのである。

思考実験その6　怪物叢

私が矛盾していると言ふのか、
それならそれでいい、私は矛盾してゐる、
（私は大きい、私は無数を含む）
ウォルト・ホイットマン「私自身の歌」五一節[xi]

ここまで書いてきたことが、あまりにもざっくりしすぎていて内容も広範にわたり、怪物について有意義な話をするためのニュアンスが足りないというのは、私自身も認識している。だが仕方のないことである。世界各地に現れる、私たちが「怪物」と言っているものを読んでいくにつれて明らかになるのは、このカテゴリーには無数のものが入り込んでいるということであり、どんな文化やどんな社会においても、私たちが怪物と言うもの（類義語でも何でも同じことであるが）は多様にして横滑りしていき、そして変化しつづけるものだということである。だが、文化や社会と同じくらいに重要なのは個人である。私たちは銘銘に、自分たちの日常生活に、入れ替わりつづける怪物（精霊でも幽霊でも神々でも魔物でも）の貯蓄を持ち込んでいる。なかには文化的に共有されたものもあれば、実体験や接触、想像力に基づいた完全に個人的なものもある。畏怖され崇拝されたり、震撼され怖れられるものもあれば、馬鹿らしかったり可愛らしかったりして、遊びの対象になったり冗談の対象になったりするものもある。長期にわたって受け継がれている伝統に由来するものもあれば、スマートフォンの画面から這い出てくるものもある。

私たちはこの個人的な怪物の群れについて、個々人が日がな一日連れまわしているファジィな怪物存在論について、どのように考えることができるのだろうか。近年、科学者たちは微生物叢（microbiome）の研究によって大きな進歩を達成した。微生物叢とは、人類を含めたすべての動物が抱えている微生物の集合体のことである。微生物の存在は以前から知られていたが、「一般的に病原体か、そうでなければ大した意味がないとされていた。微生物がいない状態が健康の証しともされていた」（Rees et al. 2018:1）。つまり、まさに多くの社会における怪物たちと同じように、微生物は切り捨てられ、避けられ、破壊されるべきものと考えられていた。健康体とは微生物に侵されていないものだった。健康な個人は何にも憑依されていないし、健全な社会に怪物はいないのである。しかし、新たな遺伝子配列解析技術は、微生物叢についての旧来の考え方に異議を唱える。

今や、生物の正常な発達と維持が、私たちが宿している微生物（集合体としては微生物叢）に依存しているのを示す証拠には圧倒されるものがある。ヒトは一個の実体などではなく、ヒト細胞と微生物細胞との動的で相互作用的なコミュニティなのである。現在では、私たちの体内の細胞の約半分が微生物であると見積もられている（Rees et al. 2018: 2）。

もちろん、科学的観点からは、この画期的発見は動物身体の生物学的概念に革命をもたらしている。今では、共生する無数の生命体とその相互作用から成るものと考えられているのだ。

それでは、動物とは何だろうか。動物とは多生物的な存在であり、動物細胞と微生物細胞から構成されるものである。ある動物の表現型は、動物の遺伝子やタンパク質、細胞、体組織、器官だけではなく、すべての動物的機能と微生物のコミュニティとの相互作用の産物であり、その構成や機能は宿主動物の年齢や生理的状況、遺伝子型によって異なってくる。（Douglas 2018: 2）

個々の生物を定義してきた生物学的境界を超えることはまた、人類にとっての自己や個人の範囲にまつわる社会的・文化的な理解を見なおすことにもつながる。微生物は人や環境によって異なる不可視の生命である。しかし微生物は私たちの一部であり、私たちは皆が多数なのである。

微生物叢が「自然科学と人文科学なる時代錯誤な障壁の打破」を導くかもしれないのと同じように、人類学者が怪物研究にアプローチする手立てとして、私としては「怪物叢」（monsterbiome）を提案したい。個人は各々に、怪物に対する信念や想像、イメージ、知識、欲望、伝統の変化しつづける固有の集合から構築されている。そんな怪物たちは私たちを取り巻き、私たちのなかに住まい、私たちが何者であるかを決めてしまう。多くの文化にとって、怪物は究極の〈他者〉であり、反人間であるとされている。コーエンが端的に言うように、「いかなる他者性もその怪物的身体に記述され（それを通して構築され）得る」（Cohen 1996: 7 = コーエン 1999: 68）[18]。怪物叢は、人類と怪物が単に共生的であるというだけではなく、相互に相手を構築しあっていくものであると示唆することによって、両者がアンチテーゼであるという伝統的な考え方をひっくり返すことを可能にしてくれる。

怪物叢は、怪物が文化的でもあり個人的でもあるという状況を考えるための問題発見的な手段も与えてくれる。また、微生物叢が、生物学的な自己の概念を、それを規定する不可視の行為主体をとおして再考するための道を切り開いてくれるのと同じように、怪物叢によって私たちは、私たち自身に影響を与え、私たち自身を定義する不可視の諸力を考察の射程に入れることができるようになる。私たちは誰もが、家族やコミュニティ、何らかのネットワークの一部であり、さらに、いつも目に見えるわけではない成員、怪物たちもいる集団に属している。しかし怪物たちはここにいるのだ。私たちの怪物、私たちそのものが。

原注

1　確立されて定着したカテゴリーを打ち壊すという怪物たちの傾向については、Cohen 1996: 6-7 ＝ コーエン 1999:66-67; Asma 2009:125、さらに怪物は「カテゴリーを駆使して支配しようとする人類の欲望を受け付けない」と簡潔にまとめる Mittman 2012: 7 を参照。

2　引用は Musharbash and Presterudstuen 2020, 7 による。「融合」などの概念については、7-18 参照。

3　意味の染色とカッパについては Foster 2015 参照。

4　Arumugam 2020 は、インド・タミルナードゥ州のムニースワラル（Muniswarar）およびミニス（Minis）のことを書いている。

5　「怪物」もまた、それを取り巻く言葉や図像（たとえば魔物、妖鬼、精霊など）が描きだす星座をともなう、この手の原型だと考えることもできよう。原型という発想は、もちろん「妖怪」という総称的概念にも応用できる（このつながりを指摘してくれたG・H・プレストルストンに謝意を表する）。

6　カッパ（バニップでも何でもいいのだが）を汎用化した結果としては、グローバルな舞台でこの怪物が、さらに広大な汎用的実体――たとえば国土全体――を代表するものになったということが一つ挙げられる。たとえば『ハリー・ポッター』シリーズではカッパは日本を代表する怪物として登場する（Rowling 1999, 2001）。

7　ここで発想を転換するにあたってマイケル・ポーランの『欲望の植物誌』に影響を受けたところもある。同書は人類文化を、それをあやつってきた植物の視点から見るよう、きわめてさり気なく読者に提示している。

8　『モンスターズ・インク』と前日譚の『モンスターズ・ユニバーシティ』（2013）には教育効果もある。モンスターの雑種性や多様性が、整序分類への近代的な衝動に支配された多くの人類が拒絶するような方法で受け入れられているからである。どのモンスターにも「モンスターらしさ」があるので、これらの生きものにとって、外見や属性（たとえば手足や眼の数、皮膚や体毛の色、口の大きさ、歯の鋭さ）はカテゴリーや序列を決める基準ではなくなってしまう。むしろ、すべては子どもたちの恐怖にかかっている。さまざまに異なる違いを受け入れることは、そもそもモンスターたちがなぜモンスター［怪物］と呼ばれるのかという問いを提起している。

9 ここではこの話題には十分に触れられない。存在論的転回の優れた概説としては Henare et al. 2007; Heyward 2017; Paleček and Risjord 2012; Holbraad 2012; Holbraad and Petersen 2017 参照。人類社会や文化を越えていく人類学の議論は、Rees 2018 参照。

10 "NJ Officials Warn Parents of Online, Momo Challenge," , CBS New York, 13 December 2018; https://newyork.cbslocal.com/2018/12/13/momo-challenge-facebook-whats-app/

11 モモチャレンジの詳細な歴史は Moore 2023 参照。

12 ［会社のウェブサイトは］ネット上で見られる。http://linkfactory.jp/

13 当時の展示フライヤーは www.vanilla-gallery.com/archives/2016/20160815ab.html 参照。相蘇へのオンラインインタビューは神庭 2019 参照。

14 「今昔物語集」『日本古典文学大系』第25巻（岩波書店、1962）、539-541.

15 たとえば Shimazaki 2011; 澁谷 2000: 24-40; 安井 2015; Yasui 2020 を参照。

16 セイラーがここで書いているのは、何よりも近代性の条件についてなのだが、多数的なもの（multiplicity）を同時に体験できる認知能力は近代的主体に限らない――とはいえ近代的主体は、「多数的なもの」を連続体の対義語として捉えているかもしれないが――ということを論じてみたい。

17 認知的協和については Foster 2009: 14［フォスター 2017: 36-37］参照。

18 のちの論考でコーエンはこのように言っている。「怪物と怪物を夢見る者は、別々の世界に暮らす二個の存在などではなく、開かれた過程への二体の参与者であり、開かれ、生き生きとした不安定な広がりのなかで混ざりあったり散りばめられたりする、一つの回路の二つの構成要素なのである」（Cohen 2012: 463）。この過程、回路、広がりこそが、私のいう怪物叢に他ならない。

訳注

i　感染呪術とは、相手の一部分（毛髪や爪など）や、相手が触れた部分（足跡など）を攻撃することによって、相手の本体に作用する呪術のこと。

ii　中心であればあるほど濃くなるが、外縁に向かうほど薄くなるということ。ここで引用されている論文（Laughlin 1993）が、ファジィ理論を人類学に応用するという内容であるため、「毛がそぎ落とされていく」（fuzz-off）という表現が用いられている。

iii　行為主体性（agency）は、環境に応じて能動的に（意図をもって）行動する能力のこと。行為主体性を持つものを行為主体（agent）と呼ぶ。

iv　8～9世紀に成立した古英語の叙事詩。英雄ベーオウルフと巨人グレンデルやドラゴンとの戦いを描く。

v　「生ある諸自己」とは、ある種の記号過程から生じる「動態の座であり、その動態において、記号は、記号過程の結果「自己」として出現する「誰か」に対して、周囲の世界を表象するようになる」（エドゥアルド・コーン『森は考える　人間的なるものを超えた人類学』奥野克巳、近藤宏監訳、近藤祉秋、二文字屋脩共訳、亜紀書房、二〇一六年、p. 33）。コーンの議論は混み入っているので、最低限の初歩的なレベルで説明すると、人間以外を「対象」と見なすのではなく、人間がそうであるように「自己」であると見なすとすれば、このような（チャールズ・パースの記号論的な）概念化が必要になるということ。

vi　Wikipedia英語版の場合。日本語版では、内容はほとんど同じだが「Momoチャレンジ」である。

vii　イギリス発の子ども向けテレビアニメ。日本ではテレビ東京で放映された。もちろん途中でモモが出てくることはない。

viii　「意味の機械」は、J・ハルバースタムのゴシック怪物論用語。「機械」は哲学者のジル・ドゥルーズ＆フェリックス・ガタリがよく使う概念で、「意味の機械」の場合、怪物というものが、多様でときには矛盾もする無数の意味を生産しつづけるまとまりであるということを指している（Halberstam 1995: 21–22）。

ix　英語圏の大手掲示板レディット（Reddit）に無数存在するコミュニティのこと。2ちゃんねるの「板」に相当する。
x　DCカードのCMに登場するキャラのことである。
xi　白鳥省吾訳（1956）『自由と愛と生命　ホイットマン詩集「草の葉」』池田書店、p. 147.

参考文献

Arumugam, Indra. 2020. “Gods as Monsters: Insatiable Appetites, Exceeding Interpretations, and a Surfeit of Life.” In *Monster Anthropology: Ethnographic Explorations of Transforming Social Worlds Through Monsters*, ed. Yasmine Musharbash and Geir Henning Presterudstuen, 45-58 (London: Routledge).

Asma, Stephen T. 2009. *On Monsters: An Unnatural History of Our Worst Fears*. Oxford: Oxford University Press.

Cohen, Jeffrey Jerome. 1996. “Monster Theory (Seven Theses).” In *Monster Theory: Reading Culture*, edited by Jeffrey Jerome Cohen, 3-25. Minneapolis: University of Minnesota Press.（ジェフリー・ジェローム・コーエン［1999］「怪物文化（七つの命題）」上岡伸雄、田辺章訳『ユリイカ』1999年5月号、64–82）

Cohen, Jeffrey Jerome. 2012. “The Promise of Monsters.” In Asa Simon Mittman and Peter Dendle, eds. *Ashgate Research Companion to Monsters and the Monstrous*, 449-464. Surrey: Ashgate Publishing.

Crane, Peter. 2013. *Ginkgo: The Tree That Time Forgot*. New Haven: Yale University Press.（ピーター・クレイン［2021］『イチョウ奇跡の2億年史』矢野真千子訳、河出書房新社）

DeSanti, Brady. 2015. “The Cannibal Talking Head: The Portrayal of the Windigo ‘Monster’ in Popular Culture and Ojibwe Traditions.” *Journal of Religion and Popular Culture* 27, No 3 (Fall): 186-201

Douglas, Angela E. 2018. *Fundamentals of Microbiome Science: How Microbes Shape Animal Biology*. Princeton: Princeton University Press.

Felton, Debbie. 2020. "Monsters and Fear of Highway Travel in Ancient Greece and Rome." In *Monster Anthropology: Ethnographic Explorations of Transforming Social Worlds Through Monsters*, ed. Yasmine Musharbash and Geir Henning Presterudstuen, 29-44 (London: Routledge).

Foster, Michael Dylan. 2009. *Pandemonium and Parade: Japanese Monsters and Culture of Yōkai*. Berkeley: University of California Press.（マイケル・ディラン・フォスター［2017］『日本妖怪考　百鬼夜行から水木しげるまで』廣田龍平訳、森話社）

Foster, Michael Dylan. 2015. "Licking the Ceiling: Semantic Staining and Monstrous Diversity. *Semiotic Review* 2. https://semioticreview.com/ojs/index.php/sr/article/view/24

Glassman, Hank. 2009. "At the Crossroads of Birth and Death: the Blood-Pool Hell and Postmortem Fetal Extraction." In *Death and the Afterlife in Japanese Buddhism*, edited by Jacqueline I. Stone and Mariko Namba Walter, 175-206. Honolulu: University of Hawai'i Press.

Halberstam, J. 1995. *Skin Shows. Gothic Horror and the Technology of Monsters*. Durham: Duke University Press.

Haraway, Donna. 2003. *The Companion Species Manifesto: Dogs, People, and Significant Otherness*. Chicago: Prickly Paradigm Press.（ダナ・ハラウェイ［2013］『伴侶種宣言　犬と人の「重要な他者性」』永野文香訳、以文社）

Hawkins, Mary and Helena Onnudottir. 2020. "Margt býr í þokunni – What Dwells in the Mist?" In *Monster Anthropology: Ethnographic Explorations of Transforming Social Worlds Through Monsters*, ed. Yasmine Musharbash and Geir Henning Presterudstuen, 113-141 (London: Routledge).

Henare, Amiria, Martin Holbraad, and Sari Wastell, eds. 2007. *Thinking through Things: Theorising Artefacts Ethnographically*. London: Routledge.

Herrman, John. "Momo Is as Real as We've Made Her." *New York Times*, March 2, 2019; https://www.nytimes.com/2019/03/02/style/momo-mania-hoax.html

Heywood, Paulo. 2017. Ontological Turn, The. In *The Cambridge Encyclopedia of Anthropology* (eds) F. Stein, S. Lazar, M. Candea, H. Diemberger, J. Robbins, A. Sanchez & R. Stasch. http://doi.org/10.29164/17ontology

Holbraad, Martin. 2009. "Ontography and Alterity: Defining Anthropological Truth." *Social Analysis* 53: 80-93.

Holbraad, Martin. 2012. *Truth in Motion: The Recursive Anthropology of Cuban Divination*. Chicago: Chicago University Press.

Holbraad, Martin and Morten Axel Pedersen. 2017. *The Ontological Turn: An Anthropological Exposition*. Cambridge: Cambridge University Press.

稲田篤信、田中直日編（1992）『鳥山石燕　画図百鬼夜行』国書刊行会

香川雅信（2012）「河童イメージの変遷」国立歴史民俗博物館編『河童とはなにか　第84回歴博フォーラム』6–9　国立歴史民俗博物館

神庭亮介（2019）「「Momo自殺チャレンジ」騒動で抗議殺到 勝手に画像を使われた日本人造型師の困惑」『BuzzFeed』２０１９年３月５日　https://www.buzzfeed.com/jp/ryosukekamba/momo

Kirksey, S. Eben and Stefan Helmreich. 2010. "Multispecies Ethnography." *Cultural Anthropology* 25, No. 4 (Nov): 545-576.（S・エベン・カークセイ、ステファン・ヘルムライヒ［2017］「複数種の民族誌の創発」近藤祉秋訳『現代思想』２０１７年３月臨時増刊号、96–127）

Kohn, Eduardo. 2007. "How Dogs Dream: Amazonian Natures and the Politics of Transspecies Engagement." *American Ethnologist* 34(1): 2-24.

Konjaku「今昔物語集」（1965）『日本古典文学大系』第25巻、岩波書店

Laughlin, Charles D. 1993. "Fuzziness and Phenomenology in Ethnological Research: Insights from Fuzzy Set Theory." *Journal of Anthropological Research* 49, No 1: 17-37.

Lorenz, Taylor. 2019. "Momo Is Not Trying to Kill Children: Like eating Tide Pods and snorting condoms, the Momo challenge is a viral hoax." *The Atlantic*. 28 February 2019. https://www.theatlantic.com/technology/archive/2019/02/momo-challenge-hoax/583825/

Mittman, Asa Simon. 2012. "Introduction: The Impact of Monsters and Monster Studies." In Asa Simon Mittman and Peter Dendle, eds. *Ashgate Research Companion to Monsters and the Monstrous*, 1-14. Surrey: Ashgate Publishing.

宮田登（1990）『妖怪の民俗学　日本の見えない空間』岩波書店

Moore, Scott O. 2023. "The Momo Challenge and the Intersection of Contemporary Legend and Moral Panic," *Contemporary Legend* series 4, vol. 1: 1–34.

村上健司（2000）『妖怪事典』毎日新聞社

Musharbash, Yasmine and Geir Henning Presterudstuen eds. 2020. *Monster Anthropology: Ethnographic Explorations of Transforming Social Worlds Through Monsters* (London: Routledge).

Musharbash, Yasmine and Geir Henning Presterudstuen. 2020. "Introduction: Monsters and Change." In *Monster Anthropology: Ethnographic Explorations of Transforming Social Worlds Through Monsters*, ed. Yasmine Musharbash and Geir Henning Presterudstuen, 1-27 (London: Routledge).

Musharbash, Yasmine. 2020. "Pangkarlangu, Wonder, Extinction." In *Monster Anthropology: Ethnographic Explorations of Transforming Social Worlds Through Monsters*, ed. Yasmine Musharbash and Geir Henning Presterudstuen, 59-74 (London: Routledge).

Nicholls, Christine Judith. 2020. "Monster Mash: What Happens When Aboriginal Monsters are Co-Opted into the Mainstream." In *Monster Anthropology: Ethnographic Explorations of Transforming Social Worlds Through Monsters*, ed. Yasmine Musharbash and Geir Henning Presterudstuen, 89-111 (London: Routledge).

“NJ Officials Warn Parents of Online ‘Momo Challenge’”; *CBS New York*. 13 December 2018; https://newyork.cbslocal.com/2018/12/13/momo-challenge-facebook-whats-app/

日本国語大辞典第二版編集委員会編（2000）『日本国語大辞典第二版』第2巻、小学館

Occhi, Debra J. 2012. “Wobbly Aesthetics, Performance, and Message: Comparing Japanese Kyara with Their Anthropomorphic Forebears.” *Asian Ethnology* 71 (1): 109-32.

Paleček, Martin and Mark Risjord. 2012. “Relativism and the Ontological Turn within Anthropology.” *Philosophy of the Social Sciences* 43(1): 3–23.

Pollan, Michael. 2001. *The Botany of Desire: A Plant's-Eye View of the World*. New York: Random House.（マイケル・ポーラン［2012］『欲望の植物誌　人をあやつる４つの植物』西田佐知子訳　八坂書房）

Rees, Tobias. 2018. *After Ethnos*. Durham: Duke University Press.

Rees, Tobias, Thomas Bosch, and Angela. E. Douglas. 2018. “How the Microbiome Challenges Our Concept of Self,” *PLOS Biology* 16 (2): 1-7.

Rosch, Eleanor and Carolyn B. Mervis. 1981. “Categorization of Natural Objects.” *Annual Review of Psychology* 32: 89-113.

Rothstein, Mikael. 2020. “Decline and Resilience of Eastern Penan Monster.” In *Monster Anthropology: Ethnographic Explorations of Transforming Social Worlds Through Monsters*, ed. Yasmine Musharbash and Geir Henning Presterudstuen, 75-87 (London: Routledge).

Rowling, J.K. 1999. *Harry Potter and the Prisoner of Azkaban*. New York: Scholastic Press.（J・K・ローリング［2001］『ハリー・ポッターとアズカバンの囚人』松岡佑子訳　静山社）

Rowling, J.K. (as Newt Scamander). 2001. *Fantastic Beasts & Where to Find Them*. Scholastic Press, Arthur A. Levine Books.（J・K・ローリング［2001］『幻の動物とその生息地』松岡佑子訳　静山社）

Sakuma, Amanda. "The bogus 'Momo challenge' internet hoax, explained: How a viral urban legend swept the globe." *Vox*. March 3, 2019; https://www.vox.com/2019/3/3/18248783/momo-challenge-hoax-explained
Saler, Michael. 2012. *As If: Modern Enchantment and the Literary Prehistory of Virtual Reality*. Oxford: Oxford University Press.
澁谷陽一（2000）「化物草紙の研究　妖怪研究への試論」（千葉大学卒業論文）
Shimazaki, Satoko. 2011. "The End of the 'World': Tsuruya Nanboku IV's Female Ghosts and Late-Tokugawa Kabuki." *Monumenta Nipponica* 66, no. 2: 209–246.
寺島良安（1994）『和漢三才図会』第６巻、平凡社
Tsing, Anna T. 2015. *The Mushroom at the End of the World: On the Possibility of Life in Capitalist Ruins*. Princeton: Princeton University Press.（アナ・チン［2019］『マツタケ　不確定な時代を生きる術』赤嶺淳訳　みすず書房）
和田寛（2005）『河童伝承大事典』岩田書院
安井眞奈美（2015）「怪異のイメージを追って　うぶめと天狗を中心に」天理大学考古学・民俗学研究室編『モノと図像から探る怪異・妖怪の世界』勉誠出版、18-40.
Yasui, Manami. 2020. "Imagining the Spirits of Deceased Pregnant Woman." *Japan Review* 35: 91–112.

本論考の別版は、"Afterword: Scenes from the Monsterbiome," in *Monster Anthropology: Ethnographic Explorations of Transforming Social Worlds Through Monsters*, edited by Yasmine Musharbash and Geir Henning Presterudstuen, 2020 として最初に出版された。

怪異・妖怪の契機としての出産

安井眞奈美

はじめに

数ある妖怪の中に、山姥や雪女、ウブメ（産女・姑獲鳥）など女性の妖怪がいる。それらは文芸作品や伝説、絵画など多様なジャンルに登場してきた[1]。ハルオ・シラネは本書冒頭の論考にて、中世から近世の霊魂を問い直し、ウブメについても触れている。ウブメは出産時に亡くなった女性が幽霊になって現れたもの、もしくは特定の女性から切り離され産死者の妖怪となったものである。ウブメは、近世から近代にかけて娯楽の対象として人気を博し、また妊産婦の死というリアリティに根差した存在としても知られてきた[2]。ウブメになって化けて出ないように、亡くなった妊婦の腹を割き、胎児を取り出して別々に埋葬する習俗は、近世から近代まで続いた（安井　二〇一四）。このように、妊産婦の死は、妖怪や怪異を生み出す契機の一つであった。

小松和彦は、「怪異」を「異常」として認識された現象・存在と捉え、「異常」がそのまま「怪異」となるのではなく、その「異常」を「人知をこえた、不思議な力」と結び付ける知覚・思考が働いたときに「怪異」と認識される、と定義している。たとえ「異常」と認識されたとしても、それを「怪異」とみなすかどうかは、当該社会や個人の判断に委ねられるとする（小松　二〇一五、九―一〇）。また妊娠・出産は生理的なものであると同時に、文化的に創り出されてきたものでもあるため（松岡　二〇一四、八—九）、妊娠・出産時にどのような事態が生じれば、それを「怪異」とみなすのかも、時代により文化によりさまざまと言える。本稿では、妊娠・出産のどのような側面が、怪異・妖怪の出現を生み出す契機となってきたのかを、妊産婦の死が珍しくはなかった九世紀前半に注目して明らかにしていく。妊娠・出産に、恐怖をイメージさせる何かがあるとすれば、それは何なのか。その恐怖は文化によって異なっているのか。これらを解明することを通して、怪異の出現とその背景、また霊を弔い供養することを、妊娠・出産を中心に考察していく。本稿では日本の妖怪・怪異をグローバルな議論を参照しながら分析し、最後にジェンダー研究や身体論にフィードバックできる点を示したい。

一　恐ろしいイメージとしての出産

妖怪は「人間に否定的に捉えられた不思議現象」（小松　一九九四、四〇）との定義に従い、妊娠・出産についても、その多様なイメージの中から、まずは否定的な側面を把握しておきたい。ジュリア・クリステヴァは『恐怖の権力』にて、「おぞましきもの（アブジェクト）」の一つに出産を挙げている。クリステヴァによると、「おぞましきもの」に化するのは、清潔や健康などの欠如ではなく、同一性、体系、秩序を攪乱し、境界や場所や規範を尊重しないもの、つまり、どっちつかず、両義的なもの、混ぜ合わせであるとする（クリステヴァ　一九八四、七）。そして作家・ルイ＝フェルディナン・セリーヌが、アブジェクシオンの極致を出産光景におくことに注目し、出産の恐怖を「母の肉体という不可視なものを、可能な極限を越えてすぐ間近で視る恐怖」、「分娩、それは殺戮と生命の極み、（内部／外部、自我／他者、生／死の）どっちつかずの沸騰点、恐怖と美、性衝動と性的事象の荒々しい否定」であると説明する（クリステヴァ、二〇二一―二〇二二）。出産の「どっちつかずの沸騰点」という状況は、規範や秩序を揺るがすがゆえに、恐ろしいイメージを喚起することになる。

クリステヴァのアブジェクシオン論は、英語圏では文学よりもアートとより強く結びついている（Arya and Chare 2016 : 1-2）。バーバラ・クリードはアブジェクシオン論を下敷きにし、ホラー映画における女性の身体、とくに出産と子宮に関連する恐怖の表現方法と、その文化的・精神分析的な意味を解明する中で、女性の産む機能はホラー映画にもっとも恐ろしいイメージの多くの重要な源――子宮内のイコノグラフィー、単為生殖的な母、不気味なもの（uncanny）の喚起、エイリアンの誕生――を提供してきたと分析する（Creed 2023 : 43-58）。またクリードは、グロテスクな身体イメージの三つの事例／実例として、性交渉、死の苦悶そして出産の行為を挙げる。そして出産の行為がグロテスクなのは、身体の表面がもはや閉じてはおらず、滑らかでもなく、完全ではないからだと指摘する。つまり身体は引き裂かれ、外に開かれ、その最も内なる深部を露呈させるがゆえにグロテスクとなる。妊娠した身体のこのような側面、つまり境界の喪失こそが「おぞましいもの（the monstrous）」の表現において強調されるのである（Creed 2023 : 57-58）。

さらに、男性の抱く女性に対する恐怖も、さまざまな伝承を生み出してきた。たとえば女性器に歯が生えたヴァギナ・デンタータの伝承は、男性にとって去勢の恐怖を起こさせる。ソニア・ロスは、一九九四年以降のヴァギナ・デンタータの伝承に関する議論を振り返り、ヴァギナ・デンタータの図像的で劇的な表現形式は、一九世紀の民族誌の報告から速やかにヨーロッパの科学理論の形成に取り入れられたが、このモチーフを、少なくとも文脈的および認識論的な妥当性の確認なしに、孤立した要素として議論することは恣意的な解釈を生む、と警鐘を鳴らす（Ross 2021 : 3）。ヴァギナ・デンタータのイメージが、「怖い／怪物的な性的イメージ」として単純化され、ヨーロッパ中心主義的な解釈が適用されることを批判しているのである。人類学の視点からすれば当たり前とも言える主張であるが、ヴァギナ・デンタータのイメージが、それぞれの文脈から切り離されて、「怖い／怪物的な性的イメージ」として繰り返し利用されてきたことがわかる。

太平洋のミクロネシアでは、小松和彦がヤップ島の東北に位置するウリシー環礁のモグモグ島にて実施した人類学的調査により、「鋭く固い歯の生えた膣」——ヴァギナ・デンタータをもつ女の妖怪の昔話と、日本の「山姥」、「大蛇の大きな口」などの伝承を比較し、これらが男性たちの恐怖する、根源的かつ統御しえない力をもつ女性のイメージを表現していると論じた（小松 一九九五、一一九—一二二）。小松は、山口昌男やS・オートナー、メアリー・ダグラスなどによる議論を引用しながら、男性は文化の深層において女性を恐怖し続けてきたため、男性たちは「女性」を現象学的「他者」であり、かつ存在論的「他者」と捉え、「女性」についてのイメージをさまざまな形で表現してきたと分析する。その背景にあるのは、出産の謎と出産の能力に対する男性の意識であるが、出産が女性にしかできないため、それらは解消されることはなく、「女性」は「他者」のまま存在し続けることになる。

これら女性の身体および妊娠・出産についての否定的なイメージと恐怖に関する議論を参照し、次に一九世紀前半、どのような事態が出産の「怪異」とみなされていたのかを、時代背景とともに明らかにしていく。

二　一九世紀の妊娠・出産

妊娠・出産は、その否定的な側面だけでなく、子孫繁栄や作物の豊穣さなどとも結びつけられ、慶事としても捉えられてきた。妊婦や出産の様子は絵巻や春画にも描かれてきたが、必ずしも実状を忠実に描いているわけではない。[3] 当時の妊娠・出産のイメージを伝えているという点で、たとえば浮世絵界のトップにいた歌川豊国（初代）の最初の艶本《えほん》で有名な『逢夜雁之声《おおよがりのこえ》』上（一八二二年）では（図1）、腹帯をした娘を孕ませてしまった色男が、出産まで妊婦の面倒を見てくれる「ばばあ」（取り上げ婆、産婆）に、過度の性交をこれからは控えるよう説教されている（板坂　二〇二四、一二）。板坂則子によると春画や艶本は、性による「夫婦の和合」を唱えて家の繁栄と結びつけることが多く、身籠った妻との性交も案外と多く描かれているという（前掲、一二）。また、歌川国芳・歌川国貞画の春画『繪本おつもり盞』下（一八二六年刊）では、産婆役の女性が妊婦を前から抱きかかえ、座産の姿勢をとって、まさに子を生み出そうとしている（図2）。クリステヴァの指摘する「身近でみる恐怖」を想起させる出産も、慶事の始まりと捉えれば「身近で見つめる」ように描かれる。膣口から生児の頭が出て来るリアルなシーンは、版木の絵では少しわかりにくいが、注文による肉筆画である歌川国貞画「春情哀楽図 第十図 出産」には、まさに生まれて来る生児の頭がしっかりと描かれている。[4] また図1の部屋の奥には男性二人が座っているが、いずれも氏神で、夫は女の子を、女房は男の子をそれぞれ別の氏神に祈ったため、二人の氏神が、いっそ両性を併せ持った「ふたなり」にしようと相談しているところである。実際に、男性二人が出産に立ち会っていたわけではない。

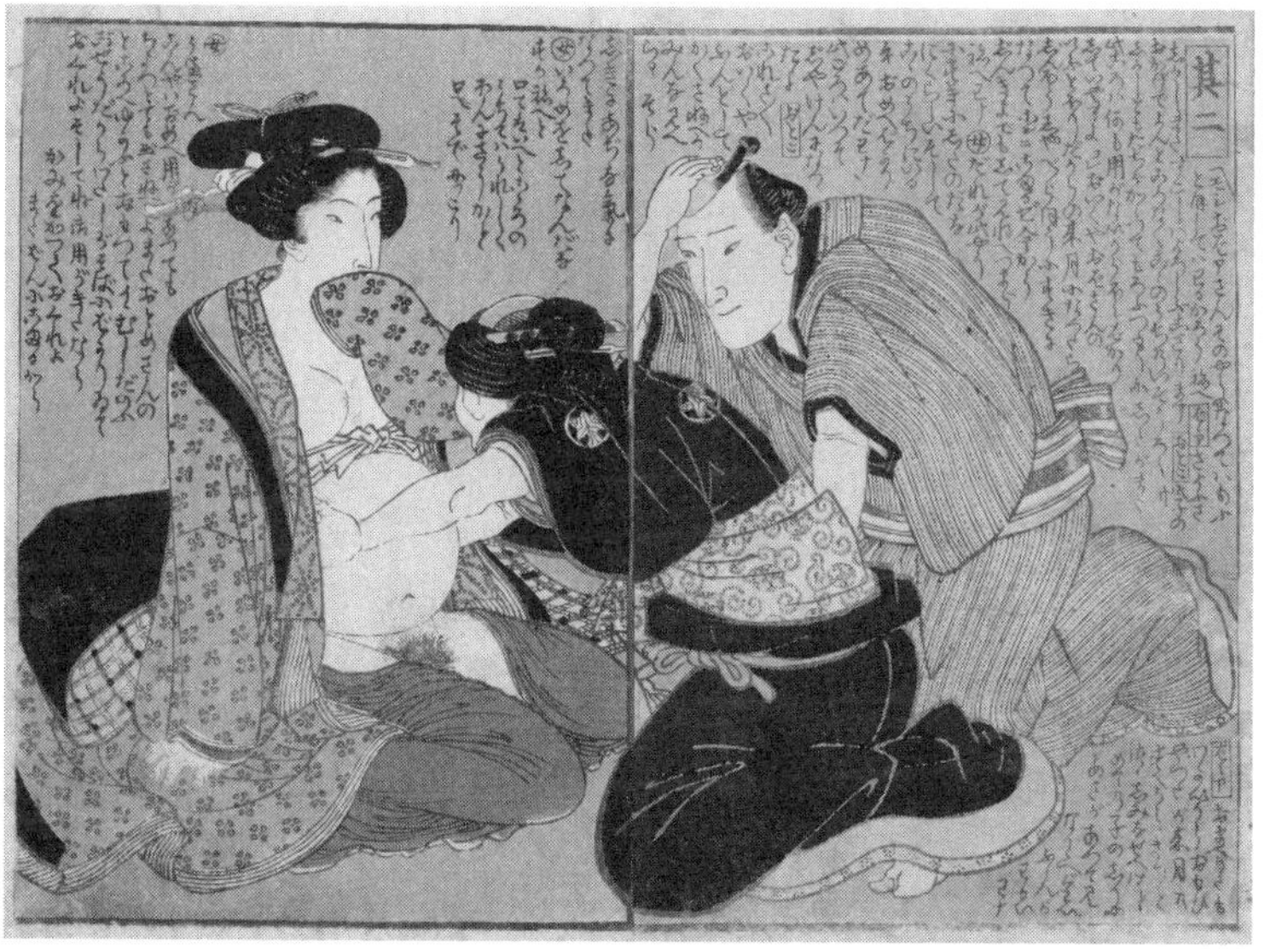

図1　「逢夜鳫の聲」3巻（上、第1冊）

図2　「繪本おつもり盞」3巻（下、第3冊）

では当時、妊娠・出産にどのような事態が生じれば、「怪異」と見なされたのだろうか。春画『繪本おつもり盞』と同じ一八二〇年代に出版された『事実証談《ことのまことあかしがたり》』に、実際にあった話として、人々を大いに驚かせた事件が記されている。『事実証談』（一八一八（文政元）年自序、一八二三（文政六）年刊）は、中村乗高が二〇年余の歳月をかけて採集した遠州地方の霊異記である。平田篤胤らの序と神霊部、異霊部、人霊部の三部五巻、怪異に関わる八枚の絵から成る。中村乗高は『事実証談』巻之四「人霊部の首にいふ」（一・二丁）にて、「あやしきが中にも殊にあやしきは、亡霊生霊のうかれ出て現に形容をあらはすことにぞ有りける」と、あやしいものの中でも特にあやしいものとして、亡霊生霊の出現を挙げている（宮本　一九九三、四四一）。しかし、それらの話の中には虚談も多いため、事実を聞き糺し、疑わしいものがあればその土地に行って密かに聞き出して、たしかなものを選んだ、と記している。そうして集めた話の中で、妊婦に関する怪異は次のようなものである。

糟田原の辺に父母と娘の三人が住んでいた。家は貧しくて父は奉公に出ていたが、母が病死したため、父は家に帰って娘を養育した。その後、婿を取り、婿が夜な夜な娘のもとに通っていた。しかし婿は、しだいに貧しい家の妻のところへ通わなくなり、下女・しづに近づくようになった。そのため老父と娘は、この婿を疎むようになる。その後しづが妊娠し、宝暦一〇（一七六〇）年五月頃、しづは腹痛によって苦しむ。手を尽くして介抱したがよくならない。そしてついに、しづの臍を咬破り、蛇一匹が出て来たのでみな驚き騒いだ。さらにもう一匹の蛇が出てきて、二匹がしづの腹を巻き、しづは息絶えてしまった。人々は、老父と娘の生霊が蛇と化し、しづを取り殺したのだと噂した（宮本　一九九三、四五六—四六六）。

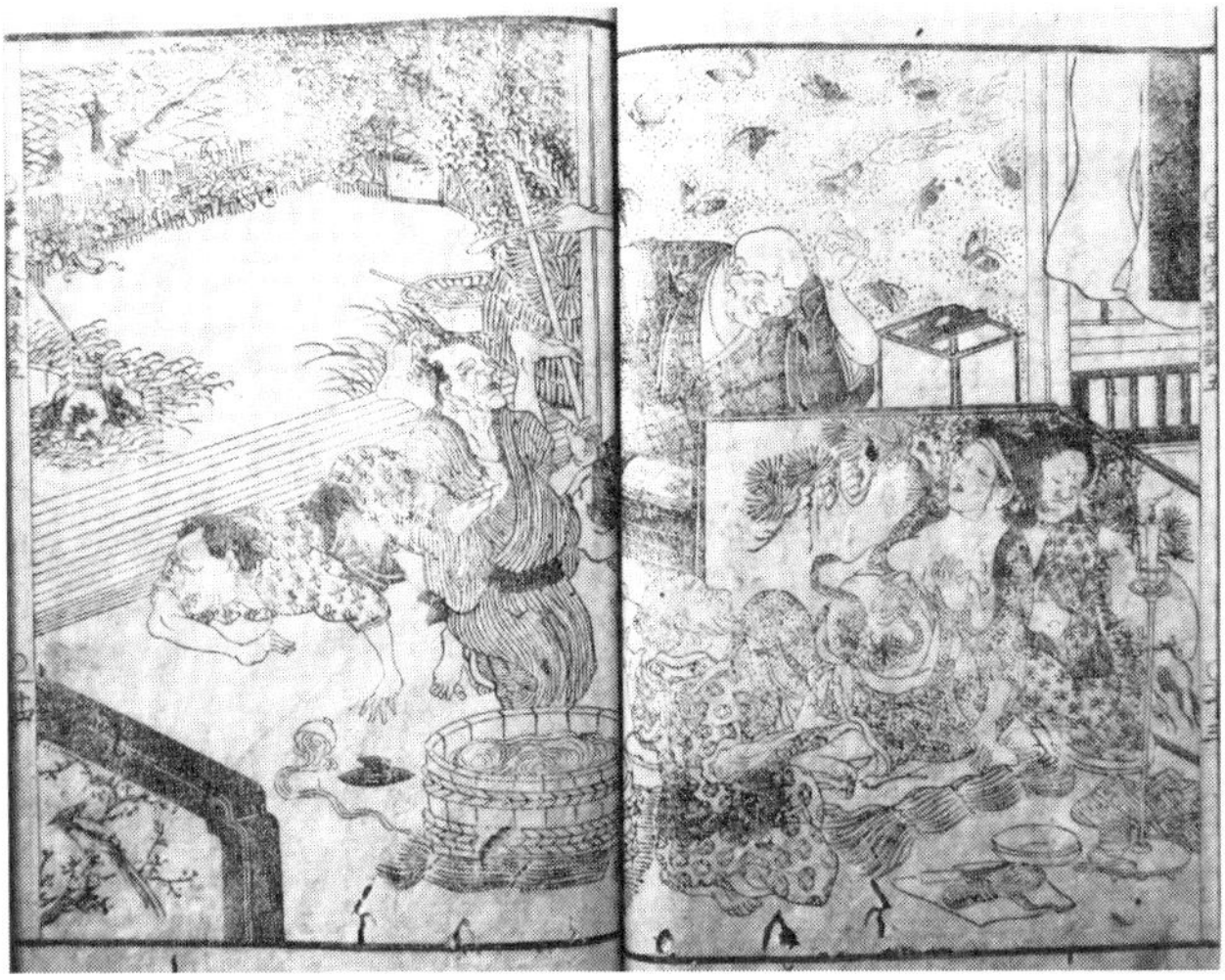

図3　『事実証談』五

この話の挿絵（図3）は、妊娠した下女の膨らんだ腹を、二匹の蛇が喰いちぎって臍から現れ、産婆は仰天し、男たちが驚いて腰を抜かしている様子を描いている。人々がうわさした通り、老父と娘の生霊が蛇となって現れ、妊婦を殺すという事態が、「あやしき」として掲載されているのである。蛇は、古来より生霊や怨霊を象徴し、人々の強い怨念によって示現するとされてきた。たとえば『北野天神縁起』（承久本、一三世紀初頭）をもとに、江戸時代の絵師・土佐光芳が描いた『北野聖廟縁起』（国文学研究資料館蔵）では、菅原道真の怨霊が藤原時平の両耳から二匹の蛇（青龍）となって現れ、祈祷をやめるように告げている（安井　二〇二二、六四―六七）。人間の執着心などの象徴として、蛇を解釈する意味付けの行為は、近世文芸を中心に見られる（堤　二〇一六、一八）。恨みをもった生霊が蛇と化すのは近世文芸の定番であるが、『事実証談』のように、妊婦の臍を食い破って現れるというのは、確かに「あやしき中にも殊にあやしき」ことである。

この事件は、隣郷の屯という人が、夜道の辺りで涼んでいた時、隣村の者が常ならぬ様で駈け通っていくのを見たため様子を尋ねた、という設定になっており、この事件が「事実」として伝えられたことを示している。近世文芸にて生霊が蛇と化す物語は数多く（高田　一九九九）、娘と老父の生霊が妊婦の臍から蛇となって出てきて妊婦を殺してしまうほどの事態でなければ、「怪異」とみなされなかったとも言える。

当時は、女性が出産時に命を落とすことも多く、妖怪や怪異の出現となる契機はいくらでもあった。それを防ぐため、亡くなった妊産婦には流れ灌頂などを行って供養した。流れ灌頂とは、川に四本の棒を立てて布を張り、道行く人々がこれに水をかけ、布の色や経文の文字が消えれば成仏したとする供養の方法である。産死した女性は血の池地獄で苦しんでいるとみなされたので、布の色が褪せるまで、あるいはその布が破れるまで続いた（青柳　一九八五、四二六）。このほか「身二つにする」といった産死者の埋葬方法なども、産死者が妖怪となって出現しないように編み出された（安井　二〇一四）。

三　異形のものを産む

バーバラ・クリードは、女性の産む機能がホラー映画にもっとも恐ろしいイメージを生み出してきた例として、「非人間の出生」を挙げている。この点を参照して「非人間の出生」、つまり「異類」の誕生が、出産に関する「怪異」となり得たのかどうかを考えてみたい。

神話や昔話には、異類婚の話が多数存在する。時代を遡るが、日本最古の仏教説話集である平安時代初期の

『日本国現報善悪霊異記』（日本霊異記、九世紀前半）に、蛇と交わり蛇の子を産む話がある。「女人の大きなる蛇に婚せられ、薬の力に頼りて、命を全くすること得し縁」である（中田　一九七九、二六九―二七四）。要約すると、次のようになる。

七五九年の夏に、河内国更荒郡の裕福な家の娘が、桑の木に登って葉を摘んでいたら、大きな蛇が桑の木を登ってきた。驚いて木から落ちた娘に蛇が巻き付いて交わり、娘は倒れてしまう。両親が医師を呼んで薬を用い、蛇を娘から放して殺した。また蛇の子は白く固まって、おたまじゃくし（蝦蟆の子）のようであった。蛇の子は、薬を注ぐと皆出て来た。それから三年後、娘はまた蛇に犯されて、死んでしまった。

蛇と交わり、蛇の子を産むのは、人間と異類との婚姻を描いた異類婚姻譚の一つの例である。女性と蛇との象徴的な関連は、古来より連綿と続いてきた（高田　一九九九）。この話では娘と交わった蛇も、娘との間に生まれた蛇の子も、皆、娘の両親や医師によって殺されている。昔話にも、人間の女と蛇の男が結婚する話がある。「蛇婿」の「苧環型／針糸型」に分類される昔話は、娘のところに通ってくる見知らぬ男の正体を突き止めるため、母が娘に、糸を通した針を男の着物の裾に刺しておくよう伝える。蛇と交わった娘は蛇の子を孕むが、蛇が岩穴の中で「菖蒲を煎じて飲ませれば子どもは堕りてしまう」などと言っているのを聞き、娘の母はこれを実行して蛇の子を堕ろす。川森博司は「苧環型／針糸型」の昔話で、異類との間にできた子どもは、社会から強い排除の対象になっていた、と分析する（川森　二〇一三、六一）。では、他の異類婚の組み合わせでは、生まれた異類はどのような運命にあったのだろうか。異類婚姻により子どもが生まれる場合には、次のようなパターンが考えられる。①母・人間／父・異類―子は異類、②母・人間／父・異類―子は人間、③母・異類／父・人間―子は異類、④母・異類／父・人間―子は人間、である。異類婚による子どもが異類か（①③）人間か（②④）によっても、その子どもが殺されるか、社会に受け入れられるかは異なっていた。また、異類女房の産んだ子どもは普通の人間の姿をしているのに対して（④）、異類聟と人間のあいだに生まれた子どもは異類の姿であったり、異類の痕跡をとどめていたり（①）（川森 二〇二三、一八三）、また異類の母は去るが子孫は繁栄するという始祖伝承の印象の残るものが少なくないなどの傾向もある（伊藤 二〇一六、二二二）。小松和彦は、鬼と人間の間に生まれた子どもについて、「『片側人間』」として紹介する中で、「いつの時代にあっても程度の差はあるにせよ、民俗社会の人びとの異類に対する態度は両義的なものであっただろう」と分析している（小松 一九九八、九一）。このような、人々の異類に対する両義的な態度が、多様な異類婚の昔話を生み出してきたといえる。それを裏付けるかのように、異類婚から生まれた人間の子どもが（②④）、高僧や偉人になるなど、成功した将来が待ち受けている物語が多いからである。たとえば、狐が人間の女に化けて人間の男と結婚する物語（③）には、陰陽師・安倍晴明の出生を語る「信太妻」の影響を受けて、特別な能力を持つ子どもの出生を語るケースが多くなるという（川森 二〇二三、二二四）。

ところで現実の世界では、生まれた子が「オニゴ（鬼子）」と見なされ、間引かれることもあった（近藤 二〇〇二、一八）。近藤直也が『綜合日本民俗語彙』に基づいて整理したオニゴの四つの概念のうち、第一のオニゴがこれに当たる。このオニゴは「歯が生えて生まれた子」であり、「必然的に誕生直後に殺されていた」可能性が高いという。第二、第三は早くに歯の生えた子、第四は母親が三三歳の厄年に生れた子である（近藤二〇〇二、一八）。第一のオニゴが誕生直後に殺された可能性が高いのは、「歯が生えて生まれる」という、ただちに鬼をイメージする身体的な特徴が起因していたからと考えられる。

四　妊産婦の死、胎児・生児の死

本稿の冒頭にて示した、産死者の妖怪・ウブメの子や、子育て幽霊の子についても触れておきたい。ウブメは、多くの場合、子どもを抱いた姿で描かれており、子は単独で妖怪になったりはしていない。一方、子育て幽霊の子どもは無事に墓中で誕生している。たとえば『西讃岐地方昔話集』の昔話は、「ある長者の嫁が産月に死ぬ。棺桶の中で子どもが生まれ、幽霊が飴を買って育てる。夫の枕元で児のために穴返しをしてくれと言うので、墓を掘ると男の子がいた。その子を長者の跡取りとした」（下川・福田・松本　一九八二、八七）というもので、墓中で生れた男児は長者の跡取りとなる。この話を再録した『日本伝説大系』は、亡くなった母親よりも棺桶で生れた子に注目し、この話を「子育て幽霊」ではなく「英雄の誕生」と位置付けている（前掲、一九八二）。

堤邦彦によると、江戸時代の文芸において、鶴屋南北のみならず、山東京伝など「十九世紀初頭の戯作小説にも、産女亡霊のモチーフはしばしば援用されており、注目度の高い文芸素材であったことは間違いない」という（堤　二〇一六、一二）。さらに板坂則子は、化政期（一八〇四―三〇年）の戯作（江戸時代後期小説）に、曲亭馬琴の黄表紙『小夜中山宵啼碑《さよのなかやまよなきのいしぶみ》』を発端とした、妊娠した母親の死体から赤子が生まれ出る構想の型が数多く見られると分析している（板坂　二〇二二、一二四）。そして、母親の多くは切り刻まれた無惨な骸となっているにも関わらず、その傷が赤子まで害した例は皆無で、母の死と全く切り離された新しい生命の誕生が書き込まれている、という（前掲、一二四）。物語は、子どもの英雄としての将来を描き、殺された母から生まれた子ども——多くの場合、男子の冒険物語として展開していくのである。

現実の世界では、地域差があるものの堕胎や間引きが実施されており、近世後半には、藩や幕領のレベルで、堕胎・間引きは犯罪として取り締まられていく（沢山　二〇〇五、二八二）。なぜなら堕胎・間引きは、三重の意味での逸脱——子どもの命を奪う点で人間としての逸脱、〈産む〉身体を持つ女性にとっては産むことからの逸脱、家の存続を危うくする家の存続にとっての逸脱とされたからである（前掲、二七八）。堕胎・間引きが取り締まられるようになってからも、近世末から明治初期の習俗を含む『日本産育習俗資料集成』には、たとえば岡山県の事例として、「間引いた子は、こもに包んで川へ流した」、「間引いた時は、忌みがあると言って、家の中へ埋めていた」、また山中の間引き塚に「地方のものが間引いた嬰児の死体を埋めていた」などの事例があり、簡素な方法で間引いた子を対処していたことがわかる（恩賜財団母子愛育会　一九七五、一六八—一六九）。生児は、あの世とこの世の境界にいる存在とみなされ、なるべく早くに次の誕生につながるよう、通常の埋葬方法とは異なる簡単な方法であの世へ送り返された。ファビアン・ドリクスラは、新生児はまだ明確に定義されない霊的世界の一部であり、このような境界性が、その排除を殺害とは異なるものにしていたと論じている（Drixler 2013）。

では、間引きや堕胎された生児や胎児は、どのようにイメージされていたのだろうか。山東京伝作、歌川豊国画『本朝酔菩提全伝』（巻之一、一八〇九年）に描かれた亡くなった胎児は、胞衣を連想させる蓮の葉を頭に乗せ、這い這いしながら、石を積み上げる子どもとともに賽の河原にいる[5]。子どもたちは親より早く亡くなった罪のため、石を積み上げては、鬼に蹴散らかされる。親への恨みから化けて出てくるような気配はない。間引きや堕胎をしたからと言って、亡くなった胎児や生児が、すぐに怪異や妖怪と結びつけて語られるわけではなかった。一方、歌川国明は、一九世紀半ばに「子かへしする人の地獄図」（一八六二年、江戸東京博物館蔵）にて、両手と膝を使って子どもを間引く母親が、閻魔大王の前で、間引いた胎児に責め立てられる姿を描いている。このような間引きの絵は、女性が「罪」意識を内面化するように、為政者が描かせたものであった（沢山　二〇〇五、九六―九七）。

堕胎や間引きした胎児を、塚や自宅の床下に埋めたり、川に流したり、あの世に送る方法が確立されていたこと、また鈴木由利子が指摘するように、妊娠中から「育てる命」と「育てない命」とに分け、両者に対する意識に大きな隔たりがあったことなどを考えると（鈴木　二〇二一、三七）、繰り返しになるが、堕胎や間引きが、即座に怪異と結びつくわけではなかった。

太田素子が指摘するように、地域によっては乳幼児死亡率が一九世紀初めに一割を切るところまで低下し、幕末に至って再び上昇傾向を見せることから、「七歳までは神のうち」の俗諺にいわれるような〝失われやすい命〟という感覚は時代を超えて継続していたわけではなかった（太田　一九九七、一二）。何かの後ろめたさや供養の必要性を感じ、中絶した胎児の水子供養が、まずは産科医たちによって行われたのは一九五〇年代初め（鈴木　二〇二一、一七四）、また水子の霊が祟るとされたのは一九八〇年代に入ってからのことである。

五　通常とは異なる出産――処女懐胎

バーバラ・クリードが指摘したように、ホラー映画において恐怖を想起する、通常とは異なる出産には「単為生殖的な母」つまり処女懐胎もある。これには、世界的に有名な伝承を見出すことができる。『日本国現報善悪霊異記』の「女人の石を産生みて、之を以て神とし斎きし縁」は、未婚の二〇代の女性が処女のまま懐妊し、三年後に二つの石を産む話である（中田　一九八〇、二一七―二一九）。石はだんだん大きくなり、隣の郡に祀られていた伊奈婆の大神が、「その二つの石は、わたしの子である」と告げたので、これを祀るようになったという。石が成長したり、動いたりする物語は、他にも数多くある（宋　二〇二二）。

日本の事例から離れるが、処女懐胎のもっとも有名な例は、母マリアより誕生したイエス・キリストであろう。クラウス・シュライナーは、マリアを「ヨーロッパ文化の最も魅惑的な歴史的形姿であり象徴のひとつ」とし、初期キリスト教の教父たちは、イエスが地上の父なしに聖霊により身ごもったことに固執したが、マリアの妊娠や出産に関しては、自然な出来事として理解しようとしたと指摘する（シュライナー　二〇〇〇）。たとえばマリアの妊娠期間を一〇カ月と計算し、分娩時には産道が開き、イエス分娩後、乳房がはり、彼女はその乳房を乳児イエスにふくませ、イエスはすべての赤児と同じように乳を吸った、という。この点こそを神の子がほんとうに人の子となった証拠とみなしたためである（前掲、六五）。またクリステヴァは、処女マリアは一重に献身的な母親であるとし、メラニー・クラインの言葉を借りて「良き母」である彼女は、身も心も息子に捧げ、彼女なしに、最愛の息子は肉体を持つことはなかったと分析する。「聖寵満ちみてる」マリアの身体を通過したことによって初めて、この神は人間であることになる（クリステヴァ　二〇〇一、一三一）。のちに磔となって復活を遂げるには、人の子であることは不可欠であったため、処女懐胎であっても、出産そのものはリアルに記述されたのだろう。処女懐胎は、聖人を生み出す、通常とは異なる出産であった。

処女懐胎の他にも、通常とは異なる身体部位からの出産が挙げられる。ゴウタマ・シッダールタはネパールの釈迦族の中心地であるカピラヴァットゥ（カピラ城）の国王スッドーダナの長子として生まれた。母マーヤーが、出産のために実家に戻る途中、カピラヴァットゥの郊外にあるルンビニー園に立ち寄ったときに産気づいて、この園で彼を産んだと伝えられている（中村　二〇一七、一六一）。飛鳥時代・七世紀、「摩耶夫人《まやぶにん》および天人像《てんにんぞう》」（東京国立博物館蔵、法隆寺宝物、重要文化財）は、マーヤーが庭園を散策中、木の枝に右手を伸ばしたところ、腋《わき》から釈迦が生まれたという伝説に因んで造られた。通常とは異なる出産は、怪異譚だけではなく、聖人の誕生の根拠にもなっている。

昔話の中にも、脛から小童が生れる一寸法師の話や、婆の親指の腹が痛くなり、そこから赤子が出て来る話もあり、脛や親指の腹といった通常では考えにくい身体部位から赤子が誕生する話がある（川森　二〇二一、一五二）。小さき子が、「異類」（異端）として殺されることなく活躍するのは、通常の出産ではなく、また子を所望する親のところで「育てる意志のある子」として受け入れられ、また当初より子どもの活躍に物語の力点が置かれているからと考えられる。

六　穢れとしての出産、女性の救済

出産を「おぞましい」ものとしてイメージする眼差しがある一方で、一九世紀前半頃、当の女性たちは、出産にどのように向き合っていたのだろうか。出産で命を落とすかもしれない危険は常にあり、また、出産時の出血ゆえに出産は穢れとされていた。それゆえ女性は、血の池地獄に堕ちるとされ、成仏できないという差別的な境遇に置かれていた。

出産が、出産時の出血から穢れたものとみなされてきたのは、日本に限らず世界のさまざまな文化においても同様である。人類学者のメアリー・ダグラスは、汚穢は、境界に関連しており、（肉体の）開口部から排出される物質——唾・痰、血、乳、尿、糞便、涙は、肉体の境界を越え出るがゆえに汚穢と見なされてきたと指摘する（ダグラス　一九八五、二三〇）。クリステヴァは、ロバートソン・スミス、モース、デュルケムからレヴィ＝ストロースに至る巨大な人類学の仕事をもってしても、未解決の問題として、肉体の廃棄物、たとえば経血や糞便が、象徴秩序のこうした客観的な危うさを代表しているのはなぜなのかを問う（クリステヴァ　一九八四、一〇二）。ここではこの難問に直接答える代わりに、日本の歴史的な経緯をおさえておく。

波平恵美子は穢れを、絶対的なものではなく、歴史的に創られた、変換可能な記号として捉えた（波平　二〇〇九）。歴史的に、出産が穢れとされたのは、中国から伝わった「血盆経」の影響が大きい。『血盆経』は、女性が出産（および月経）の折に血を流し、穢れを他に及ぼす罪のため、死後、血盆池地獄に墜すことと、その地獄からの救済方法を説く短文の経典である（高達　二〇一四、三四三）。血盆経は一〇世紀以降に中国で民間信仰

図4-1　「熊野勧心十界図」

図4-2　「血の池地獄」（右図左下）

を背景として成立し、日本には遅くとも室町時代中期までには伝来して流布するようになった（前掲、三四三）。一八四三年の道光癸卯による『佛説大蔵生教血盆経』には、「只是女人産下血露、汚二觸地神一、若穢二汚衣裳一、将レ去二渓河洗濯一、水洙汚漫、誤諸善男女取レ水煎レ茶供二養諸聖一、致二全不浄一」と記されている。(6) 女性の出産時の血が地神を汚すことになり、またもし穢汚の衣類を河で洗濯して水が汚れ、誤って多くの男女が河の水を汲んで茶を煎れ、諸聖を供養したら、全て不浄となる、と記されている。このようにして、出産の際の血が、穢れの根拠とされた。『血盆経』信仰が広まり定着したのは、さまざまな宗派の宗教者が唱導を行ったからである（高達二〇一四、三六四）。高達が〝血の池地獄の語り〟と呼ぶ、熊野比丘尼の地獄絵「熊野勧進十界図」などの絵解きも、血盆経信仰の民間への流布に大きな役割を果たした（高達　一九九一、一二五）。

　血の池地獄に堕ちるとされた女性たちに、救いはなかったのだろうか？　江戸時代を通じて描かれた地獄絵「熊野勧心十界曼荼羅」には、血の池地獄、不産女地獄、両婦地獄、賽の河原などがあり、血の池地獄の上に描かれた「如意輪観音」から、白衣の女性が血盆経を授かっている（図4―1・2）。この図像は、「血の池地獄」など、女が堕ちる諸地獄から、「女」たちを救済する者としての観音と、その救済の「力」となる血盆経供養を示している（黒田　一九八九、二六二）。ロリ・ミークスは、罪深い女性も地獄の苦しみから救われるため、血の池地獄に見立てた水面に血盆経の経典を投げ入れる儀式が一六世紀の文献に記載されており、徳川時代初期には広く行われていたことに注目する（Meeks：2020, 15）。そして日本における血盆経信仰は、一八世紀から一九世紀にかけて頂点に達し、女性差別的な側面があることは無視できないものの、一方で、女性たちはこの言説を自分たちのニーズに合わせて利用する方法――血盆経信仰によるお守りを身に付けたり、出産時の安産祈願など――を見つけたと分析している（*ibid*, 15）。

ニーズを見出したのは、女性たちだけでなく寺社もそうであった。難産に陥らないよう、ウブメを産女明神として祀った興味深い例がある。蓼科川が駿河湾に流れる静岡市葵区の産女という集落にある産女山正信院である。『駿河国新風土記』（天保五、一八三四年成立）巻二〇の「正信院」によると、牧野喜藤兵衛清乗の妻がこの地で難産のために亡くなり、谷奥に葬られた。すると霊の夢の告があり、それに従って牧野の守り本尊である子安観音を安置し、かつ喜藤兵衛清乗の妻を山神として祀った。これを「産女明神」とし、この地を「産女」と呼ぶようになったという（新庄　一九七五、七三七）。

また産女観音の由来を記した正信院縁起（正信院蔵）は、この寺に仏を納めるのは、これからお産する人の難産を救うためであり、それゆえ子孫が長く久しく続くことは疑いがない、と説く(7)。堤邦彦は、正信院縁起の眼目は、難産で亡くなった女性を成仏させることにあったと分析する（堤　二〇一六、五）。産女観音は、難産で亡

図5　産女観音（静岡市葵区）、筆者撮影、2024 年

くなった女性の霊を祀ることで妖怪・産女の発生を防ぎ、安産祈願に霊験のある観音信仰を生み出し、広く駿河の女性たちの信仰を集めるようになったのである。産女観音は三三年に一度開帳される。

ちなみに産女観音では、安産祈願のお参りに来た人々に、米とジュバン（襦袢）と呼ばれる産着を配っている。米は、無事に出産した女性たちがその報告とお礼を兼ねて産後に持参したものであり、安産にあやかる意味がある。戦後間もない頃、産女村の近村の女性たちは農作業など日々の労働に忙しく、自ら産女観音に詣ることはできなかった。そのため村の世話役の女性たちが、代わりに産女観音を訪れてお札《ふだ》をもらい、彼女たちに配ったという。米を持ち帰った女性たちは、陣痛が始まると、これを炊いてお粥にして食べた。また無事に出産すると、生児にはジュバンを着せた。そして女児が生まれた場合は赤のジュバン、男児が生まれた場合は白のジュバンを晒しで作り、米とともに観音に返した。現在では、かつてのようにジュバンを手作りする人はいなくなったため、産女山正信院にて手作りし、参拝した女性たちに渡しているという。産女観音を祀る台座の左右に、米とジュバンがそれぞれ置かれている（図5）。産女観音は、出産で亡くなった牧野喜藤兵衛清乗の妻の霊を祀り、地元の女性たちが難産にならないよう見守る、安産祈願の観音信仰を打ち出し、現在も信仰を集める興味深い例と言える。

結論──近・現代の出産の「怪異」へ

出産そのものを「おぞましい」現象と捉えるクリステヴァの議論を参照して、出産の否定的な側面を整理し、それを参照しながら、一九世紀前半の出産に関する怪異とその背景を辿って来た。「おぞましい」だけでは「怪異」とはならず、また妖怪も出現しない。出産時に女性が命を落とすことも多かった時代、『事実証談』の「妊婦の腹から蛇が出て来て妊婦を殺す」ほどの話でないと、「怪異」とはみなされなかったことだろう。この話にエンターテインメント性がなかったわけではない。挿絵も、当時の出産のイメージを踏まえて、蛇の出現に驚く人々を印象深く描いている。また現実の世界に連続して語られる昔話や伝説においては、誕生した異形の子は排除され、殺されることが多かった。間引きを生存戦略の一つとして実行していた時代、間引かれた生児が蘇って人間に反逆する、といった怪異は、話のパターンになるほど伝承されてはいない。このように、妊娠・出産の「怪異」は、その時代に人々が思い描いていた妊娠・出産から逸脱した不思議な現象を、生霊や怨霊など否定的な側面に理由づけて説明し、人々の興味や想像力をおおいに掻き立てて来たと言える。また、通常とは異なる出産──亡くなった母親の死体からの誕生、処女懐胎による誕生、通常とは異なる身体部位からの誕生──などは、「怪異」

としてよりも肯定的な面に力点を置き、高僧や偉人、聖人となるなど、多くの場合は男児の成功物語の契機となっていたことも明らかとなった。

クリステヴァの議論から、出産を「おぞましい」現象と捉える具体的な根拠を整理したが、日本では中国から伝わった『血盆経』により、出産時の出血が地神を汚すという理由で、穢れの根拠が示されているのは重要である。出産そのものが穢れとされているわけではないからである。出産の血や経血をはじめ、肉体の開口部から排出される物質は、近年の人類学では「サブスタンス」として、新たな人間関係を築く契機と捉え直している（松尾二〇二三、二）。こうした点から、改めて身体の開口部から排出される物質を、歴史的な文脈に即して考察する必要があるだろう。

明治政府は、一八八〇年に刑法堕胎罪を制定し（一八八二年施行）、また間引き政策も引き継いで徹底したので、一九世紀末までに間引きは終息する（太田　一九九七）。一九〇七年に刑法の改訂により堕胎罪の罰則が強化される（一九〇八年施行）。斎藤美奈子が近代の「妊娠小説」を明解に分析したように、望まない妊娠関係の法律の施行後に、ちょっとした「妊娠小説ブーム」――一九一〇年の「第一次妊娠小説ブーム」は、「堕胎系」に属する短篇の流行――が起こるという（斎藤　一九九四、一〇）。「妊娠小説」の主たるテーマは怪異ではなく、妊娠させてしまった男の「苦悩」である。また女性の視点から、母と娘の葛藤や、産む女性が「おぞましき」身体に自ら驚き記述していく「出産本」などは、この後、七〇年代に登場する。二〇〇〇年代のJホラーにても妊娠、出産は恐ろしさを生み出す契機であり続けている。(8) 九九％の出産が病院で行われ、生殖医療技術が進歩する現代も、新たな怪異が生み出されているのだろう。近代から現代の出産に関わる怪異については、また稿を改めて取り組みたい。

注

1　筆者は、これまで産死者がウブメに化けて出ないように行われる「胎児分離埋葬」儀礼について論じた（安井　二〇一四）。またウブメの表象と中国の姑獲鳥の影響についても、別途論じている（Yasui 2021）。

2　安井眞奈美『怪異と身体の民俗学』（安井、二〇一四）、木場貴俊『怪異をつくる――日本近世怪異文化史』（木場　二〇二〇）など。

3　徳永誓子は一四世紀に制作された「融通念仏縁起」下巻の出産図を詳細に分析し、描かれた庶民が貴族たちの目に映った庶民の姿でしかないため、絵にかけられたフィルターの特徴を明らかにすることを主張している（徳永　二〇一二、一〇四）。

4　個人蔵（Michael Fornitz）。板坂則子氏の紹介にて、両者を比較して「浮世絵にみる妊産婦と胎児の身体イメージ」展（カリフォルニア大学サンフランシスコ校、二〇二三年一一月―二〇二四年一二月）にて展示することができた（安井編　二〇二四）。展示はオンラインにても閲覧可能（https://www.nichibun.ac.jp/online/ucsf_maternal_health/）。

5　山東京伝作、歌川豊国画『本朝酔菩提全伝（巻之一）』（一八〇九年）

6　京都大学東南アジア地域研究研究所所蔵、出版地、出版者不明。京都大学貴重資料デジタルアーカイブ（https://rmda.kulib.kyoto-u.ac.jp/item/rb00034083）スライド三枚目参照。

7　堤邦彦の翻刻による（堤　二〇一六、三一―四頁）。

8　ドラマ『呪いの家』を分析した橋迫瑞穂は、このドラマにおいて、妊娠・出産という女性にとって身近な出来事と、強姦という生々しい恐怖とが、「呪いの家」における呪詛の念よりもはるかに恐ろしい出来事として描かれていると分析し、その結果、図らずも妊娠・出産がホラー映画に取り込まれることの意味、それ自体を、見る者に問う結果となっている、と興味深い指摘をしている（橋迫　二〇二二、一四二―一四三）。

引用文献

青柳まち子　一九八五「忌避された性」坪井洋文編集代表『家と女性――暮しの文化史』（日本民俗文化体系）一〇巻、小学館
板坂則子　二〇二二「死体から生まれた赤子――戯作に見る母と子の身体」安井眞奈美、ローレンス・マルソー編『想像する身体（上）――身体イメージの変容』臨川書店
板坂則子　二〇二四「『逢夜雁之声』上」安井眞奈美編『「浮世絵にみる妊産婦と胎児の身体イメージ」展図録』国際日本文化研究センター
伊藤慎吾　二〇一六「異類文化学への誘い」伊藤慎吾編『妖怪・憑依・擬人化の文化史』笠間書院
太田素子　一九九七「先行研究の検討および研究の方法について」太田素子編『近世日本マビキ慣行史料集成』刀水書房
恩賜財団母子愛育会　一九七五『日本産育習俗資料集成』第一法規
川森博司　二〇二三『ツレが「ひと」ではなかった――異類婚姻譚案内』淡交社
木場貴俊　二〇二〇『怪異をつくる――日本近世怪異文化史』文学通信
クリステヴァ、ジュリア（枝川昌雄訳）一九八四『恐怖の権力――〈アブジェクシオン〉試論』法政大学出版局（Kristeva, Julia. 1984. *Pouvoirs de l'horreur : essai sur l'abjection*, Paris.: Éditions du Seuil.）
クリステヴァ、ジュリア（永田共子訳）二〇〇一「私は「私のマリアのために戦おうとしています。だれにとってもそれぞれのマリアがあるのです」クリステヴァ、ジュリア／カトリーヌ・クレマン著『〈母〉の根源を求めて――女性と聖なるもの』光芒社（Catherine Clement and Kristeva, Julia.1998. *Le féminin et le sacré*. Paris: Stock.）
黒田日出男　一九八九「熊野観心十界曼荼羅の宇宙」宮田登編『性と身分――弱者・敗者の聖性と悲運』（大系仏教と日本人8）春秋社
小松和彦　一九九四『妖怪学新考――妖怪からみる日本人の心』小学館
小松和彦　一九九五『異人論』青土社

小松和彦　一九九八『異界を覗く』洋泉社
小松和彦　二〇一五「「怪異」概念をめぐる覚書」天理大学考古学・民俗学研究室編『モノと図像から探る怪異・妖怪の世界』勉誠出版
近藤直也　二〇〇二『鬼子論序説――その民俗文化史的考察』岩田書院
斎藤美奈子　一九九四『妊娠小説』筑摩書房
坂知尋　二〇二四「『本朝酔菩提全伝（巻之一）』」安井眞奈美編『「浮世絵にみる妊産婦と胎児の身体イメージ」展図録』国際日本文化研究センター
沢山美果子　二〇〇五『性と生殖の近世』勁草書房
シュライナー、クラウス（内藤道雄訳）二〇〇〇『マリア――処女・母親・女主人』法政大学出版局（Schreiner, Klaus.1994. *Maria : Jungfrau, Mutter, Herrscherin.* München : C. Hanser.）
下川清・福田晃・松本孝三　一九八二『日本伝説大系第一二巻　四国編』みずうみ書房
新庄道雄　一九七五『修訂駿河国新風土記』上巻、国書刊行会
鈴木由利子　二〇二一『選択される命――子どもの誕生をめぐる民俗』臨川書店
宋丹丹　二〇二二「岩石伝説の身体性に関する一考察――『日本伝説大系』と『日本の伝説』を中心に」『総研大文化科学研究』一七
高田衛　一九九九『女と蛇――表徴の江戸文学誌』筑摩書房
髙達奈緒美　一九九一「『血盆経』と女人救済――〝血の池地獄の語り〟を中心として」『国文学　解釈と鑑賞（特集　古典文学にみる女性と仏教）』五六―五
髙達奈緒美　二〇一四「解題」髙達奈緒美編著『東洋大学附属図書館哲学堂文庫蔵　佛説大蔵正教血盆教和解』岩田書院
ダグラス、メアリ（塚本利明訳）一九八五『汚穢と禁忌』思潮社（Mary Douglas. 1966. *Purity and Danger : an analysis of concepts of pollution and taboo,* London; Routledge & K. Paul.）

堤邦彦　二〇一六「江戸怪談の原像――産女のお弔い」『国文論叢』五一
徳永誓子　二〇一二「「庶民の出産図」の陥穽」『比較日本文化研究』一五
波平恵美子　二〇〇九『ケガレ』講談社学術文庫
中田祝夫訳注　一九七九『日本霊異記　中』講談社学術文庫
中田祝夫訳注　一九八〇『日本霊異記　下』講談社学術文庫
中野操　一九八〇『錦絵医学民俗志』金原出版
中村乗高　一八一八年自序、一八二三年刊『事実証談』（国際日本文化研究センター蔵）
中村元　二〇一七『ブッダの生涯』（仏典をよむ1）岩波書店
橋迫瑞穂　二〇二二「「災厄」としての妊娠・出産――ドラマ『呪怨　呪いの家』におけるジェンダー」『ユリイカ』（特集・Jホラーの現在　伝播する映画の恐怖）五四―一一
牧野和夫・高達奈緒美　一九九六「血盆経の受容と展開」岡野治子編『女と男の乱――中世』藤原書店
松尾瑞穂　二〇二三「序章　サブスタンスの人類学に向けて」松尾瑞穂編『サブスタンスの人類学――身体・自然・つながりのリアリティ』ナカニシヤ出版
松岡悦子　二〇一四『妊娠と出産の人類学――リプロダクションを問い直す』世界思想社
マルソー、ローレンス　二〇二四「『好色一代女』第六巻」安井眞奈美編『「浮世絵にみる妊産婦と胎児の身体イメージ」展図録』国際日本文化研究センター
宮田登　一九八九「総論　民俗宗教のなかの血盆経」宮田登編『性と身分――弱者・敗者の聖性と悲運』（大系仏教と日本人8）春秋社
宮本勉翻字・解説（中村乗高）　一九九三『事実証談』羽衣出版
民俗学研究所編　一九五六『綜合日本民俗語彙』全五冊、平凡社

安井眞奈美　二〇一四「胎児分離」埋葬の習俗と出産をめぐる怪異のフォークロア――その生成と消滅に関する考察」『怪異と身体の民俗学――異界から出産と子育てを問い直す』せりか書房
安井眞奈美　二〇二二『狙われた身体――病いと妖怪とジェンダー』平凡社
安井眞奈美編　二〇二四『「浮世絵にみる妊産婦と胎児の身体イメージ」展図録』国際日本文化研究センター

Arya, Rina and Nicholas Chare. 2016. "Introduction: approaching abjection" in *Abject visions: Powers of horror in art and visual culture*, eds.by Rina Arya and Nicholas Chare, Manchester: Manchester University Press. pp.1-13.
Creed, Barbara. 1993. *The Monstrous-Feminine: Film, Feminism, Psychoanalysis*. London: Routledge.
Drixler, Fabian. 2013. *Mabiki: Infanticide and Population Growth in Eastern Japan, 1660–1950*. Berkeley: University of California Press.
Meeks, Lori. 2020. "Women and Buddhism in East Asian history: The case of the Blood Bowl Sutra", Part II. *Japan Religion Compass* 14(4):1-16.
Ross, Sonja. 2021. "A cultural phenomenon: The vagina dentata motif - post scriptum. Review of current discussions with a look back at a contribution from 1994". *Academia Letters*, Article 3509. https://doi.org/10.20935/AL3509. pp.1-6.
Yasui, Manami. 2021. "Imagining the Spirits of Deceased Pregnant Women: An Analysis of Illustrations of *Ubume* in Early Modern Japan", *Japan review* 35: 91-112.

参考文献

荒木浩　二〇二二『古典の中の地球儀――海外から見た日本文化』ＮＴＴ出版
宋丹丹　二〇二三「「産まない」ことを願う石の習俗」『総研大文化科学研究』一九

中村元　一九六九『ゴータマ・ブッダ──釈尊の生涯──原始仏教1』春秋社
西田知己　二〇二一『血の日本思想史──穢れから生命力の象徴へ』筑摩書房
宮田登　二〇〇六『女の民俗学』吉川弘文館
宮本法明　二〇二二「生まれることは呪われること──Jホラーの妊娠をめぐる表象」『ユリイカ』（特集・Jホラーの現在
伝播する映画の恐怖）五四─一一

図説詳細

図1「逢夜鳫の聲」3巻（上、第一册）歌川豊国画、一八一一年（国際日本文化研究センター蔵）
図2「繪本おつもり盞」3巻（下、第三册）、歌川国芳・歌川国貞画、一八二六年（国際日本文化研究センター蔵）
図3『事実証談』五、中村乗高、一八二三年刊（国際日本文化研究センター蔵）
図4「熊野勧心十界図」（兵庫県立歴史博物館蔵）
図5　産女観音（静岡市葵区）、筆者撮影、二〇二四年

妖怪の生と死――生物としての妖怪

木場 貴俊

はじめに

本稿の目的は、「妖怪」を身体を持つもの、つまり、生物として認識されていた面を追究することである。身体がある生物ということは、生きていていずれは死ぬということでもある。日本のみならず世界中に、怪物が退治=殺害される話は枚挙に暇がないが、日本の「妖怪」はいかなる生物として捉えられていたのだろうか。

また、幼少期から親しんでいる、テレビアニメ『ゲゲゲの鬼太郎』の主題歌（水木しげる作詞）について、三番の「おばけは死なない」という歌詞があるのに、作品中では「妖怪」が鬼太郎たちに退治され、死んでしまう展開が少なくない。生と死がある「妖怪」を考える原点はここにあった。

ハルオ・シラネの発表「グローバル・コンテクストにおける妖怪の理論化と歴史化」に対して、筆者は日本史学の立場から①「あやしい」ということ、②カミと妖怪（怪異）の関係、③自然観からコメントを行った。[1] また、シラネ発表では、「妖怪」をタマ（霊・魂）の観点から論じていたのに対し、大塚英志は、「「妖怪変化」の身体性をめぐって　まんが・アニメ研究の視点から」として、まんが・アニメのキャラクターの身体性（生と死）からコメントを行っていた。

実は、筆者も以前、「妖怪・化物が化生による生類だという認識は、これらを退治=殺害できることに一定の説得力を与えている。つまり、どんなに年を経ても、あるいは変化しても生類である限り、妖怪・化物は死ぬ（数百年生きた狐や蛇が退治される話があるように、老衰による死はなくても、武力や霊験による外因性の死はあった）」と書いたことがある。(2) そのときは指摘だけに留まったが、「妖怪」の霊的な側面を強調したシラネ発表や大塚コメントを受けて、身体を持った（生と死がある）生物としての「妖怪」について、改めて検討する必要があるのではないか。

本稿では、「妖怪」の生物としての側面（身体性、生と死など）について検討していくが、筆者の専門である近世を遡り、シラネの発表で対象にしている中世以前から通史的に考えていきたい。

注意しておきたいのは、『日本国語大辞典』（第二版）「妖怪」の語釈の第一義に、「人の知恵では理解できない不思議な現象や、ばけもの。変化。ようけ。妖鬼」とあるように、「妖怪」はあやしい事物（コトとモノ）を指す言葉として現用している。それを踏まえた上で、本稿では「妖怪」を、身体を持ったあやしいモノに限定して論を進めることにする（以下、「妖怪」は鉤括弧をはずして用いる）。

一　神代から古代

【退治されるあやしい神】

まずは、神話から始めてみたい。神代において不思議なことを起こすのは、神であった。(3)『日本書紀』(4)を見ると、天孫が降臨する前、「葦原中国（日本）」には、「蛍火光神（蛍火なす光る神）」や「蠅声邪神（蠅声なす邪神《あしきかみ》）」がいて、さらに草木は「能く言語《ものいふこと》」があった。「邪神」は、直後に「邪鬼《あしきもの》」とも記され、八世紀初めの『日本書紀』編纂時において「神」と「鬼」は互換可能な文字であったことが窺える。『日本書紀』と同時期に編まれた『風土記』(5)には、「荒神《あらぶるかみ》」という表記が見られる。そして、これら「邪神」などと表現されているのは、国つ神である。

人が治める世になっても、『日本書紀』景行天皇紀では、景行が東征に赴こうとする日本武尊に「山に邪神《あしきかみ》有り、郊《の》に姦鬼《かだましきもの》有り。衢《ちまた》に遮り、経《みち》を塞ぎ、多に人を苦し」めていると告げる。そして、「言を巧みて暴神を調へ、武を振ひて姦鬼を攘へ」と命じている。その「邪神」とは、具体的に、信濃の「山神（白鹿に化ける）」や近江胆吹山の「荒神（大蛇に化ける）」などのことで、日本武尊を妨害しているが、結局退治されてしまう。

これまで取り上げた「邪神（邪鬼・姦鬼）」について、いずれも動物の容姿、または動物にまつわる行動をしている。松前健によれば、国つ神系の神は、動物的形態のものが多く（対比として、天つ神系の神は、ほとんど人態的）、人間英雄的な天つ神に最初は服従しないが、最終的に征服されるか、通婚して忠順な存在となってしまうという。(6)

ヤマタノヲロチもまた、『日本書紀』第二の一書（本編に付属した異伝の一つ）において、スサノオが「吾、汝が為に蛇を殺さむ」と宣言した後、大蛇に向かって「汝は畏き神なり」といい放って、斬殺している。ヤマタノヲロチを「神」と表現したのは、本編などの表現である「頭・尾各八岐有り」という異形と、「松柏、背上に生ひて、八丘・八谷の間に蔓延れり」という巨体に由来するのだろう。

また、信濃の白鹿になった「山神」や胆吹山の大蛇になった「荒神」など、白色や巨大という特徴は、成長し続けている、つまり、長命であることの証である。長命で成長し続けている結果、超常的な能力（巨大化も含む）

を体得したと考えることもできる（後述のヌシにも通じる点である）。

ヤマタノヲロチの神話は、土地開発と関連したものと考えられている[7]。蛇と土地開発で他に想起するのが、夜刀神である。『常陸国風土記』行方郡の西の谷での新田開発をめぐって、群れで現れて妨害する夜刀神は、角の生えた蛇身で、姿を見ると一族が滅んでしまうという。継体天皇の時代に谷の開発を任された箭括麻多智は武装して、夜刀神を杖《ほこ》で「打ち殺し駈逐」った。そして、境界の標を立て、人と神の土地を分ける。その際、夜刀神を祭祀することを誓い、「な祟りそ、な恨みそ」といった（「祟」は、妨害などの神による意思表示を指す）。その後、孝徳天皇の代になり、谷を管轄することになった壬生連麿は、従来と違って、池の堤の工事を妨害する夜刀神に対して「何の神《あまつかみ》 誰の祇《くにつかみ》ぞ、風化《おもむけ》に従はざる」、つまり、どこの何という神が皇化に従わないのかと、「目に見ゆる雑《くさぐさ》の物、魚虫の類は、憚り懼るることなく、随尽《ことごと》に打ち殺せ」と指示する。連麿の宣言が終わるやいなや、「神《あや》しき蛇」夜刀神は逃げ去ってしまった。これは、天皇に服従しない動物神（国つ神）は殺しても構わないという宣言であり、神にも身体があって殺害が可能であることを意味している。

ここで注目したいのが、ヌシである。動物形である国つ神には、「〇〇ヌシ」の名が多い（オホモノヌシ―蛇、コトシノヌシ―「熊鰐」）。ヌシを、「長いあいだ同じ所に棲み続けて巨体になった生物」であり、『神でもあり、妖怪でもある」と定義し、通史的に検討した伊藤龍平によれば、ヌシである条件は①ひとつ所に長く棲んでいる、②棲みかである場所が淀んでいる（陸棲よりも水棲が多い）、③その場所から、離れようとしない、④身体的な特徴がある（巨体＝老齢）、⑤尋常ならざる能力を持っている（歳を重ねていく過程で体得）であり、生の延長線上にある存在と位置付ける（さらに、非生物である古道具が変じた付喪神にも適用している）[8]。伊藤も、ヤマタノヲロチや夜刀神をヌシの文脈で取り上げ、そのヌシもまた退治されることが多いという。日本の神話における神（動物型の国つ神（ヌシ）だけでなく人型の天つ神も含む）は、生物的に把握され、その限りにおいてはどんなに長命であっても死は訪れた。神が身体を持つ生物であり、時に退治（征服）されるという点は、後世跋扈する妖怪に通じるものであった。(9)

【「鬼」と「物」】

ここまで土地開発に関わる蛇神を見てきたが、『出雲国風土記』大原郡阿用郷の「目一鬼」もまた、開発を妨害するものとされている。(10)

古老伝云、昔或人此処山田佃而、守之。爾時目一鬼来而、食佃人之男。

この「鬼」は「おに」と読むのではなく、「キ」と音読のままにしておいた方がよいと現在では考えられている。つまり、「鬼」＝「おに」は、源順編『和名類聚抄』（九三〇年代成立）で提示された「隠」という漢語由来の和語であり、それ以前は本来漢語「鬼」の意味である死霊や霊魂も含めた多様なものを指す表現として使用されていたと考えられている。「鬼」という漢語をめぐって、『日本書紀』と『万葉集』の用例は共通点が多く、『万葉集』では「鬼」を「もの」「しこ」「ま」と読む。「もの」は神霊、それも王権・国家が対象とした神々＝神祇ではなく、漠然と日本在来の信仰の対象とされた存在の呼称である。先の『日本書紀』でも、「神」と「鬼」は同じ意味で用いられていた。『常陸国風土記』久慈郡では、山の神霊を意味する「魑魅」と「鬼」を併用している。「八世紀においても、「鬼」は和語としてこなれたものと言えな」[11]かった状況にあったのである。

その後、神や「鬼」ではない得体の知れない「物」が、『日本書紀』推古天皇二七年（六一九）に現れている。それは、四月に近江国蒲生川で人のような「物」、七月に摂津国堀江で漁夫の網にかかった人でも魚でもなく子どものような「物」である。こうした異形の出現は単なる珍事ではなく、天人相関説（悪政が行われれば、天が災害や怪異をもたらすという中国由来の政治思想）の影響を受けて編纂された『日本書紀』[12]では、聖徳太子の死（六二二）の予兆と考えられている。同三五年（六二七）にも、二月に陸奥国で狢が人に化けて歌い、五月には信濃坂で「蠅有りて聚集る。其の凝り累ること十丈ばかりなり。（中略）鳴る音雷の如し」という出来事が起き、翌年の推古崩御の予兆とされている。後者は「蠅声邪神」を髣髴とさせる出来事で、神から虫に変わっているが、（政治的に）悪い出来事とされている。虫と神については、皇極天皇三年（六四四）七月に東国不尽河ほとりの大生部多が蚕に似た虫を「常世の神」として祭り、秦河勝に討たれた話は有名である。人が治める世には、神でなくとも、不可解な行動をする動物は、（たとえ人為的であっても）政治的に不吉なこととして、『日本書紀』に位置付けられていたのである。

【『日本霊異記』と『今昔物語集』】

続く平安時代の「鬼」と「物」などについて、二つの仏教説話集から考えてみたい。

まずは、弘仁年間（八一〇〜八二四）頃に成立した『日本霊異記（日本国現報善悪霊異記）』である。特に、中巻第三三「女人、悪鬼に点められて食噉はるる縁（女人悪鬼見點攸食噉縁）」は、女が「悪鬼」に喰われる事件を末尾で「神怪」「鬼啖」と表現している。「神怪」は「鬼神」の為した「怪異」だと考えられ、そこには『日本霊異記』にも影響を与えた唐・道世撰の仏教百科類書『法苑珠林』が関係しているという。[13]『法苑珠林』には、「鬼神」「畜生」「妖怪」「邪淫」といった項目を立てられ、仏教を説くための例証として本来仏教と無関係の記事が転載されているからである。

一方、榎村寛之は、『日本霊異記』で説かれる仏教的認識の「鬼」は、神との境界が曖昧であるとし、[14]久禮旦雄は「蛇」も含めて「神」にはならなかったものが、『日本霊異記』の仏教的因果の世界に吸収されてしまったのだとしている。[15]漢語「鬼」は従来日本で使用されていた意味を継続しながら、『法苑珠林』などの影響を受けたことで、仏教的世界に組み込まれたといえよう。

もう一つは、『今昔物語集』（一二世紀前半成立）を取り上げる。巻二七は「霊鬼」の巻とされているが、本文中に「霊鬼」は用いられていない。森正人は、この巻を「霊（この世に執着を残す死者の霊魂）」と「鬼（死霊ではなく、「人をむごく殺す獰猛な妖怪」）」によって構成されたものと考えている。[16]

巻二七の「鬼」は、人を喰らうものとして登場している（第七～九などで、未遂の話もある）。先の『出雲国風土記』「目一鬼」や『日本霊異記』、さらに『伊勢物語』の「鬼一口」など、「鬼」には人を喰らう特徴がある。巻二七第八「内裏の松原にして鬼、人の形と成りて女を噉ふ語」は、『日本三代実録』仁和三年（八八七）八月一七日条に由来している。この条を検討した榎村寛之は、食人行為に「鬼」と動物型国つ神の共通性を見出している。[17]人を喰うということは、「鬼」も身体を持っていることになる。

また、巻二七には「精」や「物」という表記が見られる。第五「冷泉院の水の精、人の形と成りて捕らへらる語」について、「精」は「たま」と読む。平安末期（一一世紀末頃）成立の『類聚名義抄』[18]の法下「精」には「タマシヒ」の訓があり、他にも「水精」に「―《水》ノタマ」、「精霊」に「タマシヒ」とある。『今昔物語集』では、「山の精の鬼」（巻七第一七）や「鉄の精」（巻九第四四）、「銅の器の精」（巻二七第六）のように、「精」には非生物の霊魂・性質の凝縮されたものという意味があったと、森はいう。

第六「東三条の銅の精、人の形と成りて掘り出ださるる語」では、式部卿重明親王が当時住んでいた東三条で起きた怪異について、陰陽師が埋まった銅の提による「物の気」だと占った話である。その「物の気」に対して、重明親王が「其の霊は何こに有るぞ。亦、何の精にて有るぞ」と尋ねている。

「物怪」や「物の気」などの用法について、『今昔物語集』をはじめ、古記録などを渉猟、検討した森は、「物」を「神ならぬ霊、鬼、精などの劣位の超自然的存在」とし、[19]「霊」を「人に限定せず広く種々の存在の霊魂の意」だと考える。[20]「物」の用例としては他に、同巻第一五に「然る旧き所には、必ず物の住むにぞ有ける」がある（この話では、嫗姿の「鬼」が現れる）。また、第二・三には「者の霊」、第二九には「物の霊」という記述があり、前者を人間に由来する霊、後者を非人間に由来する霊と、森は推測している。森はさらに、第六から『今昔物語集』編者の「物の気」に対する考え方を次のように整理する。

「霊」は「物の気」の原因、「精」は「霊」の正体あるいは性質、そして「物の気」は「霊（モノ）」としての「精（タマ）」の作用、具体的にはそれが発する「気（ケ）」である。

つまり、巻二七では「物」を「霊」と非人間的存在（動物や道具など）の二つの意味で用いていたことになる（前者は不可視）。また、巻二七で「鬼」「霊」「精」の他に不思議をなすのは、狐や「野猪」など動物が多い。

最後に『日本霊異記』『今昔物語集』ともに巨大な生物が登場していることに触れておきたい。[21]『日本書紀』中巻第八と第一二は、大蛇に呑まれそうになっている大蝦を自分が大蛇の妻になる約束で解放した女人を、別に女人に救われた大蟹が大蛇を寸断して助ける話である。蛇、蝦、蟹ともに大きく、特に大蛇は小屋に巻き付くほど長大で、第一二では女人が「汝を神として祀らむ」と提案までしている。

『今昔物語集』巻二六第七[22]「美作の国の神、猟師の謀に依りて生贄を止めたる語」で、美作国の「中参」（一宮中山神社）という神は「長七八尺許なる」猿、「高野」（二宮高野神社）という神は蛇で年に一度生贄を要求している。同巻第九「加賀の国の蛇と蜈と諍ふ島に行きたる人、蛇を助けて島に住める語」は、各島の主である「十丈許ある」蜈と蛇が戦い、漂着した若者が蛇に助勢して蜈を倒す話である。これらでも大きな生物は、「神」や「主」として扱われ、時には殺害されている。

二　中世

【武士の怪物退治】

中世—武士の世—になると、さまざまな異形の怪物が身体を持って登場するようになる。その画期となったのが、怪物の視覚化である。一四世紀に成立した『春日権現験記絵』『融通念仏縁起絵巻』『不動利益縁起絵巻』に描かれる疫鬼・疫神は、本来不可視である「鬼《おに》」や「物の気」の原因である「物」が可視化されたものである。[23]

一四世紀以降は、さまざまな異形の怪物（妖怪）も描かれるようになる。『大江山絵詞（酒呑童子絵巻）』の酒呑童子や『土蜘蛛草紙絵巻』の土蜘蛛はその代表であるが、いずれも武士に退治される＝殺害される存在として登場している。[24]

武士は、本来魔除け＝「辟邪の武」を担っていた。[25] 九世紀、蔵人所に属する天皇の私的護衛武士として、滝口が創設される。滝口は、禁中の警護とともに、弓に矢をつがえず、張った弦を強く引き鳴らす「鳴弦（弦打）」を務めた。この鳴弦こそ、目に見えない鬼や邪気、「物の気」、ケガレを祓う効果があり、宮廷だけでなく貴族の邸宅でも病気や出産などの際に行われた。また滝口は、都城における道切りの祭祀（疫鬼などの侵入を阻止・退散）のうち、四角四堺祭では勅使を務めていた。武には、暴力と呪術の両面があったのである。

そして、武士による怪物退治の物語が一四世紀以降多く創出される。しかし、辟邪の武を象徴する鳴弦が描かれる作品もあるが（『北野天神縁起絵巻』）、辟邪の武を視覚的にわかりやすく表現するには、不可視だった「物」を可視化して、勇猛な武士が物理的に退治した方が作品を見る者にとっては効果的である。一四世紀後期の成立とされる『太平記』巻第二三「正成天狗と為り剣を乞ふ事」[26]の中で、大森彦七を襲う楠木正成の怨霊が率いる化物たちに対して、「かやうの化物は、蟇目の声に恐るる」と夜毎に番衆が蟇目を射ている。蟇目とは、大鏑の一種で、射ると高い音を発するもので、鳴弦と同じく魔除けの効果がある。しかし、「虚空に同と笑ふ声、射る度ごとに天に響かしけり」と全く効果がなかった。つまり、呪術的な武は当時意味をなさなかったのである。その代わりとして、視覚的な辟邪の武、つまり物理的な暴力の武が採用された。暴力的な辟邪と可視化され退治され

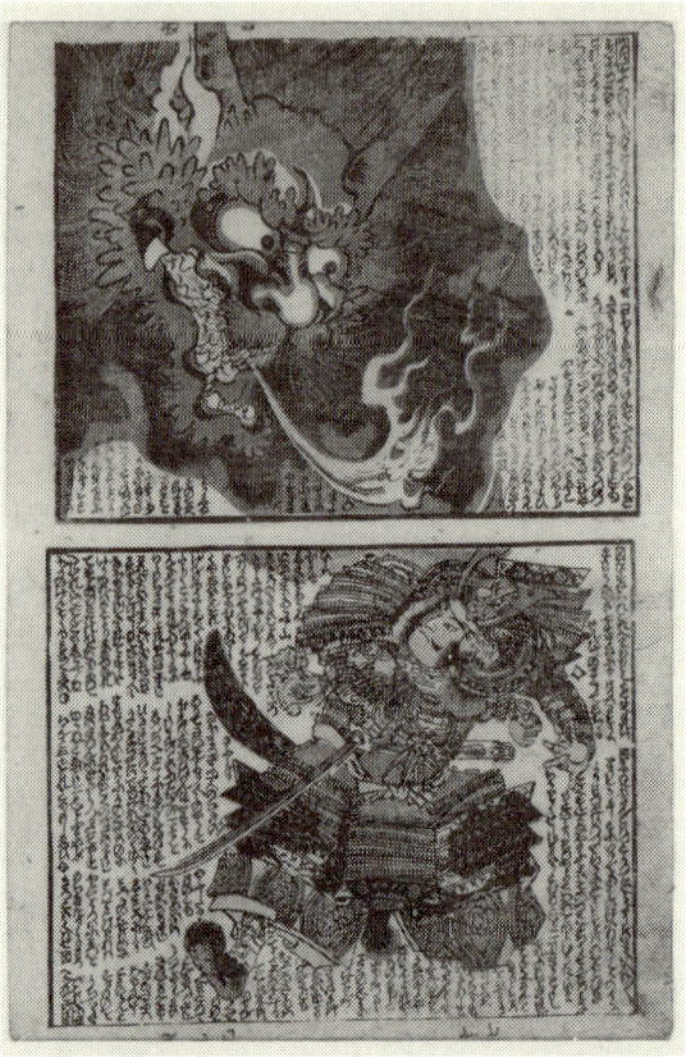

図1　巨大な酒呑童子の首（楽人斎作・歌川国久画『頼光一代記図会（頼光軍功咄）』）

る怪物はセットで設定されたものなのである。

また、怪物退治をする武士は、始祖伝承とも関連している。酒呑童子や土蜘蛛を退治する源頼光（九四八〜一〇二一）は、もともと各地の受領などを歴任し、皇族・貴族と交わり京で繁忙な生活をしていた武士（京武者）だが、具体的なことは不明である。また、頼光が活動していた時期は、摂政藤原道長の全盛期（一条天皇）に当たり、政争もなく武力衝突もなかった。元木泰雄は、頼光の京での生活が不明確で、かつ一条朝が安定していたからこそ、実は頼光が朝廷の守護者として活動していたからだという設定が後世に創出され、頼光の怪物退治の物語が生まれたとしている(27)。また、頼光は、摂津国多田荘（兵庫県川西市）を根拠とした清和源氏、摂津源氏の祖とされている。その子孫には、『平家物語』の鵺退治で有名な源頼政がいる。さらに、頼光の四天王の一人、渡辺綱（頼光の怪物退治に参加するだけでなく、一条戻橋で鬼の腕を斬り落とす）を祖とする渡辺党（摂津国渡辺津に由来し、摂津源氏とも関係がある）は、滝口の任に当たっていた。おそろしい怪物を退治するほどの武勇を持った始祖の物語が、この時期に多く創作されたのである。

そして、酒呑童子や土蜘蛛、『綱絵巻』の牛鬼、『俵藤太絵巻』の大百足（竜の姿で描かれる）、『玉藻前草紙絵巻』の妖狐などは、武士に首を刎ねられるなど退治＝殺害される生物として描かれている。また、酒呑童子や土蜘蛛は、作中で食人行為をしていたことを、人間の死体や髑髏を描くことで表している。さらに、いずれも人間以上の大きさである（図1）。先述したように、巨大さは長命と関連し、超常的な能力を得てもおかしくない（棲息する地のヌシでもある）。強力な武勇をより強調するためには、敵対する怪物も強大でなければならないのである。[28]現在でも通常よりも大きいものを指して、「お化け○○」と呼ぶのは、逸脱した大きさが妖怪の特徴であることを示している。[29]巨大であることは、十分に異形なのである。

そして、退治された酒呑童子の首や玉藻前の遺骸は、天皇の叡覧の後、宇治の宝蔵（平等院）に収められる。怪物の遺骸は、王権の正統性を護持する役割を果たしていた。[30]

【化生の物】

南北朝～室町時代における生物としての妖怪を裏付けるものとして、当時の辞書がある。[31]具体的には、下学集（一四四四成立）と節用集（文明年間（一四六九～八七）以前成立）である。これらは、天地・時節・神祇・人倫・気形（畜類）・支体・器財・草木などの部門に語彙を分類している。下学集には「妖恠（妖怪）」が、態芸門（現象や状態を指す部門）に分類され、事象（コト）として認識されていたことが窺える。一方、節用集で「妖怪」は室町時代の写本では総じて、畜類門や気形門という生物（禽獣虫魚）に関する部門に分類されている（化物は、「術物」「媚者」「妖化物」などの表記同様、天地・人倫・畜類などの分類にも揺れが見られる）。

下学集と節用集では、妖怪の分類に相違があるが、いずれにも「化生（ノ）物」という注記がある。化生とは、『倶舎論』などに見られる四つの生物の生まれ方を指す仏語「四生」（胎生・卵生・湿生・化生）の一つで、何もないところから忽然と出生することおよび出生したもの（無から有）、また形を変えて生ずることを指す。化生によって発生するのは、天人や獄卒から、鰻（山芋から）や蛤（雀から）まで多種多様である。『日葡辞書』（一六〇三刊）でも、「Qexo.（化生）」について、「例「化生の物」または「変化の物」、姿形を変えて化けたもの。または他の姿形を取ったもの」[32]とある。化生とは、変化して成る物、つまり化物である。豊臣秀次が五山僧に作らせた金春流謡曲の注釈書『謡抄』（一五九五成立）にも、謡曲「鵺」にある「変化」の注に「変化　妖怪とて、はけものの事也」[33]とある。ここから変化＝化生＝化物＝妖怪という式が成立していた。妖怪（化物）を生物とする見解は、江戸時代に刊行された節用集でも確認することができる。

さらに、江戸時代より前に成立した節用集（古本節用集）では、鬼や天狗、木霊、河童は生物の部門に分類されていた。これらの多くは、江戸時代刊行の節用集では異なる部門に分類されるが、生物としての属性から完全に切り離されたわけではない。

室町時代から江戸時代にかけて、妖怪（化物）は生物として理解されていたのである。

【能　妖怪の幽霊】

妖怪（化物）が生物であるという認識は、当時の常識を集積した辞書類からも明らかである。しかし、妖怪が生物、つまり身体を持ち、（長命でも）寿命があり、（物語で）退治＝殺害される存在であるならば、死霊となって現れることはないのだろうか。

国つ神は退治された後、死霊となってスサノオや日本武尊に復讐したという話はない（イザナミが死後黄泉国へ行ったが、結局葦原中国へ戻ることはなかった）。政治的敗者の「怨霊」が祟るのは、平安時代の早良親王以降だが（『日本霊異記』にある奈良時代の長屋王の死霊も当時恐れられていたと考えられるが、「怨霊」という表現が用いられるのは早良親王が最初）[34]、妖怪の死霊（怨霊）はあるのだろうか。先の『太平記』で楠木正成の怨霊が率いる化物たちも死霊ではない。

そこで着目するのが、歌舞劇の能である。足利義満の寵愛を受け、観阿弥・世阿弥父子によって大成（一四世紀後期〜一五世紀前期）された能には、「船弁慶」「鵺」「鞍馬天狗」「山姥」「土蜘蛛」など、妖怪や幽霊が登場する謡曲がある。

元来「幽霊」は、願文等で書かれる死者の霊魂や故人を指す言葉であったが、世阿弥が創作・整備した夢幻能（故人の幽霊や神、精が縁の地に現れて過去を物語る夢幻を舞台した能）の主人公を表す言葉として「発明」されたとされている[35]。それでは、退治された妖怪に関する謡曲について見ていきたい。

まず、世阿弥作の「鵺」である[36]。『平家物語』（覚一本系統）巻四「鵼」の内容に基づくとされている。『平家物語』では、鳴き声が鳥の鵺で、容姿は頭が猿、手足は虎、胴は狸、尾が蛇という、無名の異形の生物だが、この謡曲によって「鵺」と呼称され、後世流布していく（謡曲では、「面は猿手足は虎」）。概要は、以下の通りである。

諸国一見の僧が熊野から都への途次、蘆屋の里へ到る。洲崎の御堂で泊まっていると、空舟《うつぼふね》に乗った舟人が登場して、供養を頼む。実は、舟人は鵺の亡霊だと素性を明かし、源頼政の鵺退治を語り、成仏を願って波間に消える。その後現れた里の男が改めて鵺退治の物語を語り、僧が読経する。夜更けに恐ろしげな姿の鵺が現れ、読経を感謝しながら、仏法王法障碍の挫折、頼政の手柄の顕賞、空舟に押し込められて海へ流され、暗い水底に沈んだ末路を語り、月とともに闇に沈んでいく。

概要では、「鵺の亡霊」としたが、現在の解説では、亡霊や幽霊などと書かれることが多い。しかし、曲では、「鵺と申ししもの、亡心にて候」とある。『謡抄』で「亡心」の注釈を見ると、「亡は死するを亡と云、執心の、こる（残）へきことにてはなきそ、なせにのこつたりと云心也」、つまり死した鵺の残留した執念であった。また、喜多流の該当箇所は、「鵺と云ふ化生の者の亡魂にて候」となっている。[37]『謡抄』にも「化生のもの、の亡魂」の注釈があり、そこでは「化生とは無而忽有と釈する也、釈とは注也、はけものそ、亡魂とは化生のものそ死たるのちにたゞよふたましいそ、亡は死たるを云、魂はたましいそ、死霊と云もをなし心そ」とある。現世に残留している化物の死霊であり、「亡心」とも通底している。

敗者である鵺側から描くこの能は、「心の闇を弔ひ給へ」と、鵺に心と言葉と人格を与えて、人間と同じように造型していることに特色がある。[38]夢幻能と主人公の「幽霊」を「発明」した世阿弥にとって、鵺の「亡心（亡魂）」は、人間の「幽霊」の延長線上に生まれた趣向ではないかと考えられる。それはまた、妖怪という生物もまた「幽霊」になりえる契機ともなった。

次に作者未詳「殺生石」[39]である。文亀三年（一五〇三）九月一九日の室町殿での観世所演が史料上の初見であるため、それ以前の成立である。妖狐（曲中では「野干」）玉藻前が退治された後に変じた殺生石をめぐって、玄翁（源翁心昭）が済度を行う物語である。玉藻前の説話は、南北朝期成立の『神明鏡』に見えて以来、絵巻物やお伽草子へ展開しているが、二巻本の絵巻やお伽草子には、玄翁と殺生石の物語は記されていない。

この物語が記されるのは、一六世紀成立の『玉藻前草紙（源翁和尚行状縁起）』（常在院所蔵）など三巻本の絵巻で、謡曲「殺生石」と関係したものとされている（殺生石とともに、犬追物の由来も書かれる）[40]。

曲中では、殺生石に宿る野干の「執心」[41]が「鬼神の姿」となって現れるが、その執心は「石の精魂」「石魂」「石霊」と表現されている。『謡抄』を見ると、「石魂」は「殺生石の石の魂と云心そ」、「石にせいあり」は「石に精あるは殺生石成程に精魂ありと云也」、つまり、石に宿った野干の魂ということになる。三巻本『玉藻前草紙』下巻では、玉藻前の「しうしん（執心）」や「せきこん（石魂）」が詞書にあり、割れた殺生石から立ち現れる鬼神姿の石魂が描かれている[42]。

「鵺」と「殺生石」に共通しているのは、鵺も玉藻前も、天台本覚思想で説かれる「草木国土悉皆成仏（非情草木成仏）」、すなわち、草木土石のような非情の（心のない）ものでも有情のものと同様にことごとく成仏できることを頼みにして出現している点である。崇福寺所蔵の古道具の変化である付喪神（詞書では「妖物」）を描く『付喪神記』の内題は、「非情成仏絵」で、最後は出家して修行の後に成仏する。鵺や玉藻前（「石魂」）、付喪神といった怪物もまた、成仏を願う非情の物という理解があったのだろう。

「精魂」との関連で、さらに「土蜘蛛」を見ておきたい（作者不詳、室町末期頃成立）[43]。『平家物語』「剣巻」や『土蜘蛛草紙絵巻』と同様の内容だが、上記の作品には「土蜘蛛」という表現は見られない。退治される蜘蛛型の異形は「山ぐも」（『土蜘蛛草紙絵巻』）[44]、「山蜘」（屋代本『平家物語』、長禄本では「大ぐも」）と表され、「土蜘蛛」という呼称は、謡曲由来のものと考えられている[45]。曲では、登場する時点ではまだ退治されていないが、土蜘蛛そ

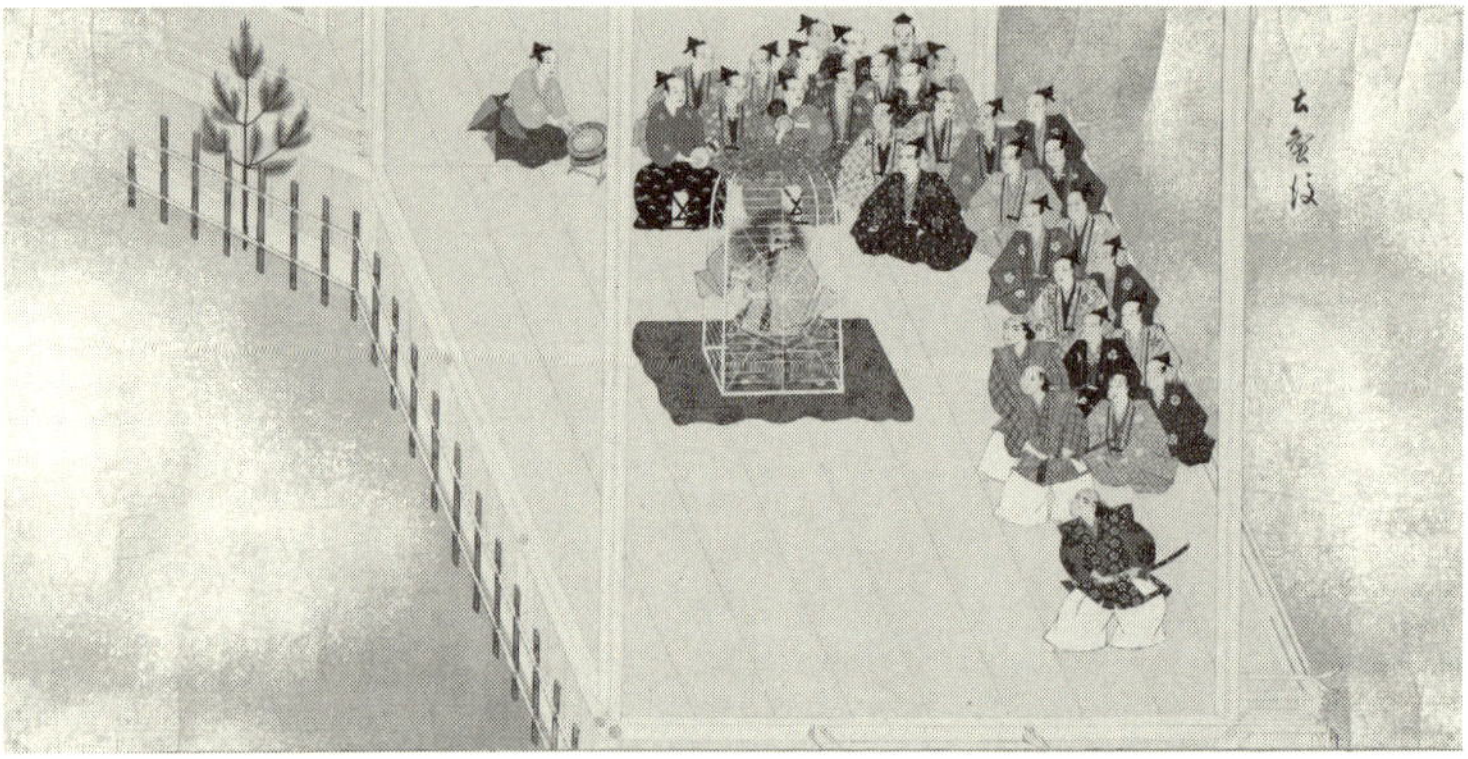

図2　能「土蜘蛛」（『能狂言絵巻』18世紀、東京国立博物館所蔵）

のものではなく、「鬼神の形」をした「昔、数葛城山に年を経し、土蜘蛛の精魂」[46]が出現する（乗地には「蜘蛛の精霊」ともある）（図2）。葛城山に棲息する設定も謡曲で追加されたものである。土蜘蛛は、記紀神話などに見られる朝命に服しない辺境の地に住まう者たちの蔑称でもあり、葛城山は能「葛城」「葛城天狗」の舞台で、修験の山でもあった[47]。曲の最後で土蜘蛛は、頼光たちによって斬り伏せられ、首を落とされてしまう。

お伽草子を中心に「物の〈精〉」を考察した伊藤慎吾[48]によれば、中世後期にも精を「物の魂」とする事例があり（先述した『今昔物語集』の理解と通じる）、また精が登場する「芭蕉」「杜若」などの謡曲との共通点に「草木国土悉皆成仏」の思想があったという。伊藤は「生死を問わず、万物にある魂が人間やそれに類するの姿に具現化したものが、古代から室町期に至るまで変わらぬ〈精〉のイメージだった」[49]とまとめている。（夢幻）能における「草木国土悉皆成仏」という主題と「幽霊」の発明によって、妖怪は「亡魂」としての活躍の場を得たのである。

三　近世

【本草学による説明】

江戸時代には、化生という仏教的発生とは異なる方向から、妖怪を生物として理解する動きが見られた。それは、本草学と儒学（朱子学）という、江戸時代に大きく発展をした学問である。[50]

本草学は、動植物や鉱物などあらゆる物の薬効を探究する中国由来の薬学で、一七世紀初めに李時珍『本草綱目』（一五九六刊）が日本へ渡来したことで、大いに展開する。その『本草綱目』の世界観に大きな影響を与えているのが、朱子学である。[51] 本草学は、一八世紀前期には、幕府の殖産興業政策の一環で行われた全国の物産調査（諸国産物調）に伴い、殖産を前提にした物産学としての側面を帯び、薬学だけでなく、動植物学や民俗学など幅広い学問的性格を帯びるようになった。

本草学（『本草綱目』）に影響を与えた、朱子学の世界観とは、世界（天地）は、「理」と「気」で成り立っているというものである。気とは、万物を生成する基体（一気→陰陽→五行→万物）、理（天理）は気から万物が生成されるための原理・秩序を指す。さらに朱子は、怪異を異常な道理によって発生した鬼神と理解し、鬼神（怪異）もまた気から生じるものだと考えていた。[52] つまり、鬼神（怪異）も含めた万物は、気と理によって生成され、天地の間に存在しているということである。

そして、『本草綱目』巻五一獣部には「怪類」という項目があり、罔両・彭侯・封が立項されている。同じ巻では、猿の類である寓類の狒狒の集解に「山怪」として、山都・山鬼・山獏・山精・野女・山丈などが載る。「怪類」や「山怪」は、獣と人間の境界的な存在、つまり正常な獣からかけ離れた、異常な獣という位置付けになっている。[53]

日本本草学の画期とされる、貝原益軒（福岡藩儒）の『大和本草』（一七〇九刊）巻一「論物理」では、「今も亦化生有り、皆是気化なり」[54]とある。益軒は、物の発生を「気化」と「形化」に分け、前者を「天地の気交て、自然に人物を生する」こと、後者を「男女の形交つて子を生ずる」こととしている。これは、仏教用語の化生を、気化という儒学の説と結びつけて理解したものである。また、益軒は「天地の間に理外の事無し」（同）と、正常異常関わらず如何なる物も、気と理で構成されている世界（天地）の内で生ずると考えていた。それゆえに『大和本草』巻一六獣部に「河童」と「罔両」、人類に「夜叉落魃」が収載されている。

そして、昌平黌御儒者の古賀侗庵が『水虎考略』（一八二〇成立）で、水虎（河童）を「天地間の一怪物」[55]としていることは、益軒の思想にも通じている。

あらゆる物の薬効を調べる本草学では、気から生じた怪物もまた考究の対象であった。『本草綱目』には、怪物についても立項され、薬効も記されている。例えば、巻五一獣部怪類の彭侯は、日本の木霊に相当する、人面で体が黒犬の樹木の精である。その彭侯は、煮ると甘酸っぱく、「辟邪」の効能があるという[56]。つまり、彭侯は煮て食すことができる怪獣だった。

日本でも、人魚の肉を食べると不老長寿になるといわれるように、怪物を食べた記事は、江戸時代には、河童や雷獣などを食したと多く残っている[57]。当時、獣肉食は忌避されながらも、「薬食ひ」（寺門静軒『江戸繁昌記』[58]）と、薬効を期待して食べられていた。その薬喰いもまた、本草学と関係していた。江戸時代、本草学と儒学の面からも、生物としての妖怪が説明され、時として人の血肉になったのである。

【巨大な妖怪のいる場所】

続いて、江戸時代の巨大な妖怪について考えるために、中世に遡ると、酒呑童子や土蜘蛛は京の外部に住まうヌシであったが、京の内ではどうだったのか。伏見宮貞成親王の『看聞日記』嘉吉三年（一四四三）八月十日には、「室町殿ニハ有妖物、七尺計之女房、大入道等御所中行云々」と、室町御所内で大きな女房と大入道が出現したという噂が記されている(59)。

江戸時代でも、見越入道など巨大な妖怪は都市に現れていることは、当時の怪談集などに記されている。しかし、家屋が密集した都市よりも山や海など開けた場所に、巨大な生物は多く出現している。例えば、桃山人（桃華三千麿）作・竹原春泉斎画『絵本百物語』(60)（一八四一刊）には、磯なで・周防の大蝦蟇・讃岐の手洗ひ鬼・出世ほら・あかゑいの魚・山おのことといった巨大な生物型の妖怪は、いずれも山や海に現れている(61)。

【死なない妖怪】

ここまで、生物としての妖怪、つまり身体を持ち、命があるモノとしての妖怪を見てきた。命がある限り、生物は死から逃れることはできない。一方、『竹取物語』に出ている不死の薬や奈良絵本『不老不死』など、不老不死は物語によく採用されている。

それでは、死なない妖怪はいるのだろうか。肉に不老長寿の効能がある人魚でさえ、食べられるということは殺されている。

管見の限り、不死と記されている事例は、『奇異雑談集』（一七世紀中頃に写本成立、一六八四刊）下之四「姑獲の事」だけではないかと思われる。京西の岡辺りの麦畑に夜中「人のかたちにて、両の手を地につきて、跪」いていた「産女」（らしきもの）がいて、里の者たちが射殺そうとしたところ、古老が次のように諫める。

射ること、無用也、化生の物なるゆへ、死すべからず。もし射てそこなひ、驚かさバ、あだをなし、在所に祟りをなす事あらん(62)

里の者たちはそのままにして帰るが、『奇異雑談集』の編者は「この説不審也」としている。この「化生の物」だから「死すべからず」というのは、産女が難産で死んだ女性が化けたものであることに由来する。つまり、産女は能で見た「幽霊」や「亡魂」、そして「執心」の類である。産女は、赤子を抱いて現れ、通行人に赤子を抱くように強要する妖怪、すなわち、我が子（の生存）を思って現世に留まった執心そのものである。『今昔物語集』巻二七にも、産女は出現しているが、厳密には「産女（産褥にある女性の意）」の「霊」が現れている。

もともと死んでいるものを退治する＝殺害することはできない。できることは、供養や退散である。『奇異雑談集』では、「姑獲の事」の次に「国阿上人、発心由来の事」、いわゆる子育て幽霊の話が続く。「その子を思ふ処の、しうしん、こんはく、幽霊に化」すとした上で、次のように話を終える。

内婦、土葬以下の事、姑獲とおなじきゆへに、ここにしるす。もし、毎日三銭ほどこす事、これなくば姑獲となるべきものなり。

難産で死んだ妻が土葬された以降の行動は「姑獲（産女）」と同じでも、「三銭ほどこす」という、遺族の追善供養の有無で成仏できるかどうか（産女となってこの世をさ迷い続けるかどうか）が決まる。能で見たように、退治された鵺や玉藻前も成仏するために供養を願って現れた。

別に、富尾似舩『宿直草』（一六七七刊）巻五「うぶめの事」[63]では、読経をしても成仏せず、最後は男がしていた下帯を窓にかけること（魔除けのまじない）で産女を退散させている。

結局、死なない妖怪というのは、肉体のない魂（執念）を指す（姿は視認できるが、実体はない）。それは、物理的に退治はできないが、供養や退散（調伏）によって解決できる。

ちなみに、一七世紀に産女と同一視される、中国の難産で死んだ女性が変化する怪鳥「姑獲鳥」は、『本草綱目』では「有毒」とされる。こちらは肉体がある鳥であるため退治＝殺害することができる。

おわりに

以上、生物としての妖怪について、身体や退治＝殺害されることなどから検討を行ってきた。検討を通して「生物としての妖怪」は、モノとしての妖怪を考察する上で重要な論点であるという確信を得た。

今回は、人間以外の動物型の妖怪を主に取り上げたが、山男など人間の容姿に近い大型の妖怪は少なくない（見越入道のような次第に大きくなるものも含む）。江戸時代の怪談を読むと、都市に現れる巨大な妖怪は、動物型よりも人間型（首だけなど、人間の器官の一部も含む）が多い印象を持っている。この印象を具体的に論じ、それが家屋の密集する都市性と関係があるのかどうかなど、「生物としての妖怪」で明らかにすべき論点は多く残されている。

注

1 コメントは、木場貴俊「怪異が生じる場」山中由里子・山田仁史編『この世のキワ』勉誠出版、二〇一九年、同『怪異をつくる』文学通信、二〇二〇年、同「近世怪異の展開と近代化」『史潮』九四、二〇二三年を踏まえたものである。

2 木場前掲書一八九頁に記載。

3 香川雅信『図説　日本妖怪史』河出書房新社、二〇二二年。

4 『日本書紀』は、いずれも『新編日本古典文学全集　日本書紀一〜三』小学館、一九九四・九六・九八年による。

5 『風土記』は、いずれも『新編日本古典文学全集　風土記』小学館、一九九七年。

6 松前健「神々の伝承――天つ神と国つ神をめぐって」『松前健著作集』五、おうふう、一九九八年（初出一九八一年）。

7 森田喜久男「ヤマタノヲロチ退治神話成立の歴史的条件」『古代王権と出雲』同成社、二〇一四年（初出二〇〇七年）。

8 伊藤龍平『ヌシ　神か妖怪か』笠間書院、二〇二一年。

9 動物型国つ神と妖怪の巨大さにおける共通性を論じたものに、榎村寛之「忘れられた「化け物」イメージと仮面ライダー響鬼」東雅夫・加門七海編『響鬼探究』国書刊行会、二〇〇七年がある。

10 久禮旦雄「日本古代の神と鬼」祭祀史料研究会編『祭祀研究と日本文化』塙書房、二〇一六年。次の「鬼」に関する説明は、久禮論文による。
11 同右。
12 『日本書紀』に天人相関説由来の怪異観が組み込まれていることは、榎村寛之「律令国家の形成と「フシギ」の認識史」東アジア恠異学会編『怪異学の可能性』角川書店、二〇〇九年を参照のこと。
13 河野貴美子「『日本霊異記』の怪奇」『アジア遊学』七一、二〇〇五年。
14 榎村寛之「儺祭の祭文と『日本霊異記』の「鬼」」前掲『祭祀研究と日本文化』所収。
15 久禮前掲論文。
16 森正人『今昔物語集の怪異を読む』勉誠社、二〇二三年。以下、『今昔物語集』の本文と読解については、特に断らない限り本書による。
17 榎村寛之「平安宮の鬼と宮廷祭祀」東アジア恠異学会編『怪異学の技法』臨川書店、二〇〇三年。
18 『類聚名義抄』は、『日本古典全集』一四、日本古典全集刊行会、一九三八年による。
19 森正人「〈もののけ〉と物怪」『古代心性表現の研究』岩波書店、二〇一九年(初出一九九一年)。
20 『類聚名義抄』「霊(リヤウ)」にはミタマ・ミカゲ・スタマ・タマシヒ・カミなどの訓がある。
21 この点については、榎村注9前掲論文でも指摘がある。
22 『今昔物語集　本朝部』中、岩波書店、二〇〇一年による。
23 山本聡美「疫病と美術――日本中世絵画に描かれた疫鬼」『早稲田大学大学院文学研究科紀要』六六、二〇二一年。
24 香川前掲書。
25 野口実『武家の棟梁の条件』中央公論社、一九九四年、高橋昌明「遊興の武・辟邪の武」『武士の成立　武士像の創出』東京大学出版会、一九九九年。
26 『新編日本古典文学全集　太平記三』小学館、一九九七年。また、『太平記』でも、不可視だった怪物が巻を追うと次第に可視化していく変化が見られる（木場貴俊「語彙②」前掲『怪異をつくる』所収を参照のこと）。
27 元木泰雄『源満仲・頼光』ミネルヴァ書房、二〇〇四年。
28 伝土佐光信『蛙草紙絵巻』（一六世紀成立）は、寝所に埋められた蛙の精が人間の姿で夢に現れ、さらに姫を祟りで病にするものの救出されるが退治はされない。そして、詞書に大きいとはされていないが、大きな蛙が描かれている。描法として単に大きく描いただけかもしれないが、当時の長命な生物は得体の知れないことをするという認識を反映して大きく描いた可能性は否定できない。
29 榎村注9前掲論文でも「巨大性は、明らかに怪異の重要な属性だった」と述べている。
30 小松和彦「酒呑童子の首」『鬼と日本人』KADOKAWA、二〇一八年（初出一九九七年）。
31 本節は、木場貴俊「語彙①」前掲『怪異をつくる』所収による。
32 土井忠生ほか編訳『邦訳　日葡辞書』岩波書店、一九八〇年。
33 国立国会図書館所蔵古活字本（WA七―二〇八）。
34 山田雄司「怨霊研究の諸問題」小松和彦編『妖怪文化の伝統と創造』せりか書房、二〇一〇年など。
35 南本有紀「能の幽霊・考」笠井昌昭編『文化史学の挑戦』思文閣出版、二〇〇五年。
36 解説と本文は、『新潮日本古典集成　謡曲集下』新潮社、一九八八年による。
37 『謡曲二百番』下巻、金港堂、一九〇九年。
38 岩崎雅彦「中世の妖怪――「鵺」と「土蜘蛛」の名前について」徳田和夫編『東の妖怪・西のモンスター』勉誠出版、二〇一八年。
39 解説と本文は、『新潮日本古典集成　謡曲集中』新潮社、一九八六年。
40 美濃部重克「鎮魂と家の伝説――御伽草子「玉藻前」謡曲「殺生石」の原話の成立」『中世伝承文学の諸相』和泉書院、一九八八年。

41　『謡抄』「鵜」の「執心」では「執心は執著の心にて、まよふゆへにのこる也」。
42　真保亨『妖怪絵巻』毎日新聞社、一九七八年、藤岡忠美ゼミ「常在院蔵『玉藻前絵巻』翻刻・紹介」『昭和女子大学大学院日本文学紀要』六、一九九五年。
43　土蜘蛛については、「武家の妖怪退治譚　中近世における土蜘蛛退治説話の変容」『国文学研究資料館紀要』四三、二〇一七年などを参照のこと。
44　奥平英雄『御伽草子絵巻』角川書店、一九八二年。
45　岩崎前掲論文。
46　『日本古典文学大系　謡曲集下』岩波書店、一九六三年。
47　土蜘蛛と葛城山については近年、小松和彦「封印された神と妖怪の記憶を発掘する①　葛城山の土蜘蛛」『怪と幽』vol.001、二〇一九年が論じている。
48　伊藤慎吾「お伽草子における物の〈精〉について」小峯和明編『日本と東アジアの〈環境文学〉』勉誠社、二〇二三年。
49　同右。
50　本節は、主に木場貴俊「本草学」前掲『怪異をつくる』所収による。
51　若尾政希「享保～天明期の社会と文化」大石学編『日本の時代史』一六、吉川弘文館、二〇〇三年。
52　三浦国雄「鬼神論」『朱子と気と身体』平凡社、一九九七年。
53　マティアス・ハイエク「異形と怪類―『和漢三才図会』における「妖怪的」存在」橘弘文・手塚恵子編『文化を映す鏡を磨く』せりか書房、二〇一八年。
54　国立国会図書館所蔵本（特一―二四四三）。
55　国立公文書館所蔵本（一九七―〇一一七）。
56　国立国会図書館所蔵本（WB二一―二）。

57　木場貴俊「怪物を食らう」東アジア恠異学会編『怪異学講義』勉誠出版、二〇二一年。
58　『新日本古典文学大系　江戸繁昌記・柳橋新誌』岩波書店、一九八九年。
59　『図書寮叢刊　看聞日記七』明治書院、二〇一四年。
60　吉田幸一編『怪談百物語』古典文庫、一九九九年。
61　近代以降、異形としての巨大生物は、恐竜（齊藤純「怪しい獣から「怪獣」へ」小松和彦編『妖怪文化の伝統と創造』せりか書房、二〇一〇年）や『ゴジラ』『ウルトラQ』などに登場する「怪獣」（榎村注9前掲論文、京極夏彦『文庫版 妖怪の理 妖怪の檻』角川書店、二〇一一）、そしてUMA（未確認動物）へ展開していく。
62　『奇異雑談集』は、『仮名草子集成』二一、東京堂出版、一九九八年による。
63　『近世奇談集成一』国書刊行会、一九九二年。

図版詳細
図1　巨大な酒呑童子の首（楽人斎作・歌川国久画『頼光一代記図会（頼光軍功咄）』一八五八年刊、国際日本文化研究センター所蔵）
図2　能「土蜘蛛」（『能狂言絵巻』一八世紀、東京国立博物館所蔵　国立文化財機構所蔵品統合検索システム（https://colbase.nich.go.jp/collection_item_images/tnm/A-10185?locale=ja#&gid=1&pid=69）より）

妖怪と仏菩薩の図像表現における相似性
――「手の目」と「三つ目」を手がかりにして

金　容儀

一　日本の「妖怪ルネサンス」時代における妖怪研究

日本に妖怪ブームが続いている。妖怪は現代社会に入ってから、特にサブカルチャーの領域で広まり、そのイメージは絶え間なく再生産されている。例えば水木しげるをはじめとする妖怪漫画の流行、宮崎駿のアニメーションに現れた妖怪キャラクター、妖怪を素材にしたゆるキャラの普及、妖怪伝承に基づいた造形物の設置など、数え切れないほどである。まさに堂々と「百鬼昼行」の時代が展開されているのである。科学技術の最先端を走る現代日本社会において、なぜ妖怪ブームなのか。

歴史をさかのぼると、今の妖怪ブームは突然訪れたものではない。香川雅信の『江戸の妖怪革命』[1]に述べられているように、江戸時代には、絵画・文学・芸能などあらゆる分野において、妖怪が娯楽の対象として取り上げられ、人々を楽しませた歴史がある。

しかしながら、近代に入ってからは西洋文化の強い影響下で、一時期日本の妖怪は迷信として看做され、撲滅すべき存在と捉えられたのも歴史的な事実である。例えば「妖怪博士」で知られる井上円了（一八五八―

一九一九）は、「妖怪」という現象を科学的に捉え、妖怪の存在そのものを全面的に否定する研究に努めた。[2]ところが、今では再び「第二の妖怪革命」あるいは「妖怪ルネサンス」と表現したくなるような時代を迎えている。

このような妖怪ブームを反映したかのように（逆に研究者の関心が妖怪ブームを引き起こしたとも言える）、関連分野の研究者間では多様な学術的アプローチが行われている。かつては柳田國男の『妖怪談義』をはじめとして、主に民俗学分野から様々な研究がなされたが、[3]いつの間にか日本の妖怪研究は、「妖怪学」[4]としてディシプリンの一つとして扱われる段階にまでいたっている。当然のように「妖怪学」についての読物が溢れ、妖怪の研究会や展示会、または学術会議が盛んになった。そのような流れの中、二〇二三年一二月、国際日本文化センターで開かれた「グローバル・コンテクストにおける妖怪の理論化と歴史化」を掲げたシンポジウムが開催された。

二　「妖怪の理論化と歴史化」のための神・仏・妖怪の鼎立

先に述べたシンポジウムは、主にコロンビア大学教授であるハルオ・シラネ氏の基調講演をもとに、会場に集まった八人のパネリストがそれぞれの立場からコメントを加える形で進められた。シラネ氏の講演は、「日本の妖怪はより広い世界的文脈の中でどのように理論化できるか」[5]または「妖怪をどのように歴史化的文脈に位置付けられるか」を問いかけ、「妖怪をより広い東西の文脈の中に位置づけ、中世の日本の状況を西ヨーロッパ、特に中世ヨーロッパの社会宗教的文脈と比較すること」を試みようとした、大変有意義なものであった。しかし筆者には、なぜ中世ヨーロッパとの比較なのか、やや唐突に感じられた。

ところで、筆者は日ごろから日本の妖怪研究において「仏教の空白」[6]を感じている。シラネ教授も特に「妖怪と仏教」については触れることはなかったため、本稿で少し考察を深めてみたい。例えば山極伸之の「仏教が運んだ〝不思議〟なモノたち」[7]や島田茂樹の「妖怪と仏教――怪しき〈異形のものたち〉」[8]に述べられているように、仏教は日本の妖怪研究において、多くのことを語ってくれるはずである。

しかしながら、「妖怪ルネサンス」時代を迎えているにもかかわらず、「仏教」は妖怪研究の枠内に入らず、相変わらずの「仏教の空白」状況であることは認めざるを得ない。即ち日本の妖怪研究において、真正面から「仏教」が取り入れられることはほとんどなかったのである。

例えば妖怪研究において「妖怪とは何物か」という、妖怪の位相をめぐる問いかけに対して、かつて柳田國男は「妖怪は神の零落したもの」[9]として捉えた。また小松和彦は、神と妖怪は人間との関係によって変換可能であるとして、「祭られる神、祭られない妖怪」[10]という解釈を提示した。どちらにしても、もっぱら「神」と「妖怪」を二つの軸にして議論が行われてきたことがわかる。つまりこれから筆者が述べようとする、「妖怪と仏教」については、研究者の間であまり議論されてこなかった。

もちろん妖怪研究において、民間信仰における神の存在は欠かせないであろう。妖怪にしても、民間信仰の神にしても、概ねアニミズムをベースにしているからである。

しかしながら、筆者は日本の妖怪研究において「神」と「妖怪」という二者の関係だけを追求するよりは、「神」と「仏」と「妖怪」という三者を設けて、それらの三者の関係を追求したほうが、もっと多様な視点から、またより幅広く研究ができるのではないかと考えている。特に日本の宗教史に多大な影響を与えた「神仏習合」の思想などを視野に入れれば、「神」と「妖怪」だけではなく、「神」と「仏」と「妖怪」という三者の関係を十分検討すべきなのである。

これを図式的に考えてみよう。まず神仏習合における神＝仏の等式が成り立つ。また柳田國男や小松和彦が提示した神＝妖怪あるいは神≒妖怪という可変的な等式が成り立つとするならば、今度は妖怪＝仏あるいは妖怪≒仏、という考え方も可能になるはずである。例えば身近な事例として、妖怪化する仏像についての伝承も伝えられているように、[11]妖怪≠仏とは言い切れない。また逆に妖怪≠仏が確実であるのなら、その点についての研究も必要である。

このような考え方が少しでも容認されるなら、従来顧みられなかった新たな仮説を提示することができるであろう。例えば「妖怪」とは、神仏習合の過程において、(主に仏教側から)取り除かれた(切り捨てられた)、言いかえれば「神仏」どちらにも組み込まれなかった「超自然的な存在」というふうに、妖怪の存在を新たに位置づけることもできる。そしてこのような試みは、「妖怪の理論化と歴史化」を深める営みともなるのではないか。

本稿では、従来の日本の妖怪研究における「仏教の空白」を認めたうえで、どのように日本の妖怪研究に「仏教」を取り入れるべきか、主に鳥山石燕(一七一二―一七八八)の妖怪画などを手掛かりにして、新たな研究の可能性を探ってみたい。

三　三つの領域における「妖怪と仏教」についての研究

それでは妖怪研究に「仏教」を積極的に取り入れようとするなら、どのようなコトやモノを、どのように研究すればいいのか。抽象的な議論にならないように、取りあえずおよそ三つの研究領域について概観してみよう。

かつて小松和彦は、「妖怪」を望ましくない現象として設定した上で、妖怪文化の領域を①出来事としての妖怪(妖怪・現象)、②存在としての妖怪(妖怪・存在)、③造形としての妖怪(妖怪・造形)という三つの領域に分けて説明したことがある。[12]日本の妖怪研究に「仏教」を取り入れるという営みを、仮に小松和彦の設定した三つの領域に分けて考えてみよう。

まず①出来事(現象)としての妖怪である。この妖怪・現象については、例えば古典の物語文学をはじめ、『日本霊異記』、『今昔物語集』、『発心集』、『沙石集』などの説話集に収録された、いわゆる仏教説話の中に、実に多様な伝承が述べられている。これらの物語や説話には、多種多様な妖怪が登場し、家屋・村・山・海・地下・天など、あらゆる空間で人間の想像力を遥かに超える出来事を引き起こす。また仏教を素材とした御伽草子や絵巻物には、妖怪が引き起こした出来事に因んだ、妖怪の姿が具体的に描かれている。

これらの資料に登場する妖怪は、どちらかと言えば、大体仏法を妨害する存在として認識され、仏教側から見ると退治されるべき邪悪なものとして扱われた。例えば「是害坊絵巻」に登場する「是害坊」はよい事例である。ちなみに妖怪と仏教の関連性を追究するうえで、「是害坊絵巻」に登場する妖怪(天狗)に「是害坊」や「日羅坊」のように、僧名のような名前が付けられている点は興味深い。

②存在としての妖怪について概観しよう。日本には人間、神仏、動物、植物、岩石にいたるまで、実に多種多様な妖怪が伝承されている。筆者が初めて日本の妖怪に接した時に一番驚いたのは、妖怪の種目が多いということであった。例えば韓国と比べると、[13]日本には妖怪の種目が数えきれないほど多い。前述したように、日本で

は近代以前から妖怪にまつわる文学、絵画、芸能などの資料が豊富に伝承されている。特に鳥山石燕のような画家たちの妖怪の造形化が目立つ。また現代には水木しげるのような、妖怪ブームの立役者が妖怪種目を増やしてきた。例えば水木しげるの『決定版日本妖怪大全』[14]には、およそ九〇〇種にいたる妖怪画が収録されている。

小松和彦は、このように妖怪の種目が増加したもう一つの原因に、怪異・妖怪現象の「名付け」という営為の浸透があると分析している。

人が体験する怪異・妖怪現象は、ひとつひとつは個人的体験にすぎない。しかしながら、そうした体験と同様の体験をする人が増えれば、その体験は共同化され、同様の怪異・妖怪現象に対して「名付け」を行うことによって、相互の了解可能な共同現象となる。[15]

このように、日本で妖怪の種目が多いのは「名付け」（appellation）と深くかかわっている。そして興味深いことに、妖怪の名前には「坊」・「坊主」・「入道」・「座頭」などのような、僧侶（仏教）に関連した名前がやたらと多い。すでに「是害坊絵巻」に登場する妖怪の名前が「是害坊」や「日羅坊」で、僧名のようであることについて述べたが、このようなささやかな特徴も、「妖怪と仏教」について考察する際に、意外と意味のある手がかりになる可能性があるのではないか。この点については、後述することにする。

③造形としての妖怪は、日本の妖怪の大きな特徴の一つと言えるであろう。「妖怪」という本来「目に見えないもの」を「目に見えるもの」に造形化して、その造形に名前を付けてしまう。近代以前の鳥山石燕の妖怪画か

ら近代以降の水木しげるの妖怪画にいたるまで、日本では数多くの妖怪が造形され、新たに名前が付けられた。当然その過程において「仏教」につながる造形や名前も誕生した。例えば名倉ミサ子の「『百鬼夜行絵巻』に描かれた妖怪と仏教」は、『百鬼夜行絵巻』に表れた仏教的な要素についての研究である。(16) 本稿ではこの点について、鳥山石燕の妖怪画などを手掛かりにして探ってみたい。

四　鳥山石燕の妖怪画の中の「仏教」

鳥山石燕は、季信に学んだ狩野派の画家で、七七歳で没するまで、多くの妖怪画を描いた。例えば画集として『画図百鬼夜行』に五二件、『今昔画図続百鬼』に五一件、『今昔百鬼拾遺』に四七件、『百器徒然袋』に三七件で、合わせて一八七件の妖怪画が収録されている。(17) その中には、前述した妖怪・現象、妖怪・存在、妖怪・造形という三つの領域にわたって仏教的な色彩を放っている妖怪も多い。それらの妖怪を数えてみると、その件数は約二四件にいたる。一八七件の中で二四件であるから、決して少ないとは言えない。次頁の［表］は、筆者がそれらの妖怪を示したものである。

［表］を一瞥すると、仏教につながる妖怪はその種目も多様である。これらの妖怪をまずその名前に従って分類すると、「坊」「坊主」「入道」「座頭」と名付けられたもの、すなわち「僧侶」の姿をしている妖怪がかなり多い。例えば海座頭、野寺坊、青坊主、輪入道、加牟波理入道、日和坊、泥田坊、火前坊、小雨坊、大座頭、日間蟲入道、乳鉢坊などである。他にも手の目、鉄鼠、木魚達磨には、僧侶が描かれている。

鳥山石燕の妖怪画における仏教的要素

	妖怪の名称	中身・正体・姿など	出典	備考
1	叢原火	火の玉	画図百鬼夜行	京都壬生寺の悪僧が死後火の玉になる。
2	海座頭	琵琶と杖を持った座頭	画図百鬼夜行	解説なし。
3	野寺坊	ボロボロの袈裟を着た坊主	画図百鬼夜行	解説なし。
4	手の目	掌に目がついた座頭姿	画図百鬼夜行	解説なし。『諸国百物語』に掌に目がついたものの伝承
5	鉄鼠	頼豪が変化した鼠	画図百鬼夜行	延暦寺は頼豪を神として祭る。
6	塗仏	目玉を飛び出させた人間が仏壇から出て来るような形	画図百鬼夜行	解説なし。
7	元興寺	元興寺に現れたといわれる妖怪	画図百鬼夜行	
8	青坊主	青い色をした大坊主	画図百鬼夜行	
9	般若	鬼女の顔	今昔画図続百鬼	『般若心経』から名付けられる。
10	寺つつき	物部大連守屋の霊が鳥になって寺をつつく。	今昔画図続百鬼	『和漢三才図会』にも記述。
11	輪入道	牛車の車輪に入道の顔がついた妖怪	今昔画図続百鬼	『諸国百物語』に伝承。
12	加牟波理入道	便所の妖怪	今昔画図続百鬼	『甲子夜話』に類話。
13	日和坊	山の岩肌に浮き出た坊主のように描かれる。	今昔画図続百鬼	照々坊主のこと。
14	道成寺鐘	真那古の庄司が娘が蛇となり、道成寺の鐘をまとう。	今昔百鬼拾遺	『今昔物語集』『京鹿子娘道成寺』に類話。
15	泥田坊	目は一つで泥田から上半身を出した姿	今昔百鬼拾遺	多田克己の解釈。
16	火前坊	僧が火炎に包まれた姿	今昔百鬼拾遺	高僧たちが鳥辺山で焼死した伝承。
17	小雨坊	僧形の妖怪	今昔百鬼拾遺	
18	大座頭	僧形の妖怪	今昔百鬼拾遺	正体不明。
19	日間蟲入道	縁の下から 上半身を現し、行燈の油を舐めている。	今昔百鬼拾遺	多田克己によると、日間虫はゴキブリのこと。
20	茂林寺釜	狸が僧に化ける	今昔百鬼拾遺	茂林寺に伝わる伝説の僧と茶釜がモチーフ。
21	滝霊王	不動明王	今昔百鬼拾遺	『作庭記』に記述。
22	払子守	仏具の払子の妖怪	百器徒然袋	禅宗の趙州和尚の問答の中に「狗子仏性」。
23	乳鉢坊・瓢箪小僧	乳鉢坊 の姿は摺鉦で、瓢箪小僧は瓢箪頭の妖怪として描かれる。	百器徒然袋	摺鉦の妖怪は『百鬼夜行』に登場する。瓢箪には呪術的な俗信が多い。
24	木魚達磨	木魚と達磨が合体したような妖怪	百器徒然袋	不眠をテーマとした創作妖怪。

また仏菩薩や仏教の守護神の姿をしている妖怪としては、塗仏や滝霊王がある。そして仏教寺院につながる妖怪としては、叢原火、元興寺、寺つつき、道成寺鐘などがある。付喪神のように、仏具（道具）に化けた妖怪として、茂林寺釜や払子守が描かれているのも興味深い。

このように、鳥山石燕の妖怪画には寺院、仏菩薩、僧侶、仏具にいたるまで、仏教につながる多様な妖怪が登場する。言いかえれば、仏教を構成するほとんどのものが妖怪化されているのである。

本稿では、それらの妖怪の中で、今まで研究者の間であまり注目されてこなかったと思われる、「手の目」と「滝霊王」を取り上げて、「妖怪と仏教」をつなげる研究の可能性を模索してみたい。特に妖怪の「目」と仏菩薩の「目」に焦点を合わせることにする。

五　相通じる妖怪の「目」と仏菩薩の「目」

鳥山石燕の妖怪画のように、近代以前に描かれた妖怪を含め、現在主にサブカルチャーの領域において再生産されている妖怪の造形は、人間の「身体」と不可分の関係にある。よく言われているように、多くの妖怪は身体の過剰または身体の欠損という手法によって造形化される。その手法の一つとして、特定な身体部位を実物よりも多くまたは少なく、あるいは大きくまたは小さく、できるだけ誇張して表現する。これは妖怪の奇形または異形を作り出す一般的な手法であろう。従って妖怪研究には、いわゆる「身体論」からのアプローチは欠かせない。

例えば安井眞奈美の『怪異と身体の民俗学――異界から出産と子育てを問い直す』や『狙われた身体――病い

と妖怪とジェンダー』[18]は、主に「身体論」に基づいた妖怪研究を目指した点で興味深い。安井は国際日本文化研究センターの怪異・妖怪伝承データベースを活用し、妖怪・怪異と身体の関係を調べたが、その研究によれば、特に身体部位の中でも足、手、目、頭、首、髪、腹、顔の順に、妖怪伝承に関するデータ数が多い。[19]すなわちこれらの身体部位は、日本の妖怪の造形化と密接にかかわっている。

本稿において取り上げる「手の目」という妖怪は、その名前に表れているように、手に目がついた妖怪、つまり手と目の合体によって形造られた妖怪である。手の目は、日本の多種多様な妖怪の中で、広く知られたものではない。どちらかと言えば、鬼、天狗、河童などとは比べ物にならないほどの「マイノリティ」である。当然手の目については、物語による伝承も少なく、画像資料もごく一部に過ぎない。

しかしながら、手の目は妖怪の身体性を論ずるのに非常に適している。安井の研究に示されているように、身体の中でも「手」と「目」は、妖怪の造形化において大変重要な部位である。したがって手と目の合体によって形が造られた「手の目」は注目されるべきである。

管見の限り、手の目(のような)妖怪の図像が初めて登場するのは、江戸時代の怪談集『諸国百物語』である。『諸国百物語』は一六七七年刊行された怪談集で、この怪談集の巻之三第六話「ばけ物に骨をぬかれし人の事」に物語の挿絵として描かれた。図1はその挿絵である。挿絵の分析に先立って、まず物語の全文を引用すると次のようである。

図1『諸国百物語』の「手の目」挿絵（太刀川清校訂『百物語怪談集成』国書刊行会、1987年、p.75より転載）

図2『画図百鬼夜行』の「手の目」（鳥山石燕『画図百鬼夜行全画集』p.39より転載）

京七條がはらの墓所にばけ物あるといひつたへければ、わかきものどもよりあひ、賭づくにして、あるもの一人かの墓所へ、夜はんじぶんにゆき、くいをうちかみをつけてかへらんとしければ、としのころ八十ばかりなる老人しらがをいたゞき、そのたけ八尺ばかりなるが、かほは夕がほのごとくすゝけ、まなこは手のうちにひとつありて、まへ歯ふたつをくい出だし、この男をめがけておいかくる。男きもたましいもうせて、あたりちかき寺へにげこみ、御僧をたのむよし申しければ、僧長もちをあけ入れをきければ、くだんのばけ物この寺へをひかけきたりて、つくづくと見入れてかへりけるとみへしが、かの長持のほとりなにともしれず犬の骨をかぶりけるをとして、うめくこゑきこへけれども、僧もあまりのをそろしさに、かゞみてゐられけるが、はやばけ物もかへりつらん。さらば長もちより出ださんとふたをあけみれば、くだんの男は骨をぬかれ皮ばかりになりてゐけると也[20]

この事例には、妖怪の容貌や姿がとても詳細に述べられている。ある若者が京都七条の河原にある墓地に化け物が出るという噂を聞いて、賭けて夜中にその墓地に行った。杭を打ち目印となる紙を付けるつもりであったが、頭は白髪で、背丈は八尺もあり、顔は夕顔のように白く、目が手のひらについた八〇歳ほどの老人の姿をした恐ろしい妖怪に遭遇した。近くの寺に逃げ込んだが、ついに骨を抜かれて皮だけになって死んでしまった、という怪談である。

若者が妖怪に追われて寺に逃げ込む場面は、まるで『今昔物語集』などの「道成寺物語」における安珍と清姫を思い浮かばせる。事例や図1には、どこにも「手の目」という妖怪の名は記されていないが、事例に「まなこは手のうちにひとつありて」と述べられていること、図1に描かれた妖怪の手のひらに付けられた目玉から判断して、現在人々の間に、「手の目」と呼ばれている妖怪と同類のものだろう。

一方、鳥山石燕の妖怪画には、はっきりと「手の目」と名付けられた妖怪が登場する（図2）。この妖怪は、『画図百鬼夜行』「陽」の部分に描かれている。いわゆる坊主頭で、顔には目がなく、両手の手のひらに一つずつ目玉がついている姿である。

図1と図2を比べてみると、図1はあくまでも若者が遭遇した妖怪の物語に基づいて描かれた。つまり物語の内容を充実に反映して、手の目とそれに追われる若者が一緒に描かれている。ところが図2のほうは、関連した物語は伝承されず、絵についてもなんの解説も述べられていない。ただ絵の右上に「手の目」という妖怪の名前が書かれているだけである。

図3「新版妖怪飛巡雙六」の手の目（国際日本文化研究センター蔵）

図4『百鬼夜行絵巻』の手の目（京極夏彦文・多田克己編『妖怪図巻』国書刊行会、2000年、p.127より転載）

また図1は顔に二つの目玉がついたまま、手のひらも目玉がついている姿である。図2の場合は顔に目玉がついておらず、手のひらに目玉がついている。そして図1は顔に付いた二つの目玉を目立つように描いたせいか、何となくユーモラスな雰囲気である。これに比べて図2は寂しい雰囲気が漂ってある。言わばかつて日本には、二つのタイプの「手の目」が存在していたわけである。本稿では便宜上図1のようなタイプを第一類型、図2のようなタイプを第二類型と区別しよう。

ところで第二類型、つまり『画図百鬼夜行』に描かれた手の目は、以降「手の目」という名前（固有名詞）が定着したようである。例えば図3である[21]。図3は「新版妖怪飛巡雙六」に描かれた手の目で、ここに登場する手の目は「雙六」のために描かれたものである。図3を見ると図2のように、坊主頭で、顔に目がなく、手のひらに目玉が付いたまま、手を前に向けたポーズである。つまり図3は図2をそのまま踏襲していることがわかる。妖怪の名前も図2のように、「手の目」とはっきりと書かれている。

第二類型の手の目の絵をもう一つ見てみよう。図4である。図4は『百鬼夜行絵巻』に描かれたものである。『百鬼夜行絵巻』には、鳥山石燕の「手の目」を参考にして描いたであろうと思われる妖怪画が描かれている。タイトルは「手日坊主」と記されている。図4は図2と図3のように、坊主頭で、顔に目がなく、手のひらに目玉が付いた手を前に向けたポーズである。つまりこの時期になると、すでに第二類型に属する妖怪だけが「手の目」として定着し、今日に至っているのである。

それでは仏教的な観点から「手の目」に注目すると、どのような解釈ができるのであろうか。手の目の「手」と「目」から思い浮かぶのは、仏菩薩の中の「千手千眼観音菩薩」である。千手千眼観音菩薩の名称は様々であるが、要するに「千手」と「千眼」を倶せる観音菩薩である。[22]

つまり本稿において取り上げた、妖怪の手の目のように、手に眼が付いている。それも「千手千眼」という無数の眼である。なぜこのように無数の手と目がついているのか。この点について、曹洞宗の開祖である道元の『正法眼蔵』第一八「観音」にわかりやすく譬えられている。

雲岩無住大師、問道吾山修一大師（道吾山修一大師に問ふ）、「大悲菩薩、用許多手眼作麼（大悲菩薩、許多の手眼を用ゐて作麼）」。道吾曰、「如人夜間背手摸枕子（人の夜間に手を背にして枕子を摸するが如し）」。雲岩曰、「我会也、我会也（我会せり、我会せり）」。道吾曰、「汝作麼生会（汝作麼生か会せる）」。雲岩曰、「遍身是手眼」。道吾曰、「道也太殺道、祇得八九成（道ふことは太殺道へり、ただ道得すること八九成なり）」。雲岩曰、「某甲祇如此（某甲はただ此の如し）、師兄作麼生」。道吾曰、「通身是手眼」[23]。

これは、雲岩と道吾の間に交わされた問答の一部分である。ここに述べられた「大悲菩薩」とは千手千眼観音菩薩を指す。雲岩が「大悲菩薩、許多の手眼を用ゐて作麼」、つまり「どうして千手千眼観音菩薩は手と眼が無数に多いか」と質問すると、道吾は「人の夜間に手を背にして枕子を摸するが如し」と答える。ここには千手千眼観音菩薩の「千手」と「千眼」を取り上げ、身体の「手」と「目」の相関性が見事に示されている。すなわち仏教的な観点から、手＝目という等式が成り立っているのである。まさに「手は第二の目」である。

このような考え方がうかがえる妖怪画をもう一つ見てみよう。次の図5である。図5は「百鬼晝行圖」に描かれた妖怪の一つである。[24] 顔に鼻と口だけで、目がない妖怪が手を前に上げて歩いている。目が付いていないために、手を前に挙げている。つまり目の代わりに手で探りながら歩いているのである。まさしく道吾が言った「人の夜間に手を背にして枕子を摸するが如し」と同じ光景である。

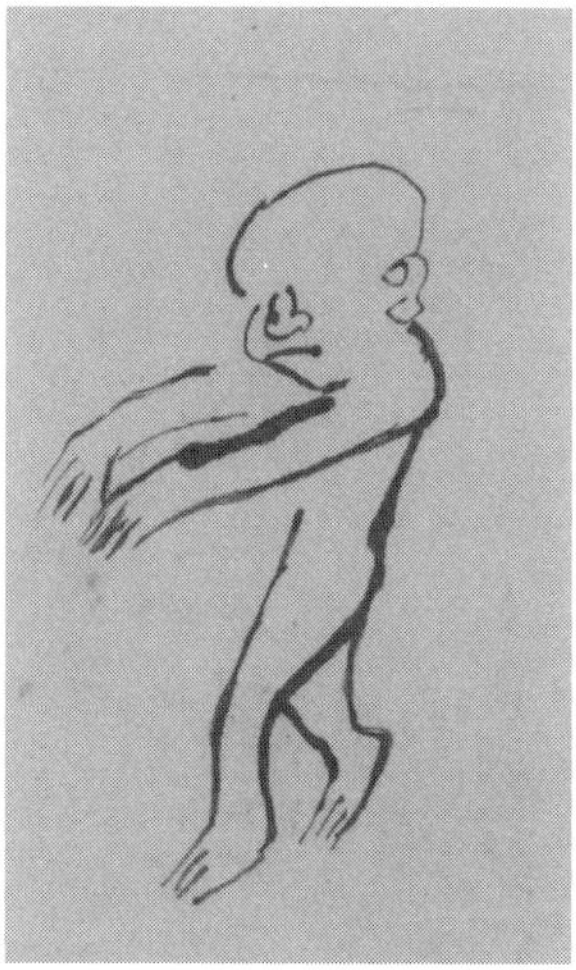
図５「百鬼晝行圖」の中の妖怪
（国際日本文化研究センター蔵）

ここで特に注目すべきは、図5では、手の甲の部位を前面に向けているということである。今まで紹介した図1から図4までの手の目は、手のひらの部位を前に向けている。その理由は明白である。手のひらに眼が付いているため、全面を注視するために、手のひらを前面に向けたポーズとなっているのである。おそらく図5の妖怪の手のひらに目が付いていたら、手のひらを前面に向けるポーズ、言いかえれば「手の目」妖怪になったのであろう。

もちろんここで筆者は、手の目という妖怪の「手と目」と千手千眼観音菩薩の「手眼」を同じものと看做しているわけではない。あるいは千手千眼観音菩薩の「手眼」から手の目の「手と目」が生まれたと主張するつもりもない。妖怪にしろ、仏菩薩にしろ、身体において手と目がどれだけ機能的かつ象徴的につながっているのか、「超自然的な存在」を造形化する際に、同じ発想が働いていたことを述べたかったのである。

次に手の目と千手千眼観音菩薩における手と目のように、妖怪の造形化において、相通じる発想が見られる妖怪と仏教の図像をもう一つ取り上げてみたい。三つの目を持った妖怪と仏菩薩である。

六　妖怪の「三つ目」と仏菩薩の「第三の目」の霊力

図6鳥山石燕『今昔百鬼拾遺』の「滝霊王」

鳥山石燕の妖怪画には、他の妖怪と比べてかなり異色の妖怪が一つ描かれている。『今昔百鬼拾遺』に描かれた、「滝霊王」と名付けられた妖怪である。[25] 図6を見ると、滝の中に不動明王（のようなもの）が現れた姿が描かれている。右手には剣を持ち。左手には羂索を持ち、またはっきりとは描かれていないが、額の中央にはもう一つの目（のようなもの）が付いている。これは不動明王に違いない。鳥山石燕による解説文では「諸国の滝つぼよりあらはるると云青竜疏に一切の鬼魅諸障を伏すと云々」と述べられている。

解説文の中に述べられた「青竜疏」とは、大乗仏教の経典の一つである「仁王経」に注釈を付けた「仁王経疏」を意味する。[26]鳥山石燕が引いた「一切の鬼魅諸障を伏す」という解説に従うなら、図6は「妖怪」というよりは、むしろ妖怪を退治する神仏のような存在である。

図6について、水木しげるの『決定版日本妖怪大全』は、「鳥山石燕は『今昔百鬼拾遺』に滝霊王という不動明王によく似た精霊を描いている」と述べ、また『日本妖怪大事典』（村上健司編）は、「これは妖怪ではなく、まさしく不動明王を描いたもののようである」[27]と、妖怪ではないと明言している。

それでは、なぜ鳥山石燕は滝霊王（不動明王）を「今昔百鬼」の一つとして描いたのか。これは単なる鳥山石燕の錯覚にすぎないのであろうか。つまり彼は間違って不動明王を「今昔百鬼」の一つとして入れてしまったのか。結論を先に述べると、これは鳥山石燕の錯覚ではないと筆者は考える。不動明王が妖怪の一種として描かれるべき、妖怪と仏菩薩の間における図像的な類似性が認められるのである。

この問題について妖怪の「三つ目」と仏菩薩の「第三の目」を手掛かりにして考察してみよう。これは前述した妖怪の「手の目」と千手千眼観音菩薩の「手眼」のように、妖怪と仏菩薩の図像的な表現における相通じる類似性を確認できる事例の一つである。

まず滝と不動明王の関連性について考察したい。これについては、平安時代に成立した『作庭記』に次のように述べられている。

或人云、滝をはたよりをもとめても、月にむかふへきなり。おつる水にかけをやとさしむへきゆへなり。滝を立ることは口伝あるへし。からの文にもみえたる事、おほく侍るとか。不動明王ちかひてのたまはく、滝は三尺になれは、皆我身也。いかにいはむや四尺五尺乃至一文二丈をや。このゆへにかならす三尊のすがたにあらはる。左右の前石は二童子を表するか。不動儀軌云、見我身者　発菩提心　聞我名者　断悪修善故名不動　云々　我身をみはとちかひたまふ事は、必青黒童子のすかたをみたてまつるへしとにはあらす。常滝をみるへし、となり。不動種々の身をあらはしたまふなかに、以滝本とするゆへなり。[28]

これは作庭に際して、滝を立てる時の心構えについて述べられた部分である。これによると「滝ハ三尺になれバ皆我身也」で、「常滝をみるべし」によって、不動明王の姿をみることができる。また「左右の前石ハ二童子を表する」と述べられているが、この二童子とは、おそらく矜羯羅童子と制吒迦童子であろう。ところで興味深いことに、江戸時代の国学者津村正恭の随筆集『譚海』巻四には、念仏しながら滝を注視することによって、実際に不動明王を拝見したという話が述べられている。

紀州高野山奥の院山中に大滝と云ふ有、常に人のいたらざる所也。ある人山中に逗留せしに、けふはふしぎなる事を見せ申さんとて、院の僧侶伴ひて件の滝のもとに行ぬ。滝は高崖より落て幅三四間も有、その滝の半腹に向ひて谷に臨める大なる岩に坐せしめて彼彼《ママ》僧云く、一心に光明真言を唱ふべし、真言ならではふしぎ有りがたしといひければ、同伴の者合掌して一心に神呪をとなふる事半時計ありしに、この滝の水二つに分れて、その滝の石壁に不動尊をきざめる像ありありと拝れたり、みなふしぎにおもふほどなく、また滝水合して一筋に落たり、かくてまたいよいよ真言を唱ふる間、また滝水わかれて尊像みえ給ふ、如此なる事三四度に及で、今はとて下向しぬ、けふは天気能てあざやかに拝れ給ふ也、つねは霧ふかき所にして、たまさかにけふのごとく拝る、事なりとかたりぬ。(29)

このように、高野山奥の院の山中である人が大滝の前で光明真言を唱えることによって、滝が二つに割れて石壁に刻まれている不動明王を拝んだと述べられている。つまりこの時に現れたのは、石壁に刻まれた不動明王像であった。言うならば『作庭記』の記事と『譚海』の記事は相応していることがわかる。

人々の間に、滝＝不動明王のように認識された原因の一つは、力強く落ちる滝水と不動明王の憤怒相が重なった結果であると思われるが、ここで筆者が注目したいのは、不動明王の顔に付けられた三つの目である。仏教の仏菩薩の中には、両眼の他にも額にいわゆる「第三の目」(30)と呼ばれるもう一つの目を持ったものが多い。例えばこれについて『仏教大辞典』には「三目」の項目で、次のように述べられている。

> 摩醯修羅天王額中央に竪に一眼ありて両眼に合せて三眼あると云ふ。これを伊∴字の三点、鼎の三足の喩と共に三者対立して一をも缺ぐ可からざる譬に用ふ。密教の諸尊の中には降三世・大威徳・忿怒月黶尊等三目の尊少からず、忿怒尊の一特徴なり。瑜祇経愛染王品に愛染明王の像につき三目威怒視と説き、古来これにつき種々の深義を付し、或は仏眼・恵眼・法眼の三眼に配し、(後略)(31)。

ここに登場する摩醯修羅は、仏法を守護する神で、本来インドのバラモン教で世界創造と破壊の最高神であるシバ神の異名である。摩醯修羅だけではなく、特に「密教の諸尊の中には降三世・大威徳・忿怒月黶尊等三目の尊」が少なくない。三眼は、それぞれ「仏眼」「恵眼」「法眼」とも言われるが、「第三の目」は「仏眼」とよばれる。

実際に日本に伝わる仏菩薩の中には、三眼で表現されているものが多い。例えば観音菩薩の中では主に馬頭観音や不空羂索観音菩薩の額に「第三の目」が付いている。また五大明王と言われる不動明王、降三世明王、大威徳明王、金剛夜叉明王、軍荼利明王には、すべて額に「第三の目」が縦に付けられている。

仏教の仏菩薩に限らず、歴史的に日本の妖怪の中には「三つ目」のものが多い。例えば国際日本文化研究センターの怪異・妖怪画像データベースで「三つ目」を入力すると九四件がヒットした。その種類も「般若」「鬼」「青坊主」「海坊主」「三つ目入道」など様々である。どちらかと言えば、「三つ目」は「仏教」につながる妖怪に目立つ傾向がある。

ところで「滝霊王」のように、不動明王を妖怪の一種として認識したのは、鳥山石燕だけではなかった。鳥山石燕の「滝霊王」の他にも、不動明王を妖怪の一種として取り上げた妖怪画が確認できる。図7はそのうちの一つである[32]。

図7の作者は叢豊丸で「新板化物尽」の一場面である。三つ目の般若を描いたものである。仏菩薩の「第三の目」のように、額に目がもう一つ縦に付けられている。他にも「化物婚礼絵巻」をはじめとして、多くの妖怪画に「三つ目」を持った妖怪が登場する。

例えば図8である。図8は幕末・明治初期の画家河鍋暁斎の妖怪画集である「暁斎百鬼画談」の一部である。

右手に剣を持ち、額に目がもう一つ縦に付けられている。「暁斎百鬼画談」には、三つ目の不動明王のほかにも、図8の後ろに見える「一つ目」の妖怪のように、複数の妖怪が一緒に描かれている。要するに、この時期になると、もう不動明王が妖怪の一種として定着していたことがわかる。

図8　暁斎百鬼画談の三つ目の化物（国際日本文化研究センター蔵）

図7 三つ目の般若（プーキシン美術館蔵）

七　「妖怪と仏教」の研究に向けて

本稿では、日本の「妖怪ルネサンス」のような時代に、「妖怪学」としてまとめられたような多くの妖怪研究に、なぜ正面から「妖怪と仏教」の視点からアプローチした研究が少ないのか、という素朴な疑問から始まり、このような視点からの妖怪研究の必要性や可能性を考えようと試みた。

主に手の目妖怪の「手目」と千手千眼観音菩薩の「手眼」、また妖怪の「三つ目」と不動明王をはじめとする仏菩薩の「第三の目」の図像的な表現における相似性を中心に、妖怪と仏菩薩に相通じる造形を追究した。両者に共通しているのは、他でもなく目の「霊力」または「呪力」である。

かつて柳田國男は「一目小僧その他」において、一つ目小僧にまつわる伝承は神への生贄から始まったという、一つ目小僧の起源説を唱えた。[33] このような柳田國男の起源説は、安井眞奈美が飯島吉晴の『一つ目小僧と瓢箪――性と暴力のフォークロア』を引用しながら指摘しているように、[34] 妖怪の誕生にひそむ暴力と差別を暗示させる。

ところが、ここでもやはり問題の出発点は、妖怪の「目」であった。日本では、他にも「二つ目」「四つ目」「百目」「目目連」のように、目の数によって名付けられた妖怪など、名前に「目」の字が付く妖怪が多い。また名前に「目」の字が付いていなくても、目に因んだ妖怪が多い。例えば仏教禅宗の開祖と言われる達磨の妖怪化も、[35] 小池淳一が「目のフォークロア」で述べているように、[36]「片目」という「目の呪力」に因んだことであろう。

そして、妖怪と仏菩薩における目の「霊力」または「呪力」は、サブカルチャーの様々なコンテンツに受け継がれている。紙面制限のため、図像は取り上げないが、例えば手塚治虫の「三つ目が通る」の主人公・写楽保介が三つ目族の末裔という設定で、坊主頭に額には「三つ目」を持った霊力の持ち主として描かれているのも偶然ではないだろう。また鳥山明の『ドラゴンボール』に登場する天津飯が坊主頭に「三つ目」を持っているのも、その始まりは妖怪や仏菩薩の目の「霊力」であったと言えよう。

このように、近代以前の図像から現代のサブカルチャーにいたるまで、日本の妖怪と仏教は様々な分野において相通じている。日本の妖怪研究をより豊かにするためには、妖怪＝仏、妖怪≒仏、妖怪≠仏のような、それぞれの視点から「仏教の空白」を埋めていく作業が必要である。それらの作業を着実に積み重ねていくことによって、「妖怪の理論化と歴史化」も一層深められるであろう。

注

1 香川雅信『江戸の妖怪革命』河出書房新社、二〇〇五年、三一―二四〇頁。

2 井上円了の妖怪研究は『妖怪学講義』(全六巻)にまとめられている(井上円了『妖怪学講義』全六巻、国書刊行会、一九七九年)。

3 妖怪研究史については、主に次の論稿を参照。香川雅信「妖怪の思想史」(小松和彦編『妖怪学の基礎知識』角川学芸出版)。香川雅信「日本における妖怪研究」(小松和彦・安井眞奈美・南郷晃子編『妖怪文化研究の新時代』せりか書房)。二〇一一/二〇二二年

4 著者がディシプリンの一つとしての「妖怪学」を目指したのかどうかにかかわらず、「妖怪学」を標榜した主な研究としては、前述した井上円了の『妖怪学講義』をはじめとして、主に次のような研究がある。小松和彦『妖怪学新考』小学館、一九九四年。東洋大学井上円了学記念術センター編『妖怪学入門』すずさわ書店、二〇〇〇年。阿部主計『妖怪学入門』雄山閣、一九六八年。

5 ハルオ・シラネ氏の講演内容の引用は、シンポジウムの前に配られた発表要旨による。

6 例えば本稿の注4にて取り上げた、「妖怪学」を標榜した、小松和彦の『妖怪学新考』や阿部主計の『妖怪学入門』などには、「妖怪と仏教」についてほとんど述べられていない。つまり「仏教」から「妖怪」をながめてみようとする視点はほぼ見られない。

7 山極伸之「仏教が運んだ〝不思議〟なモノたち」佛教大学文学部編『見えない世界の覗き方――文化としての怪異』法藏館、二〇〇六年。

8 島田茂樹「妖怪と仏教――怪しき〈異形のものたち〉」東洋大学井上円了記念学術センター編『妖怪学入門』すずさわ書店、二〇〇〇年。

9 柳田國男「妖怪談義」『定本柳田國男集』(第四巻)筑摩書店、一九六三年、三五〇―三五一頁。

10 小松和彦「魔と妖怪」『日本民俗文化大系』第四巻、小学館、一九八三年、三四一―三五八頁。

11 例えば次のような論稿がある。今井秀和「妖怪化する仏像――江戸期〝仏像信仰〟の副産物」『紀要』七、蓮花寺佛教研究所、二〇一四年。

12 小松和彦『妖怪学の基礎知識』角川学芸出版、二〇一一年、一二一―一三三頁。

13 例えば、高ソンベ（고성배）の『韓国妖怪図鑑』には、古代から現代までの二一八種目にいたる「妖怪」を紹介しているが、「妖怪」として相応しくないものも多く含まれている。「妖怪らしい」妖怪は、おおよそ約五〇種目にすぎないであろう。また崔仁鶴の『韓国神異・妖怪事典』には、約五〇種目にいたる「神異・妖怪」が紹介されている。高ソンベ（고성배）『韓国妖怪図鑑』위즈덤하우스、二〇一九年。崔仁鶴編著『韓国神異・妖怪事典』民俗苑、二〇二〇年。

14 水木しげる『決定版日本妖怪大全』講談社、二〇一四年。

15 小松和彦『妖怪學の基礎知識』二五頁。

16 名倉ミサ子「『百鬼夜行絵巻』に描かれた妖怪と仏教」『愛知県立大学大学院国際文化研究科論集（日本文化編）』八、二〇一七年。

17 統計は次のテキストによる。鳥山石燕『画図百鬼夜行全画集』角川書店、二〇〇五年。

18 安井眞奈美『怪異と身体の民俗学――異界から出産と子育てを問い直す』せりか書房、二〇一四年。同『狙われた身体――病と妖怪とジェンダー』平凡社、二〇二二年。

19 安井眞奈美『怪異と身体の民俗学』二〇六―二一一頁。

20 太刀川清校訂『百物語怪談集成』国書刊行会、七五―七六頁。

21 国際日本文化研究センター所蔵、年代不詳。

22 千手千眼観音菩薩の解説については、次の辞典を参照。塚本善隆編纂代表『望月仏教大辞典』（増訂版）第三巻、世界聖典刊行協会、一九五七年、二九七三頁。

23 寺田透・水野弥穂子『道元』上（日本思想大系一二）岩波書店、二三二頁。

24 国際日本文化研究センター所蔵。この絵は国際日本文化研究センターの怪異・妖怪画像データベースに公開されている。

25 鳥山石燕『画図百鬼夜行全画集』角川書店、二〇〇五年、一八六頁。

26 「仁王経疏」の正式な書名は、『仁王護國般若波羅蜜多經疏』である。唐の僧侶である良賁（七一七〜七七じ）が『仁王経疏』を撰したが、彼が留まっていた「青龍寺」の名前になぞらえて「青龍疏」と呼ばれるようになったという。良賁と『仁王経疏』の撰述については、次の論稿を参照。山口史恭「良賁の生涯及び不空三蔵との関係について」五三巻、智山勧学会、二〇〇四年。

27 村上健司編『日本妖怪大事典』角川文庫、二〇一五年、三八〇頁。

28 田村剛『作庭記』相模書房、一九六四年、三三二頁。

29 津村正恭『譚海』国書刊行会、一九一七年、一一五―一一六頁。

30 仏菩薩の図像については、主に次の書物を参照した。香取良夫『白描画による仏像の見方図典』論創社、二〇一五年。薬師寺君子『日本の仏像』西東社、二〇一二年。前者には「三つ目」、後者には「第三の目」という用語が使われている。本稿では、妖怪の「三つ目」と明確に区別するために、「第三の目」という用語を選んだ。

31 塚本善隆編纂代表『望月仏教大辞典』（増訂版）第三巻、世界聖典刊行協会、一九五七年、二九七三頁。

32 プーシキン美術館所蔵。この絵は国際日本文化研究センターの怪異・妖怪画像データベースに公開されている。

33 柳田國男「一目小僧その他」『定本柳田國男集』（第五巻）筑摩書房、一九六二年、一三二頁。

34 安井眞奈美『怪異と身体の民俗学』せりか書房、二〇一四年、二一一―二一二頁。

35 ちなみに鳥山石燕の『百器徒然袋』に、「木魚達摩」という妖怪が描かれている。鳥山石燕『画図百鬼夜行全画集』角川書店、二〇〇五年、二一八頁。

36 小池淳一「目のフォークロア」『国立歴史民俗博物館研究報告』一七四、一三六―一三八頁。

引用文献

阿部主計　二〇 六『妖怪学入門』雄山閣

飯島吉晴　二〇〇一『一つ目小僧と瓢箪――性と犠牲のフォークロア』新曜社

井上円了　一九七九『妖怪学講義』（全六巻）国書刊行会

今井秀和　二〇 四「妖怪化する仏像――江戸期〝仏像信仰〟の副産物」『紀要』七、蓮花寺佛教研究所

香川雅信　二〇 一「妖怪の思想史」小松和彦編『妖怪学の基礎知識』角川学芸出版

香川雅信　二〇二二「日本における妖怪研究」小松和彦・安井眞奈美・南郷晃子編『妖怪文化研究の新時代』せりか書房

金容儀　二〇二一「日本の『手の目』妖怪における身体のイメージ（일본 데노메 요괴의 신체 이미지）」『日語日文学研究』第一一六輯、韓国日語日文学会

小池淳一　二〇一二「目のフォークロア」『国立歴史民俗博物館研究報告』一七四、国立歴史民俗博物館

京極夏彦文・多田克己編　二〇〇〇『妖怪図巻』国書刊行会

小松和彦　一九八三「魔と妖怪」『日本民俗文化大系』第四巻、小学館

小松和彦　一九九四『妖怪学新考――妖怪からみる日本人の心』小学館

小松和彦　二〇一一『妖怪学の基礎知識』角川学芸出版

島田茂樹　二〇〇〇「妖怪と仏教――怪しき〈異形のものたち〉」東洋大学井上円了記念学術センター編『妖怪学入門』すずさわ書店

太刀川清・校訂　一九八七『百物語怪談集成』国書刊行會

田村剛　一九六四『作庭記』相模書房

塚本善隆・編纂代表　一九五七『望月仏教大辞典』（増訂版）第三巻、世界聖典刊行協会

津村正恭　一九一七『譚海』国書刊行会

寺田透・水野弥穂子　一九七〇『道元』上（日本思想大系一二）岩波書店
東洋大学井上円了学記念術センター編　二〇〇〇『妖怪学入門』すずさわ書店
鳥山石燕　二〇〇五『画図百鬼夜行全画集』角川ソフィア文庫
名倉ミサ子　二〇一七「『百鬼夜行絵巻』に描かれた妖怪と仏教」『愛知県立大学大学院国際文化研究科論集（日本文化編）』
愛知県立大学大学院国際文化研究科
水木しげる　二〇一四『決定版日本妖怪大全』講談社
村上健司編　二〇一五『日本妖怪大事典』角川文庫
薬師寺君子　二〇二二『日本の仏像』西東社
安井眞奈美　二〇一四『怪異と身体の民俗学――異界から出産と子育てを問い直す』せりか書房
安井眞奈美　二〇二二『狙われた身体――病と妖怪とジェンダー』平凡社
柳田國男　一九六二「一目小僧その他」『定本柳田國男集』第五巻、筑摩書店
柳田國男　一九六三『妖怪談義』『定本柳田國男集』第四巻、筑摩書店
国際日本文化研究センター怪異・妖怪画像データベース (https://www.nichibun.ac.jp/YoukaiGazouMenu/)

図版詳細

図1　『諸国百物語』の「手の目」挿絵（太刀川清校訂『百物語怪談集成』国書刊行会、一九八七年、七五頁より転載）
図2　『画図百鬼夜行』の「手の目」（鳥山石燕『画図百鬼夜行全画集』三九頁より転載）
図3　「新版妖怪飛巡雙六」の手の目（国際日本文化研究センター蔵）
図4　『百鬼夜行絵巻』の手の目（京極夏彦文・多田克己編『妖怪図巻』国書刊行会、二〇〇〇年、一二七頁より転載）

図5　「百鬼晝行圖」の中の妖怪（国際日本文化研究センター蔵）

図6　鳥山石燕『今昔百鬼拾遺』の「滝霊王」（水木は『決定版日本妖怪大全』の項目を「妖怪」「あの世」「神仏」という、三つの領域に分けているが、滝霊王は「神仏」に収録されている。水木しげる『決定版日本妖怪大全』講談社、二〇一四年、九七七頁より転載）

図7　三つ目の般若（プーキシン美術館蔵、国際日本文化研究センター研究海外日本美術調査プロジェクト編『海外日本美術調査プロジェクト報告1プーキシン美術館所蔵日本美術品図録 国際日本文化研究センター日文研叢書』一九九三、国際日本文化研究センター、一四二頁より転載）

図8　暁斎百鬼画談の三つ目の化物（国際日本文化研究センター蔵）

驚異と怪異の理論化——妖怪研究の周縁から

山中由里子

はじめに

「日本の妖怪はより広い世界的文脈の中でどのように位置づけ、理論化できるか?」というのが、本書の目的であるようだ。しかし私自身は、妖怪研究者でも、日本研究者でもなく、一神教世界のことを研究している。つまり出発点が違うので、妖怪という概念のグローバル化、あるいは妖怪を分析概念として他の文化の類似現象に当てはめることの妥当性などについて考察する立ち位置にはいない。しかし、ユーラシア大陸の反対側から逆照射するかたちで、妖怪的なものも含みうる理論的枠組みについて考えてみたい。

私の研究分野は、中世イスラーム世界における驚異譚の比較研究である。驚異譚とは何か。未知の世界の摩訶不思議に関する語りは、アラビア語・ペルシア語で「驚く」という意味のアラビア語の動詞「アジバ」に由来する「アジャーイブ」と呼ばれた。一方、中世ヨーロッパでは、辺境・異界・太古の奇妙な事物、生き物、あるいは現象はラテン語でミラビリアと呼ばれ、これも「驚く」という意味の動詞「ミラーリ」に由来する。(英語の「マーヴェル」もここからきている)。いずれも「驚異、驚異的なもの」(複数)を意味する中東のアジャーイブとヨーロッパのミラビリアは、似た語源を持つだけでなく、語られる内容にも類似する点が多い。それは、双方が共有する

図1　国立民族学博物館特別展「驚異と怪異－想像界の生きものたち」の展示風景（2019年秋、大道雪代撮影）

基盤に、古代ギリシア・ローマ世界から継承された自然学・地理学・博物学の知識、「アレクサンドロス物語」などユーラシアに広く流布した物語群、一神教的世界観があるからであり、また人々の交流が情報の伝播をもたらしたからでもある。

中東のイスラーム世界とヨーロッパのキリスト教世界という一神教世界の「驚異」に関する研究を進めるうちに、東アジアの「怪異」という概念と「驚異」対峙させることはできないか、という問題意識が生まれた。そこで、二〇一五年頃から、「驚異」と「怪異」を、「記録すべき不思議なこと・稀なことという意味で対置されるべき概念」という共通理解のもと、既知の世界の彼方にある不可知なるものを知ろうとする人間の営みが生み出してきた表象について、怪異・妖怪研究の専門家にもご協力いただきながら共同研究を進めてきた。その過程で妖怪学における知の蓄積を参照しつつも、「妖怪」という概念を比較研究の出発点とする立ち位置は、私自身は避けてきた。

共同研究の成果の一環として二〇一九年秋に国立民族学博物館で開催した特別展示「驚異と怪異——想像界の生きものたち」

では、天狗・河童・猩々・九尾の狐など、一般的に「妖怪」に分類されるものも多く展示した（図1）。これらを、ドラゴン、サンダーバードといった世界中の想像界の生きものたちとフラットに並べ、グローバルな文脈の中に位置づけたが、日本特有の文化的概念である「妖怪」という言葉を解説の中で使うことはできる限り避けた。使ったのは、不思議な生きもの、幻獣、霊獣、神獣、合成獣、怪物、クリーチャーといった用語である。また、「世界の妖怪大集合」といった売り文句を使えば一般来館者受けはしただろうが、広報媒体においても「妖怪」という言葉は積極的に使わなかった。代わりにキャッチフレーズとしたのは、「この世のキワにいるかもしれない」である。日本の美術館・博物館で夏の風物詩のように開かれてきた妖怪展とは一線を画したい、という気負いがあったことは確かである。また、鬼太郎とハリー・ポッターとアラジンが出会ったら…、そんな世界観を妄想しながら、数年がかりで企画してきた特別展であったので、この三者をなるべく同位に扱い、同じ土俵にのせたかったのである。

このように私自身は、小松和彦らが確立してきた妖怪研究という分野の周縁的な立場から、妖怪的なものを「驚異と怪異」という分析の枠組みに位置付け、相対化しようと試みてきた。比較研究のプラットフォームとしての「驚異と怪異」という枠組みの有効性とその国際展開の可能性について、まだまだ発展途上ではあるが、考察してみたい。

一　多中心的なアプローチ

ここまでにいたる思考の軌跡をもう少し詳しく振り返っておこう。筆者は、中世イスラーム世界におけるアレクサンドロス伝承の研究に携わってきたが、博士論文をベースにした『アレクサンドロス変相—古代から中世イスラームへ』(名古屋大学出版会、二〇一〇年)を上梓した後、そこで積み残した「探求者としてのアレクサンドロス」という課題を、中東およびヨーロッパにおける驚異譚をめぐる共同研究「中東およびヨーロッパにおける驚異譚の比較文学的研究」(二〇一〇〜二〇一五年度)に発展させた。この共同研究においては、ラテン語で「ミラビリア」、アラビア語・ペルシア語で「アジャーイブ」(いずれも「驚異」という意味)と呼ばれる、辺境・異界・太古の不思議な事物や生き物についての表象を比較し、ヨーロッパと中東の間のモチーフ伝播の過程、世界観の相違、文化交流のダイナミズムなどを検証した。一神教世界を「驚異」という概念を通して包括的に捉えた成果論集では、イスラーム世界とヨーロッパが共有する文化的な基盤を明確にし、中世にはある程度共有されていた驚異観が、近世から近代にかけて双方の文化圏において異なる展開をみせることを明らかにすることができた(山中編 二〇一五)。

上記の共同研究を進める中で、驚異譚の作品群に、たとえば古代中国の博物誌『山海経』や平安時代の説話集『日本霊異記』を照らし合わせると、「驚異」に対して「怪異」の概念はどう定義できるのか、知識体系に歴史的な接点はあるのか、といった問題意識が生まれた。そこで第二クール目の共同研究「驚異と怪異——想像界の比較研究」(二〇一五〜二〇一九年度)を組織し、それまでの驚異研究と、小松和彦や東アジア恠異学会が牽引してきた妖怪・怪異研究を連動させる連携体制を整えた。

これらの類似した概念を対峙させることにより、ヨーロッパ、西アジア、東アジアという、異なるが相互に関連する文化圏の博物誌、魔術、奇跡、あるいは妖怪といった分野の研究者たちに共通のプラットフォームを提供することができた。このような視点は、言語的あるいは認識論的な障壁のためにこれまで見過ごされてきた対照的な文化現象間の相互連関を明らかにする可能性を内包しており、共同研究では、「自然と超自然」、「自然と文化」、「合理と非合理」、「現実と想像」の境界が、ユーラシア大陸の様々な文化においてどのように認識されてきたのかを再評価する試みがなされた。その成果論集『この世のキワ――〈自然〉の内と外』では、歴史的・文化的相対主義の視点から驚異・怪異の具体例を、場（場所・空間）、体（身体性）、音（聴覚的現象や表象）、物（物質文化）といったテーマを軸として比較検討した（山中・山田編 二〇一九）。「西洋中世の想像世界」、「中世ムスリムの世界観」、「中国の鬼神観」、「日本の妖怪文化」などの抽出にとどまっていた従来の分野別の研究を、より俯瞰的に捉え、古代・中世・近世にかけての比較心性史の巨視的な見取り図を、ざっくりとではあるが描くことができたと考える。

さらに、この研究を展覧会として社会還元するにあたって、国立民族学博物館が所蔵する世界各地の「想像界の生きものたち」を象った資料を「驚異と怪異」の枠組みの中になんとか組み込めないかと検討した。そのヒントは、「パレオアジア文化史学――アジア新人文化形成プロセスの総合的研究」（領域代表・西秋良宏）という科学研究費新学術領域研究の中の計画研究の一つである、「人類集団の拡散と定着にともなう文化・行動変化の文化人類学的モデル構築」（研究代表・野林厚志）に分担者として関わる中で得ることができた。当該プロジェクトにおいて先史考古学の専門家と交流しながら、ホモサピエンスがアフリカに誕生し、ユーラシア各地に拡散していった一〇万〜五万年前に、人類にどのような「心の進化」が起こり、どのように新人独特の文化を形成していったのかということを考えるようになり、これまでよりさらにスケールの大きな時間の枠組みに「驚異」や

「怪異」を位置づけるきっかけとなった。当初は視野になかった認知考古学や進化心理学の研究（Atran 1990, 2002; Boyer 1994; Mithen 1996; Sperber 1996）を参照しつつ、「驚異」や「怪異」に関する文化相対主義的な研究を、より普遍主義的な認知科学の成果に照らし合わせて捉えなおすことによって、人類に共通の行動や表象のパターンを見出せるのではないか、という着想にいたった。

文化ごとに特有の心理システムがあるという考えのもとに立つ文化相対主義と、人類には進化の過程で得た共通の認知機能があるとする人類普遍主義は、相対立する立場の研究として捉えられがちである。しかし、「驚異」や「怪異」をめぐる文化的な事象の基盤には、「驚く」・「怪しむ」という、常軌を逸した現象やモノに対する心理的反応があり、それらは普遍的で直観的な思考回路のプラットフォームに直結したものである。従って、何に対して、何故そう感じるのか、認知のメカニズムを理解する必要がある。

人類には、進化の過程で備わった生得的な神経構造が「モデュール」ごとに独立してある、と認知科学者たちは言う。学習の影響を受けにくい、人間の脳に「配線済み」のそれらの思考回路は、認知する対象によって「直観生物学（intuitive biology）」、「直観物理学（intuitive physics）」、「直観心理学（intuitive psychology）」（他にも直観社会学、直観数学など）と呼ばれる。自然界の規則性から得られた生物や物理現象に対する直観的理解が進化の過程で人間の脳にプログラミングされているのだとしたら、そこから逸脱すると認識された、「あり得ない」生物や生理現象、あるいは「あり得ない」物理現象（異常な音、光、モノの動き）に対する心理的反応が驚き・怪・不思議・不気味なのではないかと考えられる。我々が研究対象としている「驚異」や「怪異」をめぐる行動や表象は、この直観生物学や直観物理学に規定されるものなのである。

また、人類は直観生物学の思考回路から発生した「民俗分類学」folk-taxonomy（ethno-taxonomy とも）と呼ばれる博物学的分類の概念も共通して持っていると、自然誌の認知科学的な基盤を明らかにしたアトランの研究は示す（Atran 1990）。アトランの研究に照らし合わせると、自然界の規則性から人類が築いてきた博物学的思考から逸脱する（がその存在を否定もできない）と認識されたものが「驚異」や「怪異」なのではないか、ということが指摘できる。不可思議な動植物や民族、鉱物、自然現象の描写が、ヨーロッパ・中東・漢字文化圏において共通して博物誌の文脈に組み込まれることが多いのも、この観点から説明可能ではないだろうか。これらの文化圏で書かれた博物誌の序文を比較分析すると、分類の規則性からはみ出すものや、分類を保留せざるを得ない未確認のものの存在をも否定せず、宇宙の秩序の中に位置づけようという心の動きは、確かに読み取ることができる（山中二〇一五、一一－二〇）。

物理学的、生物学的、心理学的に反直観的な特徴を持つ非物質的存在―すなわち霊、神などの超越的な存在―を想定する精神メカニズムを現生人類の特性とし、宗教の認知科学的な基盤を説明したボワイエの研究も、「驚異」や「怪異」を考えるにあたって注目に値する（Boyer 1994）。ボワイエは人類共通の生得的精神メカニズムと宗教的表象の類似性や反復性の関連性について論じている。彼によると、特定の宗教的表象が伝承され続ける認知的最適条件とは、想像力を刺激し、注意を喚起する反直観的・超自然的要素と、推定可能度と把握可能度の高い直観的で自然的な要素がバランスよく結合している場合だという。

反直観的な「驚異」や「怪異」の出現の背後に「神」、「気」、「天」といった、人間の通常の感覚で知覚できない力の介在を見出す行動を理解する際に、ボワイエの理論を応用することが可能であろう。また、世界各地に見られる特定のモチーフ——例えば人魚といった半人半獣——の類似性あるいは伝承力（ボワイエの言葉を使えば「反復性」）も、直観と反直観、自然と超自然の結合性という観点から説明できると考えた。

二〇一九年秋に国立民族学博物館で開催した特別展「驚異と怪異——想像界の生きものたち」（英題：REGNUM IMAGINARIUM: Realm of the Marvelous and Uncanny）では、共同研究で主に扱ってきたユーラシア大陸の事象だけでなく、アフリカ、オセアニア、アメリカにまで視野を拡げ、世界中の幻獣・霊獣・怪獣を展示した。この展示を通して、「人はなぜ、どのようにモンスターを想像するのか」というかなり画角を広げた問いに挑むには、人類の認知的基盤の解明を目指す「心の理論」のレンズが必要だったのである。

この枠組みの有効性と可能性については、本展示の図録にお寄せいただいた論考において、小松氏自身から以下のように評価をいただいたことは大いに励みになった。

山中教授の共同研究が斬新なのは、自然や妖怪をむしろ補助線にして、珍奇・異形・怪しげなモノたちの彼方に、人間が「不思議」「異常」と思われる事物や現象に出会ったときの感覚的・生理的反応（驚き、疑念、好奇心、恐怖など）に目を向け、その後のそれらについての解釈・理解が宗教的なものとなるか、あるいは科学的なものになるかという点にも考察のまなざしが向けられていることにある（小松 二〇一九、二三三）。

二 「驚異と怪異」をどう定義し、どう訳すか？

さて、日本語では「驚異と怪異」は、いずれも第二文字に「異」を含むため音韻的に共鳴する語であり、さらに「異《い》なるもの」との遭遇に起因する心理的衝動に関わる点でも共通する概念であるため、小松氏にご指摘いただいたように、妖怪やらモンスターやらを生み出す元の情動の部分に目を向ける思考の枠組みを提供する。共同研究でとりあげてきた事例を総合し、分析用語としての暫定的な定義をするとすれば、「驚異」は、地理的または時間的に遠く離れた稀で未知のものや現象であり、驚きと好奇心を引き起こすものと定義できる。一方、「怪異」は、身近なところでも起こり得る、あるいは見慣れた日常の何かがずれるからこそ異常性が際立つ存在・現象であり、恐怖や不安の感情を引き起こす。

一方、文化的、歴史的概念としての「驚異と怪異」——つまりミラビリアやアジャーイブの訳語としての「驚異」と、怪・恠異・あやかし・物の怪などとして一次資料に登場するものの総称としての「怪異」は、それぞれの概念史の骨幹は以下のように要約できるだろう。特別展「驚異と怪異」のためにかなり凝縮した形にした解説を引用する。「驚異とは」の解説文は筆者が、「怪異とは」の解説は、共同研究のメンバーでもあり、特別展の実行委員でもあった斎宮歴史博物館の榎村寛之氏が担当した。

「驚異とは」

古代ギリシアの哲学者アリストテレスは、「驚異することによって人間は、［中略］知恵を愛求し《フィロソフェイン》（哲学し）始めたのである。［中略］このように疑念をいだき驚異を感じる者は自分を無知な者だと考える。」（『形而上学』2.982b12-18、出訳28頁）と述べている。つまり、人は驚異し（*thaumazein*）、疑念をいだき（*aporōn*）、自らの無知（*agnoein*）を自覚することで、科学的・哲学的探究の起点に立つ。アリストテレスはまた、「学ぶことや驚嘆することは概して快い」とも述べている（『弁論術』1371a21-22、戸塚訳一二〇頁）。驚異は知識につながるだけでなく、驚異の対象は知りたいという欲望の的となるため、快（*hēdonē*）をもたらすというのである。

既知の世界の周縁で目撃されたという人魚や巨人族など、不可思議な生きもの・民族・現象にまつわる語りは古代ギリシアの人びとを魅了し、自然界に関する知識体系に組み込まれた。こうした驚異なる物に関する知識は中世のヨーロッパと中東イスラーム世界にも書物や絵画や語りを通して受け継がれ、空想として否定されるべきではない、自然誌の一部として人々の世界観の形成に大きな役割を果たした。

しかし、近世から近代にかけ、地球の隅々がヨーロッパ人によって「発見」され、西洋近代的な理性が威勢をふるうようになるとともに、科学的に証明がされない情報は、「超常現象」や「未確認生物」としてオカルトの範疇に閉じ込められ、古代から中世にかけて驚異と深く結びついていた「知」と「快」は切り離されていった（山中編 二〇一九、二）。

「怪異とは」

いうまでもなく「怪異」という熟語は中国起源である。古代中国では、王朝滅亡時など社会が大きく変わる時には、男女の転換、異常な出産、怪物の出現、妖言の流行など多くの理解を超えたできごと起こると信じられ、こうした「怪異」は人知を超えた秩序である「天」からの警告と理解されていた。

ところが日本では、理解が少し異なる。古代日本では、天は天皇の祖先であるアマテラスの坐す高天原とも理解されていた。つまり中国より少し身近だったのである。そのため怪異現象の理解も少し異なっている。平安時代の史料で「恠異《かいい》」として記録されたのは、天皇の身体や政治に関わって神仏等が送った危険信号なのである。そして一一～一二世紀頃には、奈良の大仏が水に濡れたり、大きな寺社の境内で突然木が枯れたり、本殿の屋根に葺いた檜皮や萱が落ちたり、鳥が群がったり、屋根に草が生えたり、という少し気味悪いことが起こると都に報告され、軒廊御卜《こんろうのみうら》という占いが開かれる。内裏で、神祇官と陰陽寮に属した占い師が、その現象が怪異か否か、発信した神仏等は何か、何の予兆なのか、対処法は、などを判断するのである。そして怪異と認定されると、その神仏にお詫びの使者がたてられ、天皇は一定期間の慎（謹慎）により誠意を示すことで対処する。その結果、神仏が予告した内乱、飢饉、疫病などの大事件は多くの場合「回避」される。つまり神仏が発した警告を天皇が理解して社会を救ったことになる。怪異とは行政用語であり、軒廊御卜とセットになったマッチポンプ的な行政ツールだったのである。

しかしこのような「行政ツールとしての怪異」は、12世紀後半の内乱の時代以降に変質をはじめる。不思議なことを起こすのは神仏だけではなくなり、朝廷の理解を超えていくのである。たとえば物語の中には、神でもなく、経典にも見られない怪物が跳梁跋扈《ちょうりょうばっこ》するようになる。『平家物語』の猿・虎・狸・蛇の身体に鵺《ぬえ》の声の怪物、『太平記』に見られる「いつまで」と鳴く人頭蛇身の怪鳥などは、決まり切った国家的な怪異が突き崩されたことの象徴で、それらは多様に揺れ動く中世社会に呼応して、「魔」と呼ばれ恐れられた。怪異はこうして国家の統制の手を離れた。

近世に再び社会が統一された後、怪異は、新しい市民文化の中で娯楽へと変化していく。明日の見えない戦国乱世を経た人々は、現実的な価値観にもとづいた社会を育み、現世を否定し極楽往生を求める中世的な考え方と決別した。神仏や怨霊は怯えるものではなく、現世利益や遊楽の一環として捉えられるようにもなる。社会に仇なす怨霊は敵に復讐する幽霊に、人々を恐れさせた怪異は奇怪さに滑稽と稚気を交えた狐狸妖怪の仕業に展開していく。それでも理解できない怪奇現象は怪談として語られ、『四谷怪談』など文芸や芸能的な世界に取り込まれていく。

そして近代、夜の闇は消え去り、幽霊や妖怪変化は過去の存在になった・・・のだろうか。都会から消えた闇は人の心の中に生き続けている。闇を活力として生き続ける「それ」を、現代の我々は名付けるすべさえ失っているかに思える（榎村　二〇一九、四）。

さて、この「驚異と怪異」の比較心性史という枠組みにおいて行ってきた議論を国際的に展開しようとすると、対応する英語の用語をあてなければいけない。「驚異」はそもそも、英語で the marvelous（または marvels、wonders）と総称される概念の訳語として広く受け入れられているので、the marvelous に変換しなおすだけで英語の読者にはそれが指している意味範囲が大体伝わる。一方、「怪異」には榎村が上にまとめたように、日本や中国の文化に特有な意味合いがあり、しかも歴史的にその意味範囲は変遷しているため、一言で伝えるのは難しい。「怪異」はときに、para-normal（超常）、または supernormal（超常）とも訳されるが、前近代の「怪異」の文化史を語る際には、どれもあまりしっくりこない。その点、strange（奇妙）という訳語は前近代の事例にも当てはまらないこともないのであるが[1]、「驚異」が strange も含むことがあるので、意味範囲が重なりすぎない別の言葉のほうが望ましいと考えた。廣田龍平氏は二〇二一年の英文論文において「怪異」を、"monstrous anomaly"と訳しているが（Hirota 2019）、例えば「釜鳴」のように、anomaly（異常）ではあっても必ずしもmonstrous（怪物的・奇怪）な様相を伴っているわけではない場合もある。[2]中国の「志怪」の研究において「怪」は、"anomaly"、または"prodigy"と訳されたりするが（Campany 2015）、いずれも心理的衝動のニュアンスが捉えきれていないという点で、marvelousとは対になりにくい。そこで筆者は代わりに、「怪異」をuncannyと翻訳することにした。以下、the uncannyに付随する意味範囲を解きほぐし、the marvelousの対としてこの言葉が最適であると判断した理由を述べたい。[3]

ここでは、長々とした語源の説明や、文学・美術・建築・ロボット工学などに至るまで様々な分野でのこの概念の応用に深入りするつもりはない。[4]本論において重要なポイントは次の二点である。まず一点目は、オーストリアの精神医学者ジークムント・フロイトによる一九一九年の有名なエッセイでとりあげられたドイツ語の概念である"Das Unheimliche"（不気味なもの）の英訳として、"the uncanny"があてられてきたこと（Freud, 1919; ibid., 2003）。もう一点はツヴェタン・トドロフの*Introduction à la littérature fantastique*（『幻想文学論序説』）で、"fantastique"（幻想）の隣接概念とされている"l'étrange"（不思議、不気味なもの）と"le merveilleux"（驚異）の英訳が、"the uncanny and the marvelous"となっていることである（Todorov 1970; idem 1973）。[5]

フロイトのunheimlichとトドロフのétrangeはどちらも英語でuncannyと翻訳されたが、実は、その意味にはズレがある。トドロフ自身もフロイトの"Das Unheimliche"に言及し、"le sentiment de l'étrange"（不気味の感覚）と訳しながらも、「フロイトの用語法とわれわれの用語法は、［中略］完全に重なり合っているわけではない」述べている。(6) トドロフの目的は、幻想文学というジャンルの輪郭を示すことであり、彼は「幻想」を「自然の法則しか知らぬ者が、超自然と思える出来事に直面して感じる『ためらい』」として定義している（トドロフ三好訳 一九九九、四二頁）。トドロフによれば、一見すると超自然的な現象に対して合理的な説明があり得る場合は、それはl'étrange /uncanny のカテゴリーに属し、その現象が自然法則を真に超越しているように見えるとき、それはle merveilleux /marvelous になるという。したがって、幻想はmarvelous とuncanny という二つのジャンルの境界に位置し、その狭間でためらいつつ保留されている状態だという。

トドロフにおいて、marvelous とuncanny は、「自然」と「超自然」を明らかに区別する西洋近代的な理解に基づいたフィクションの範疇に留められている。しかし、我々のプロジェクトは、現代的な意味でのフィクションではなく、その時代の人々が実際に物質界に存在するかもしれないと認識していたものも対象としている。フォスターが妖怪に関する研究で指摘しているように（Forster 2009: 16, 19）、また、我々のこれまでの驚異に関する共同研究でも明らかになってきているように、前近代の世界観では、驚異的で怪異的な存在や現象は、常軌を逸するものと見做されていたかもしれないが、それらの存在は「単なる幻想」として否定されているものではなかった。

この意味で、分析概念としての「怪異」はトドロフのl'étrange よりもフロイトのdas Unheimliche に近いかもしれない。(7) フロイトは幻想文学における不気味の要素にも多くの注意を払っているが、彼はフィクションにおける怪異と現実世界における怪異を別々に考えるべきであると認識しており、不気味なもの、怪異が物質的現世界に現れることを否定しない。彼のエッセイの第二部の大部分を占める、幼少期の抑圧されたコンプレックスに不気味な現象の因果関係を求める精神分析的な解釈はひとまず脇に置くとして、エッセイの第一部におけるドイツ語の単語 unheimlich の奥にある「感情的核」を慎重に解き明かす試みは、「怪異」の訳語を検証する上で非常に示唆に富む。

フロイトは unheimlich を「恐怖の特殊な形態」の一つとして位置付け、それが二つの概念と結びついていると述べている。すなわち、一つは heimlich の Heim（家）という意味と関連した「親しみや安心感に関わるもの」との結びつきであり、もう一つは Geheim（秘密）という意味に由来する「隠されているものや秘密にされているもの」との結びつきである。フロイトはフリードリッヒ・シェリング Schelling の *Philosphie der Mythologie*（『神話の哲学』）から引用しながら、「不気味（unheimlich）という用語は、秘密にされ、隠されているはずだったものが明るみに出てしまったという場合に適用される」と指摘している。

Unheimlich/uncanny を、身近にありながら隠されているものが異様な現象として現れたとき、あるいは日常に異常が現れたときに生じる恐怖と理解するならば、これは「怪異」の核心に近いのではないか。「怪異」を uncanny と訳す背景にはこのような考えがある。

三　今後の展望

このように、「驚異と怪異」という多中心的なアプローチで研究を進めてきたのだが、共同研究に関わってきてくださった研究者の中には、文化相対主義的視点から人類普遍主義的視点に尺度をスイッチしたことに、戸惑いや消化不良を感じられた方もおられたと思う。前述のとおり、一般向けの特別展という大きな構想を実現させるために、それは必要な転換であったのだが、大阪での本展と一連の巡回展（二〇二〇年に兵庫県立歴史博物館、二〇二一年に高知県立歴史民俗資料館、二〇二三年に福岡市博物館、二〇二四年に国立アイヌ民族博物館）もようやく一段落した。ここでいったん、広げ過ぎた大風呂敷を少したたんで、本来の専門である比較文学比較文化の手法をもって、具体的なテクストやフィールド事例に沿って、「驚異と怪異」の接点における知の駆け引きについて、次の二点に注目して考察していきたいと考えている。[8]

a.「超自然」を問い直す

一つは、不可思議な物事のつじつまを合わせるために人びとが想像してきた力の介在を、おしなべて「超自然」という概念でくくってきた従来の研究をあらためて問い直し、「自然 vs 脱／超自然」、「自然 vs 文化」という対置構造においてではなく、自然環境と人間の、より往還的な関係性において発動される生態想像力が構築してきた自然理解のシステムを明らかにするべきではないかという点である。

近代西洋的な「自然／文化」の二分法を問い直すという命題は、フィリップ・デスコラが『自然と文化を超えて』において取り組み、人間と非人間の関係性をアニミズム、トーテミズム、アナロジズム、ナチュラリズムの四つの存在論に類型化して論じ、文化人類学に大きな転回をもたらした（Descola 2005）。デスコラの存在論的転回は日本の妖怪研究にも影響を与え、妖怪と「超自然」概念の関連性については、廣田龍平氏が妖怪研究史を紐解きながら丁寧に分析している（廣田 二〇二二、同 二〇二三）。こうした動向を参照しながらも我々のプロジェクトで

は、構造主義的な類型に基づく比較ではなく、異なる自然観の接点における生態想像力の往還に目を向けたい。(9)

これまでの「驚異と怪異」プロジェクトにおける一神教世界と東アジア漢文化圏の比較研究で得た大局的な見通しは、(時代的な変遷はもちろんあるのであるが、議論の出発点としてあえて概括すると)次のようなものであった。ヨーロッパのキリスト教世界の文脈では、奇跡・驚異・魔術が論じられる際にはそれぞれ「超自然」、「脱自然」、「反自然」といったように、「自然」という概念が神(もしくは悪魔)と人の間に介在してきた。一方、近代以前のイスラーム世界では、驚異や奇跡はいずれも全能の神のしるしであり、「自然」を超えたり、脱したりしているものとは見做されていない。さらに東アジアの自然思想や災異説における怪異は、森羅万象は気の運行によって統御されるという運気論的な自然理解が基盤にあり、天変地異や怪しい獣といった怪は、天地の気の異常作用によって生じるもので、稀ではあるが、自然界を超越した現象や存在ではない。

次の展開としては、このように異なる身体観・宇宙観が出会った場合、どのような知の駆け引きが起こるのかという問いのもとに、宗教・言語・社会システムなどが影響しあい変容する遷移帯における知の相互作用の実態を、医学書、博物誌、天文書など、身体観や宇宙観を顕著に反映した具体的なテクストの分析を通して明らかにしてゆく。その際、「超自然」(supernatural)を共通概念として用いることの妥当性を問いつつ、それぞれの文化圏のテクスト自体に現れる自然観をあぶりだしてゆきたい。

b. 生態想像力の変遷と脱魔術化の過程

「驚異」と「怪異」に共通する「異」なるものへの視線は、自己と他者、自己と宇宙の境界認識によって形作られるものであり、自然界の中での人間の立ち位置、あるいは環境と人の往還的な関係性を映し出す鏡でもある。生態想像力とは、まさにこの「異」なるものへの視線のことであり、科学の細分化が進む近代以前に人々が構築しようとした総合知の在り方を解く鍵である。生態想像力が生み出した「驚異」や「怪異」が自然知の重要な一部であった「霊的・非合理的自然観」から、近現代の「数量的・合理的自然観」に遷移し、科学の対象から排除され娯楽化してゆく過程については、特に西ヨーロッパや日本に関してはすでに研究が進んでいるといえる。これらを参照軸としながらも、未だに研究が不十分である中東イスラーム世界と中国を中心とする東アジア漢文化圏における近世以降の脱魔術化の過程を、今後はより詳細に検証してゆくべきである。

東アジアの諸文化間での比較に目を向け、国際日本文化研究センターが二〇一八年度より定期的に開催している日中妖怪研究シンポジウムは、日韓中の学界の動向を垣間見ることができるという点で大変興味深く、示唆に富む。*Yōkai* という言葉の認知度がこの数十年の間に世界的に高まったことは確かだが、学術用語として「妖怪」をグローバル化し、他の文化の現象にも応用できるか否かという問題については、韓国のトッケビ研究にも似たような議論があるのかもしれない。一方、中国では「妖怪的なもの」の時代的・民族的・地域的なバリエーションがありすぎて、どれかを総称として使うよりは逆に日本からの逆輸入である「妖怪」概念が便利なのでは?という推測もできる。東アジアのさまざまな地域・時代の宇宙観・霊魂観における「妖怪的なもの」の位置づけについては、思想的な影響関係があるだけに、違いを図式化できるほど単純ではないかもしれないが、今後も丁寧にほぐす共同作業をしていかないといけないのだろう。こうしたプロジェクトともうまく連携しながら、新しい知の構築に貢献できれば幸いである。

注

1 中国の『山海経』に関する英語圏の研究では、同書に登場する怪異な生きものが"strange creatures"と表現されている(Strassberg 2002)。

2 釜鳴については、佐々木聡「釜鳴と鳴釜神事——常ならざる音の受容史」(山中・山田編二〇一九、二六一—二六六)。

3 この部分は、日本比較文学会関西支部例会(二〇二二年四月一六日)において『この世のキワ——〈自然〉の内と外』の書評会を行った際の議論がおおいに参考になっている。書評をしてくださったエスカンド・ジェン氏はじめ、参加者に感謝する。

4 Uncanny 概念のさまざまな応用については次のような研究がある。Vidler, 1992. Royle, 2003; Masschelein, 2011; Bronstein and Seulin eds. 2019; Haensch et al. eds. 2019.

5 渡辺明正と三好郁朗による日本語訳『幻想文学——構造と機能』(朝日新聞社、一九七五年)、三好単独によるその改訳『幻想文学論序説』(東京創元社、一九九九年)では、l'étrange が「怪奇」と訳され、le merveilleux が「驚異」と訳されている。

6 «[...] il n'y a pas recouvrement parfait entre cet emploi du terme [par Freud] et le nôtre.»(Todorov 1970: 52; トドロフ 渡辺・三好訳、一九七五、七五)

7 Das Unheimlich は、フランス語では l' inquiétante étrangeté(怪しい不気味さ)として、フロイトの教え子であったMarie Bonaparte によって一九三三年に訳されている。この表現の方がむしろ l'étrange という単語だけよりも「怪異」の意味をよく捉えているのではないかと思われる。

8 二〇二四年度に二つの連動するプロジェクト(科学研究費基盤研究B「想像界の還流——境界領域における生態想像力の往還をめぐる比較文化史的研究」と国立民族学博物館共同研究「知的境界領域における生態想像力の往還」)を開始した。

9 Worster や Buell が、生態想像力（ecological imagination / environmental imagination）という用語をとなえた一九九〇年代以降、環境文学の研究はいわゆるネイチャー・ライティング（自然を主題とするノンフィクション文学作品）を対象としたものから学際的に発展し、多様化している (Buell 1995; Worster 1993)。特定の場所・環境や集団と結びついた自然観が対象とされることが多い。

参考文献

Atran, Scott. 1990. *Cognitive Foundations of Natural history: Towards an Anthropology of Science.* Cambridge: Cambridge University Press.

——. 2002. *In Gods We Trust: the Evolutionary Landscape of Religion.* Oxford: Oxford University Press.

Boyer, Pascal. 1994. *The Naturalness of Religious Ideas: Outline of a Cognitive Theory of Religion.* Los Angeles: University of California Press.

Bronstein, C., and C. Seulin, eds. 2019. *On Freud's "The Uncanny"* . London: Routledge.

Buell, Lawrence. 1995. *The Environmental Imagination: Thoreau, Nature Writing, and the Formation of American Culture.* Cambridge, Mass.: Harvard University Press.

Campany, Robert Ford. 2015. *A Garden of Marvels: Tales of Wonder from Early Medieval China.* Honolulu: University of Hawai'i Press.

Descola, Philippe. 2005. *Par-delà nature et culture.* Paris: Éditions Gallimard.［フィリップ・デスコラ 二〇一九『自然と文化を超えて』小林徹訳、水声社。］

Foster, Michael Dylan. 2009. *Pandemonium and Parade: Japanese Monsters and the Culture of Yōkai.* Berkeley: University of California Press.

Freud, Sigmund. 1919. “Das Unheimliche.” *Imago* 5/6: 297–324.

——. 2003.*The Uncanny.* Translated by David McLintock. Introduction by Hugh Haughton. Penguin Classics. London: Penguin Books.

Haensch, K. D., M. Planitzer, and L. Nelke, eds. 2019. *Uncanny Interfaces.* Hamburg: Textem Verlag.

Hirota, Ryuhei. 2019. “Traversing the Natural, Supernatural, and Paranormal: Yōkai in Postwar Japan.” *Japanese Journal of Religious Studies* 48 (2): 321–39.

Mithen, Steven. 1996. *The Prehistory of the Mind: a Search for the Origins of Art, Religion and Science*. London: Thames and Hudson［ミズン，スティーヴン 一九九八『心の先史時代』松浦俊輔・牧野美佐緒訳，青土社］.

Royle, Nicholas. 2003. *The Uncanny*. New York: Routledge.

Sperber, Dan. 1996. *Explaining Culture: A Naturalistic Approach.* Oxford: Blackwell.［ダン・スペルベル 二〇〇一『文化は感染する——文化への自然主義的アプローチ』菅野盾樹訳、新曜社］

Strassberg, Richard E. 2002. *A Chinese Bestiary: Strange Creatures from the Guideways through Mountains and Seas*. Berkeley: University of California Press.

Todorov, Tzvetan. 1970. *Introduction à la littérature fantastique*. Paris: Seuil.

———. 1973. *The Fantastic: A Structural Approach to a Literary Genre.* Translated by Richard Howard. Cleveland: Cornell University Press.［ツヴェタン・トドロフ一九七五『幻想文学——構造と機能』渡辺明正、三好郁朗訳、朝日新聞社；同上一九九九『幻想文学論序説』三好郁朗訳、東京創元社。］

Vidler, Anthony. 1992. *The Architectural Uncanny: Essays in the Modern Unhomely.* Cambridge, Mass.: MIT Press.

Worster, Donald. 1993. *The Wealth of Nature: Environmental History and the Ecological Imagination*. Oxford: Oxford University Press.

榎村寛之　二〇一九「怪異とは」山中由里子編・国立民族学博物館監修『驚異と怪異―想像界の生きものたち』河出書房新社、四頁。
小松和彦　二〇一九「比較妖怪学の可能性」山中由里子編・国立民族学博物館監修『驚異と怪異――想像界の生きものたち』河出書房新社、二三二－二三三頁
廣田龍平　二〇二二『妖怪の誕生――超自然と怪奇的自然の存在論的歴史人類学』青弓社
廣田龍平　二〇二三『「怪奇的で不思議なもの」の人類学』青土社
山中由里子　二〇二一「『心の進化』から驚異・怪異を捉える」『民博通信』一五六、二〇一七年。
山中由里子編　二〇一五『〈驚異〉の文化史――中東とヨーロッパを中心に』名古屋大学出版
山中由里子編・国立民族学博物館監修　二〇一九『驚異と怪異――想像界の生きものたち』河出書房新社
山中由里子・山田仁史編　二〇一九『この世のキワ――〈自然〉の内と外』勉誠出版

第Ⅱ部　コロンビア大学でのディスカッション

中国および日本の文学・文化における「超自然」を問う

ハルオ・シラネ（訳・廣田龍平）

このワークショップは、それぞれ日本および中国の文学・文化における超自然（幻想的なもの）の授業を担当しているハルオ・シラネとル・コー（寇陸）との会話から発展したものである。和漢の重要語を英語で表現するときの難しさや、「自然」から「超自然」にいたる、そして幽霊から神／霊、鬼にいたる幅広い領域を語るための言葉——「妖怪」も含む——のもつ意味合いを取り上げる。

ワークショップでは日本および北米から専門家が集い、これらの重要課題を議論した。

二〇二四年四月一九日（金）午後三時〜午後五時　コロンビア大学ハミルトンホール五一六教室

ル・コー　寇陸（コロンビア大学）「中国語の用語とその意味合い」
Lu Kou (Columbia U.), “Chinese Terms and Their Implications”
ハルオ・シラネ（コロンビア大学）「日本語の重要語を取り扱う」
Haruo Shirane (Columbia U.), “Handling Key Terms in Japanese”

マイケル・フォスター（カリフォルニア大学デービス校）「日本民俗学における厄介な用語」
Michael Foster (U. Cal. at Davis), "Thorny Terms in Japanese Folklore Studies"

アン・コモンズ（アルバータ大学）「日本的超自然の翻訳戦略」
Anne Ccmmons (U. Alberta), "Translation Strategies for the Japanese Supernatural"

安井眞奈美（国際日本文化研究センター）「妖怪データベース」「和漢におけるウブメの表象」
Manami Yasui (Nichibunken), "Yōkai Databases," "Sino-Japanese Implications of *Ubume*"

このワークショップは、オリエント・ファイナンス株式会社のドナルド・キーン日本文化センター基金、コロンビア大学東アジア言語文化学部、国際日本文化研究センターの協力により実現した。

中国語の用語とその意味合い——用語集付き

ル・コー（訳・廣田龍平）

ハルオ・シラネと私は、中日の文学伝統における超自然について以前から議論を重ねてきた。私たちは超自然に関して、授業であれ研究であれ、問題と懸念を共有していることに気づいた。たとえば、超自然に関係する言葉をどのように歴史的に理解するのか、英訳をとおして超自然の文化をどのように教えるのか、東アジアのことを論じるにあたって、近代的・現代的で西洋的でもある幻想や超自然の諸理論とどのように取り組み、向き合うか、といったことである。

本日、私は中国の中世前期(1)における超自然の用語にかかわる問題を少し照らし出してみたい。それに続いて質疑応答による議論に進みたい。

この時代——三世紀から七世紀まで——に焦点を当てる理由は、奇妙なもの・超自然的なものに関する〈志怪〉(2)（異常なことの報告）というジャンルが現れ、人気を博したためである。〈志怪〉は多種多様な題材に基づいた説話集で、たとえば伝説上の人物や仙人の伝記、幽霊や冥界、変化《へんげ》、超自然的な出来事、占い、珍奇な動植物・民族などの話が含まれている。それらはすべて、編者が特異・異常・奇妙だとみなしたものである。

魯迅などの学者は、〈志怪〉を中国におけるフィクションの先駆けと見なしたが、この論は徹底的に批判されている。むしろ多くの研究者が論じるように、〈志怪〉は中世前期における史書の伝統に連なるものだった。

たとえば『捜神記』の編者である干宝は、東晋史を編纂した歴史家でもあった。また、この〈志怪〉集に収められた多くの事項や説話は歴史的記録にも見られる。たとえば予兆に関する〈祥瑞志〉や五行に関する〈五行志〉などの〈志〉（伝記や論考）である。したがって、これらの〈志怪〉資料の編者たちは、無から話を作り出したり捏造したりしようとしたのではなく、実際に起きたと信じられた奇妙な話や、うわさ・伝聞として出回っていた話、確定的ではないのでとりあえず読者に判断を任せることにした話などを集めて伝えようとした。だから、〈志怪〉というジャンルや〈志怪〉集の出現は、新たなフィクション意識の誕生を意味するものではなく、むしろ、それまで口頭でしか流通せず、エリート社会の外側にあって散在し、周縁化されていた題材や物語に新たな言説空間が与えられたことを意味している。こうした話集の編者の多くは、〈志怪〉の作品を正当化するため、目に見えない異界的領域の機微を見きわめ、日常世界と超自然界との関係や、その関係を支配する法則を探ることは重要であると主張した。

こうしたことから、超自然に関する言葉は、史書に現れるという点と併せて読解すべきということになる。そうすれば異なる言説的文脈の意味論的なスペクトラムを捉えられるだろう。たとえば、〈志怪〉資料には〈妖怪〉〈妖物〉〈妖魅〉（人々を害する怪物、奇妙な生きもの）が多く見られる。特に〈五行志〉などの歴史的記録においては、歴史家たちは、〈気〉（エネルギー）が不均衡になり五行の流れが混乱したとき、奇妙な出来事を書き込んだことだろう。たとえば〈木〉が乱れると〈服妖〉（衣服の異常）が生じる。男性が女性服を着だしたり、新奇で道徳的に際どい服装やスタイルが流行したりするなどである。この場合、〈妖〉は存在者ではなく、規範からの逸脱や体系・秩序の乱れ、気の円滑な動きが阻害された結果としての現象ということになる。この点からは、

〈妖怪〉〈怪物〉がいかにして出現するのか〈自然界における諸元素の不均衡による規範からの逸脱〉、宇宙秩序が回復したときにどうやって消え失せるのかを説明することもできる。このような資料を併せて読解することで、言葉を歴史のなかに位置づけ、英訳だけでは分かりづらい概念の諸側面を見られるようになる。

次に、〈鬼〉〈幽霊〉という言葉に向かおう。超自然的物語が書き留められ、集められはじめたこの時代、人々は超自然的なものの実在について、さまざまな態度や認識を有していたことや、そうした物語が生者と死者との関係を劇的に描く傾向があったことをお見せしたい。

五世紀の〈志怪〉集である『幽明録』を例として取り上げる。この説話集には多種多様な幽霊譚が収められている。その多くでは、幽霊は死んでから戻ってきたものとして認識されている。幽霊は墓場の近くや荒れ地の宿屋、道中、屋内などによく出没する。どこかから出られないということはない。幽霊はしばしば醜悪で恐ろしく、毛だらけのように描かれる。しかしときには人間と見分けがつかないことがある。人間と勘違いされ、知的な議論をすることもある。叙述するうえで、幽霊の出没や消失に関する言葉がいくつかあって、特に可視性〈隠形〉や出没の原因〈乃去〉、さらに出没の予測不可能性〈忽見〉が重視されている。幽霊をよく目撃する人物が「百鬼を退治する」技を習得したという物語もある。幽霊を信じない人物の物語もある。このため、幽霊譚はしばしば幽霊の可視性や実在、出没や加害の原因に焦点を当てることになる。

幽霊の定義を言葉で言いつくそうとすることのジレンマを見事に描いている物語を一つ紹介したい。

阮瞻は［……］日ごろから幽霊は存在しないという主張を持っており、誰も彼を言い負かすことができなかったので、この理論は、幽明の道理を正しく説明できるものだと、つねづね自信を持っていた。あるとき一人の男が名を名乗り、瞻の家を訪問して来た。［……］やがて話は幽霊や神のことになり、大議論の応酬が始まった。そして客はとうとう言い負かされたと思うと、顔色を変えて言い出した。「幽霊とか神というものは、古今の聖賢がいずれも言われていることです。それをあなただけが、どうしてないとおっしゃるのか。このわたくしが幽霊なのですぞ」それから異形の姿に変じ、あっというまに消え失せた。(3)

人間と幽霊が出会い、幽霊の有無について討論する。幽霊が負け、人間が勝つ――つまり文章上は、そもそも幽霊などいないという主張が勝っている。幽霊は、自分の存在を認めさせるに足る言葉を持っていなかったので、身をもって証明するほかなかった。正体を明かしたのである。

この物語はとても興味深い瞬間を捉えていると思う。〈鬼〉の言説が、哲学的／弁証法的なところから説話的なところへと拡張しているのである。問いもまた、先例や論理、推論に基づく〈有〉〈無〉の議論から、劇的にすることをとおして〈幽〉（不可視）と〈明〉（可視）の関係を言い表すところへと変化している。

次いで、こうした〈志怪〉説話について私が最終的に論じたい部分、つまり信念に向かってみる。これは、私たちが仏教説話を読解するときにも多少関係している。中世前期、仏教が普及するにあたり、輪廻転生や業、地獄（purgatory）といった新しい観念は物語を必要としていた。布教して信者を獲得するためである。

こうした〈志怪〉の文章の社会的機能を記述するとき、ロバート・キャンパニーもスティーヴン・オーウェンも、現代のＵＦＯやバミューダトライアングルの物語をアナロジーに用いている。（ただ、こうしたアナロジーには気を付けるべきだ。私たちにとってＵＦＯは食事時の単なるエンタメでしかないだろうが、中世前期、仏教の霊験譚は人々の世界観や日々の行いに深刻な影響を及ぼしていた。）とはいえ、このアナロジーは、そうした物語が共同体間で伝えられるときに得る社会的なエネルギーを描き出すことができる。たとえば、私たちはおそらく誰もがバミューダトライアングルについて一つや二つは知っていることだろう。怪奇的な事故——飛行機の衝突、信号や磁場の干渉、人間が異世界へと消えていったり時間を移動したりするなどである。こうした世間話（anecdotes）はいずれも、さまざまに異なる経路や媒体をとおって私たちに伝えられる。物語は、人々の多種多様な信念体系に基づいて、信憑性があるものからありえないものまで、いろいろなものになることだろう。科学を信じているのなら時間旅行は不条理だが、磁場の干渉は受け入れられるかもしれない。たとえ科学を信じていても、超自然的なことが起きているという発想を楽しめないということにはならない。奇妙で「超自然的」な現象は、現在の水準では無理でも、いずれ科学的に説明できるかもしれない。中世でも同様である——人々の信念体系が仏教によって根底から変化していた時代、〈志怪〉の文章は、世間話や物語、風聞として流布し、異なる聴衆によってさまざまな度合いで信頼性が認識され、不可視の領域に関わるさまざまな可能性をもたらした。ここでも、フィクションかそうでないかは、適切な問いではない。それは信念と疑念とのグラデーションであり、両者の中間のスペクトラムである。〈志怪〉の文章は、日常世界と超自然界との何らかのつながりを措定して、それについて思いを巡らし、調べてみて、最終的には受け入れるように読者を誘うものなのである。

ここからは、私が中世中国の幻想物語を読んだり教えたりしたときに遭遇した用語をいくつか見ていく。言葉どうしで意味の重なり合いや流動性があるが、これは熟語（たとえば〈鬼怪〉〈鬼神〉〈妖怪〉など）や異種のジャンル・言説空間（たとえば説話と教学と史書）のときに顕著である。どの言葉も一連の概念や信念、慣例を顕わにするが、概念どうしの境界は穴だらけで、厳密に線引きするのが難しいこともある。（用語集の英語は、本書二七七頁を参照のこと）

怪　しばしば形容詞として用いられ、珍奇なものや希少なもの、特異なもの、おぞましいもの、幻想的なものを描写するときに使われる。孔子が怪（奇妙、異常）〈力〉（英雄的行為、強さ、腕力）、〈乱〉（無秩序、混乱）、〈神〉（超越的、異界的なもの）を語らないと言ったことはよく知られている。中世前期の中国で勃興した新しい「ジャンル」を〈志怪〉（奇妙なことの報告）と呼ぶが、「奇妙」は実に幅広い話題や話型を包括している（幽霊譚、変化譚、奇妙な生きものや土地、「夷狄」の民族誌的記述、仏教や道教の霊験譚など）。当時、〈志怪〉は史書の伝統に連なるものでもあった。

鬼　幽霊（ghost）、亡者（revenant）、精霊（spirit）、死霊（apparition）、魔物（demon）。中国の中世前期は、それ以前の時代よりも幽霊譚が多く、これについてロバート・キャンパニーが徹底した研究を進めている。ジャック・チェンも、幽霊が作ったとされる詩（たとえば〈子夜〉歌）や、「誰が作者なのか」を私たちが考えることの意味について論じている。この時代の幽霊譚はいくつかの主題に焦点を当てていた。たとえば可視性（幽霊は目に見えるか）、正体と信念（どうやって幽霊の存在を語れるのか、それが〈鬼物〉であると語れるのか。幽霊は実在するのか）、冥界の官僚制（官吏としての幽霊）などである。

神　神（god）、神格（deity）、神性（divinity）。〈神〉の意味するところは広く、天地間のありとあらゆる霊的存在を指す。天にましまし、自然に住まい隠れる神格や仙人たち、死者の精霊／霊魂の残存、人間の霊魂や霊的本質（〈形〉に対する）など。〈鬼神〉は、精霊や超自然的なもの全般を指す一般的な熟語である。

妖　女性の美しさを表すときに使うことができるが、道徳的な意味合いを持つことがある。つまり魅惑して虜にする存在のこと。中世の文章では、〈妖〉はしばしば異常現象や奇妙な予兆を表していた（〈人妖〉〈詩妖〉〈草妖〉など）。異常なことが起きるのは、宇宙の均衡や社会の秩序が崩れたからということである。『捜神記』を編纂した四世紀の歴史家である干宝は〈妖怪〉という熟語を用いたが、彼にとって〈妖怪〉は、内なる〈気〉（エネルギー）の乱れが表に出ることによる異常な変化を表すものだった。たとえば、頭部に角が生えたウマは〈妖怪〉だった。

魅　〈鬼魅〉はしばしば現れる熟語で、〈鬼怪〉の類義語である。〈鬼〉については道徳的な両義性があるが（復讐に燃えることもあれば、生者と会話する「人間」として現れることもある）、魅は悪いもの、有害なものとされることが多い。〈妖魅〉という熟語もあり、これは人々を害しうるほど極端に変わってしまった（または修行した）異常なもの／存在を指す。たとえば、修行によって人間に化けられるようになったキツネやヘビは〈妖魅〉である。〈魅〉は害悪をなす自然の精霊を指すこともある。たとえば〈山魅〉。

仙　超越者、不死者。道教では〈真人〉とも呼ばれる。〈羽人〉と言われることもある。〈仙〉は、適切な修行によって不死身になり、肉体やこの世の姿を脱したもの。ロバート・キャンパニーは、さまざまな共同体で共有されるカテゴリーとしての〈仙〉を描き出す、説得力のある個別研究を著わしている。

魂／魄　雲の魂（cloud-soul）と白の魂（white-soul）。〈魂〉は精神的で微細希薄な霊魂で、非物質的要素に関係する。〈魂〉は上昇するもので、〈陽〉の力を体現する。〈魄〉は肉体的・物質的な霊魂で、肉体に関係し、〈陰〉を体現する。〈魄〉が奇妙なものの物語に登場することは滅多にない。肉体を抜け出るのはいつだって〈魂〉のほうで、空中をさまよったり、夢のなかに現れたりする。

霊　これも幅広い意味を持つ。精霊（spirit）、霊魂（soul）、幽霊（ghost）、死霊（apparition）、神格（deity）。霊界の力が現れたものも意味する。〈巫〉ないしシャーマンを指すこともある。

仏教説話中の用語

地獄　地中の牢獄（earthly prison）。「蘇生」譚に見える。主人公があの世に赴き、地獄の責め苦を見学し、この世に戻ってきてそれらを話すというもの。

報　応報。因果。仏教徒は輪廻転生や業を信じており、前世で積んだ功徳が現世に〈報〉いるとしていた。

応験　確かめられたこと、確証。超自然界は人間界〈応〉と何らかのつながりを維持しており、そのつながりの実在は、目撃者の物語によって確かめられる〈験〉ということが重視される。読者を説得するための布教目的の物語によく見られる。

神人　仏陀（特に早期の物語において）。

日本の重要語を翻訳するにあたっての課題――用語集付き

ハルオ・シラネ（訳・廣田龍平）

重要語を翻訳し、定義することは、日本文学や日本文化に取り組む西洋の研究者にとって大きな課題である。指針を示すため、英訳付きの重要語集を作成した。ここでは、エミック（その時代、その文化の人々が使っていた言葉）とエティック（外部者、特に現代の研究者が使う術語）を区別する。たとえば〈異界〉〈他界〉〈妖怪〉などは現代日本の術語であって、前近代あるいは近世の現象を指すために使われている。これらの言葉は特定の状況下で用いられ、時代や共同体によって変化する。特定のジャンル（たとえば〈和歌〉〈物語〉〈説話〉など）や特定の言説（特に重要なのは平安時代・中世に支配的だった仏教言説）の文脈に存在することもある。ジャンルや言説に応じて意味が変わることもある。多くの重要語――たとえば〈鬼〉など――は、複数の言説が合流したところに存する。そうした重要語の大半――〈神〉〈鬼〉〈幽霊〉など――はきわめて弾力的で重なり合っている。文脈を見ること抜きには、それらを捉えることはおおよそ困難であろう。

英語圏の人々に向けて英語で書いている研究者として、私たちはエティックな視点を採用するしかない。そこには、英語という言語や西洋近代的な観点の文化的背景や偏見が伴う。しかし同時に、私たちはエミック――特に、英語に直訳できない非西洋的で前近代的な観点、語彙、連合関係――を表に引き出そうともしている。たとえば英語の nature は、現代日本語では「自然」と訳されるが（これ自体が英語からの近代的な翻訳である）、前近代日本の文献に見られる非人間的な諸世界とはほとんど似ていない。「超自然」(supernatural) も使えない。この言葉は「自然」を超越するものを意味するが、私たちが「超自然」と見なすものの大半は「自然」のなかにあって、その上位に位置するわけではないからである。このような課題は、東アジアを研究する前近代の専門家にとって特に重要である。というのも、二重のギャップ――前近代／近代、前近代日本の世界／現代英語の世界があるからである。

本日のワークショップでは、このような課題の一部に、三角測量的に取り組んでみたい。それは① 前近代中国の用語／概念、② 前近代日本の重要な用語（中国語の翻訳だったり影響を受けていたりする）、③ 問題含みかもしれないが、うまく定義して文脈に位置づければ、ある程度の指針になるかもしれない現代英語――この三つを見ていくことである。

この用語集は、北米の学部生向けに英語で幻想文学を講義する授業において繰り返し登場する重要語に基づいて作成した。まず前近代日本の単語、次いで類義語（場合によっては中国語の先例）、そして多種多様な英訳を配置した。この英訳は① 直訳、② 説明的翻訳、③ 文化的・詩的に同等な語を含む。翻訳のさまざまな類型については、以下のアン・コモンズによるコメントを参照のこと。前近代の日本語では、状況はさらに複雑なものになる。というのも、いろいろと異なる漢字や平仮名、片仮名が用いられているからである。また言葉によっては、世俗的な状況と仏教語（カタカナで書かれることが多い）で意味合いが異なることもある。（用語集の英語は、本書二七四頁を参照のこと）

ジャンル

説話（世間話 anecdote）と物語（「話 tale」「ロマンス romance」「小説 novel」「フィクション fiction」）。八～一五世紀の日本における大手ジャンルの〈説話〉は事実であることを重視しており、短くまとまっている。中世中国の研究者は、唐以前の〈志怪〉を「物語」（story）や「話」ではなく「世間話」としているが、これは、語り手が本当にあったこととして語っているからである。同じことは日本の〈説話〉にも言える。

伝説（伝説 legend）。歴史的根拠があり、土地に根付いているもの。近代以降の術語。

民話（「民話 folktale」「民間伝説 folk legend」）。〈民話〉または〈昔話〉は一般的に「民話」と訳されるが、リチャード・ドーソンは「民間伝説」を使っている。というのも、日本民話の多くは、歴史的時代や土地に基づいていたり、民話「食わず女房」が端午の節句で菖蒲やよもぎを軒先に吊るす風習とつながっているように、儀礼と結びついていたりする傾向にあるからである。

寺社縁起（寺院や神社の起源についての伝説）。〈寺社縁起〉に見られる奇跡（〈霊験〉）や奇妙な出来事は、本当にあったことと信じられている。ヨーロッパの聖人伝説に比せられる。

御伽草子（字義的には、付き添うための本）。「〈室町〉の物語（tales, fiction）」。さまざまな超自然的登場人物が現れるこれらの話は、実際には〈物語〉〈説話〉〈寺社縁起〉（寺院や神社の創建についての説話）が入り混じったものである。

精霊、神々、魔物

幽霊。「幽霊」、「さまよう霊」、「安らぐことのない霊」、「迷える霊魂」、「遊離した霊魂」、「邪霊」（specter）、「亡霊」（phantom）、「死霊」。〈幽霊〉は、室町時代（一五世紀）まではあまり使われていなかった。この時期、能楽において、この世に留まっていたり、〈成仏〉を求めたりする死者の霊を意味するものとして頻繁に用いられるようになった。「亡者」（revenant）は適切ではないだろう。死体の蘇生を含意するからである。

〈もののけ〉（〈物の気〉〈物の怪〉）（〈モノ〉の〈ケ〉、悪意ある力）。①（平安時代以降）病気や体調不良を引き起こす精霊で、通常は怨念や憤怒などによるもの（たとえば〈死霊〉〈生霊〉など）。一〇世紀までは政治的で公的な対象だった〈怨霊〉と類似する。

霊《たま》／魂《たま》、たましひ（spirit, soul）。身体を抜け出てさまよい、夢のなかに現れることがある。現代語は〈霊魂〉。歴史的には、中国の〈魂／魄〉（「雲の魂と白の魂」）の概念に関係する。能楽では、〈魂《こん》〉は（六道から浄土へと）移動するが、〈魄《はく》〉は地に留まる。〈たま〉にはいくつかの側面があり、古代以来、〈和御魂〉（安らかで敬われる精霊）と〈荒御魂〉（粗野で敬われる精霊）が区別されている。

生霊、生き魂《すだま》「恨みを持つ生者の霊」（身体から抜け出る）。

死霊「恨みを持つ死者の霊」。

精、精霊《せいれい・しょうりょう》。①事物や植物、樹木、道具（〈付喪神〉）の精霊。人間の死者や祖先の精霊も含む（たとえば、お盆に戻ってくるもの）。②生命力。

神、カミ（「超人的存在」「高位の精霊」「神性」「神」「低位の神格」「一族の神格」「神社の神」）。多種多様な〈神〉

が存在し、人間も動植物も山岳も〈神〉になることができる。①日本神話において人格化された〈神〉。②神社に祀られている〈神〉。③〈山の神〉のように行き来する〈神〉。④草木や動物に存する低位の〈神〉（狐の神〈稲荷〉など）。⑤生きている〈神〉としての天皇。⑥祖先、一族の神格、あるいは〈先祖〉（崇敬されるもの）。⑦〈かみなり〉（稲妻、雷）。

付喪神（「道具の邪霊」「変容した物品」）。捨てられた器物や楽器、仏具、衣服、武具などの精霊で、破棄されてから百年経つと生じる。中世、一五〜一六世紀以降。

鬼《おに・き》（「神霊」(daemon)「魔物」「鬼」(ogre)「悪魔」「死者の霊」「疫病神」）。〈鬼〉は〈神〉と同じくらい範囲が広く多様である。一般的には男。〈鬼〉は必ずしも悪性ではなく、祀られて〈神〉になることもある（小松和彦の議論）。しばしば隠れていたり目に見えなかったりする（ある辞書は「隠」という漢字をあてる）。主要な種類の〈鬼〉として、①「幽霊」「死者の霊」（中国語での意味）。②「目に見えないもの」。③「超人的な悪性の存在」。仏教に関するものとしては、①〈餓鬼〉（飢えた幽霊）。②人々や仏を害する敵（〈夜叉〉、梵語ヤクシャ yakṣa）。③仏や人々を守護する〈鬼神〉（魔神 demon-gods）。④閻魔王を補佐する「地獄の官吏」（〈獄卒〉）。〈牛頭馬頭〉などがいる。⑤陰陽道（陰陽の信仰）では、〈鬼〉は〈厄神〉（疫病の神）であり、疫病をもたらす。〈追儺〉（魔物を追い払う）や〈節分〉などの年中行事では〈鬼〉が追放される。

鬼神《きじん・きしん・おにがみ》（「魔神」「魔物」）。①（仏教）超人的な魔神で、仏法を守護する。あるいは、超人的な魔神で、仏法を害する。②恐るべき力を持つ魔神。『古今集』仮名序は、「鬼神」は目に見えないと述べている。

山姥《やまうば・やまんば》（「山の鬼」「山の老女」「山の魔女」）。一般的には年老いているが、若い姿のこともある。〈鬼〉の女性版と見なされることがある。人々を守ることもあれば、害することもある。

変化《へんげ》。①〈神〉や仏尊の一時的な示現、あるいはその〈神〉／仏尊。②動物などの人間以外のものが変身すること、あるいは変身した存在。③変身するもの。動詞として「変化する（change）、変身する（transform）、変容する（metamorphosize）」。

変身（「変容」「変身」）。たとえば、（〈本地垂迹〉において）仏が〈神〉として現れる。

化生《けしょう》（「突然の出生」）。①（仏教）突然の出生（母体や卵からの出生ではなく）。②神仏が姿を変えて現世に現れること。③変身した身体、〈変化《へんげ》〉。〈四生《ししょう》〉の一つ。⑴胎生、⑵卵生、⑶湿生、⑷化生。無から生まれること（木場貴俊『怪異をつくる』（二〇二〇、文学通信、一五七～八頁参照）。

化物（変化した存在）。①もとの状態から変化しているもの。もとの状態を隠しているもの。②奇妙で不思議な存在。①の例としてはキツネ、タヌキ、テングなど。

奇妙な体験

怪異（「超自然的」「奇妙な」「不思議な」「超常的な」「異常な」「尋常ならざる」（extraordinary）現象や体験）。「不気味なもの」（フロイト）や「幻想的なもの」（トドロフ）では不十分。（六朝時代までの）基礎的なジャンル〈志怪〉は、しばしば「奇妙なことの報告」と訳される。前近代の日本では、「異常なこと」が起きるのは、宇宙の均衡や社会秩序が崩れるからだった。それらは〈前兆〉や警告、あるいは天罰と考えられていた。ロバート・キャンパニーは、干宝（三三五～三四九年）の『捜神記』などの広範な文献を描写するにあたって「異常なことの報告」や「異常性の記録」という語を用いている。

妖怪 ①（中国語由来）名詞。不可解で不思議な力をもつ、奇妙な姿のもの。『下学集』、『太平記』。②形容詞。奇妙な、不思議な、異常な。現在では、この言葉は大衆文化でずっと広い意味で使われている。マイケル・フォスターは「怪物、精霊、妖鬼（goblin）、幽霊、魔物、亡霊、邪霊、幻想的存在、低位の神格、あるいはつかみどころのない「あらゆる説明不可能な体験」や「神秘的なこと」（numinous occurrence）」とする（『日本妖怪考』（廣田龍平訳）森話社、二〇一七、二〇頁）。

霊験（「不思議な出来事」「奇跡」「神的応答」）。①（仏教）〈神〉や仏の奇跡的な力の証拠や現れ。特に、人間の所業に応じたもの。〈利益《りやく》〉や〈感応《かんおう》〉（人間の信仰に対する〈神〉や仏の応答）といった言葉に近い。

〈異界〉（「他の諸世界」）と〈他界〉

蓬莱、**常世**（永続する土地）、**黄泉**（死者の土地）、**竜宮**（竜王の宮殿、〈竜宮城〉）、**海神宮**《わたつみのみや》（海神の宮殿）。仏教の文脈では、来世（未来の／次の世界）、〈地獄〉（「煉獄」「地獄」「大地の牢獄」）、〈畜生道〉（動物の領域）、〈阿修羅道〉などの六道（Six Realms）、そして浄土（Pure Land）。仏教の重要概念としては、ほかに冥界《みょうかい》（仏教）（死者の霊、神々、仏などの）「見えざる」世界と、それに対する顕界《げんかい》（「見える世界、この世」）。〈海〉〈島〉〈山〉〈森〉もしばしば異界として機能する。〈神〉や竜蛇の住まうところなのである。近現代では、「他の諸世界」は一般的に異界と呼ばれる。

西洋近代の「動物」概念は、東アジアの、特に前近代に見られるものとは非常に異なっている。いくつかの重要語として：

畜生（動物、けだもの）。（文字通りには「家畜化された生命」）。①（仏教）〈十界〉または〈六道〉の一つ。前世の罪により、家畜として生まれ変わる領域。鳥獣、魚類、昆虫、さらに蛇や「竜」（dragon）も入る。中世においては〈人倫〉（「人間」）に対置された。②〈畜生道〉（けだものの領域）に同じ。③蔑称。前近代中国では、動物を指す言葉は〈物〉から〈獣〉（四肢のある哺乳類）、禽（鳥）、畜（「けだもの」）までいろいろあった。前近代の和漢辞書における重要なカテゴリーは〈生類《しょうるい》〉で、生きものや動物（植物、鳥類など）を表し、〈人倫〉（人間）に対置される。

狐狸　①「キツネとタヌキ」。②不思議なキツネ、不思議なタヌキ。

儀礼と行事

まつり（「祭礼」（festival）「〈神〉への奉祝」「〈神〉への奉納」）。「祭礼」には「祝う」という肯定的な意味合いがあるが、〈まつり〉の語源は〈まつる〉「高位のもの（〈神〉）に何かを捧げる」である。

年中行事（「年間の行事」）。

ワークショップでの発表と討論のまとめ

ハルオ・シラネ（訳・廣田龍平）

簡単な発表

ル・コーのコメント。〈妖〉は女性の美しさを表すときに使うことができるが、道徳的な意味合いを持つことがある。つまり魅惑して虜にする存在のこと。中世の文章では、〈妖〉はしばしば異常現象や奇妙な予兆を表していた（〈人妖〉〈詩妖〉〈草妖〉など）。異常なことが起きるのは、宇宙の均衡や社会の秩序が崩れたからということである。『捜神記』を編纂した四世紀の歴史家である干宝は〈妖怪〉という熟語を用いていたが、彼にとって〈妖怪〉は、内なる〈気〉（エネルギー）の乱れが表に出ることによる異常な変化を表すものだった。たとえば、頭部に角が生えたウマは〈妖怪〉だった。

アン・コモンズは、（重要語の）翻訳を四つの類型に分類した。第一は、音の単純な転写である。日本語の〈妖怪〉をyokaiにする。翻訳の労は取らず、むしろ「スモー」や「スシ」、「ヤキトリ」、「トーフ」のように、英語の語彙にそのまま入り込むことが期待される。第二は、意味的に同等の語を求めるものである（「妖怪」＝「怪物、妖鬼など」）。第三は文化的並行性で、文化的に対応するものを利用する。これにより、フォスターは〈ろくろ首〉を「滑車」（pulley）と訳している。「滑車」は〈ろくろ〉ではないが、〈ろくろ首〉の動きをなぞってはいる。第四は説明しながら翻訳することである。ほかにも脚注を使う方法があるが、一般読者にとって満足のいくやり方ではない。

マイケル・ディラン・フォスターは、まず翻訳の一般論について短く見解を述べた。そして、言葉の意味は歴史的文脈によって必然的に変化すると指摘し、当の用語が二次的な文献に見られるのか一次史料に見られるのかを念頭に置くべきであると述べた。私たちは日英の双方で、エミックとエティックの用語法の区別に注意を払うべきである。加えて、〈妖怪〉などの言葉の意味は急速に変化することもある――ほんの三〇年前の学術的用法や大衆的用法であっても、今の意味と同じではないかもしれない。これらの点を踏まえて、日本語を英語に翻訳したり英語で論じたりするときは、適切な文脈と用法の説明を提示して、読者が分かりやすいようにしなければならない。歴史の変化や文脈の違いがあるので、翻訳の一貫性に固執しないほうがよい――同じ言葉であっても、違う文脈では違うように翻訳したほうが「正確」になることもある。資料となる文章の歴史的文脈に注意しつつも、読者の背景や立ち位置を考慮するべきである［などとフォスターは論じた］。フォスターは最後に、民俗学や民間説話のジャンル、祭礼、儀礼、行事に関する言葉のリスト（および訳語候補）を紹介した。

安井眞奈美は、これまでの研究をもとに、「和漢におけるウブメの表象」という発表を用意していたが、当日はこれを変更し、日文研の妖怪データベースの概要と意義について紹介した。今回の〈妖怪〉や〈怪異〉の翻訳に関する議論を踏まえて、日文研の怪異・妖怪伝承データベースと怪異・妖怪画像データベースに英語の解説を新たに付して海外へ発信したい、と考えたからである。妖怪に関する二つのデータベースのタイトル、妖怪データベースの検索、利用の仕方、日本での妖怪、怪異の先行研究などを紹介し、議論したい点を提示した。

質疑応答　主要な課題とコメント

大きな課題となったのが分類と命名であった。セリーナ・ワンは、これらの現象はどのように命名され分類されているのかと質問した。マイケル・フォスターは、『和漢三才図会』では〈狐〉が生物学的動物と百年を経て〈変身〉能力を得る動物の両方として記述されていることを述べた。別の学生は命名について質問した。マイケル・フォスターは、新しい妖怪を命名する事例を紹介した。それは安井眞奈美が一〇年前に発表したもので、授業中に学生たちが妖怪を創作するという内容だった。そのうちの一体は「ヒトマ」である。車内が満員状態であるにもかかわらず、なぜか誰も座らない席が一つあるという、よくある光景を命名したものである。この〈妖怪〉の名称「ヒトマ」は、文字通り「一つの間」という意味にもとれるが、別の漢字で書けば人間〈ひと〉と魔物〈ま〉にもなりうる。この命名が新たな〈妖怪〉を創り出したわけだ。フォスターは満員電車で空席を見るたびにこの〈妖怪〉を思い出すと語った。

他に上がった論点は、収集と分類が世界に構造と秩序をもたらすというものだった。一番こわいのは、知らないものである――何に属するか分からないものがこわい。ある参加者は、「命名」は制御するための手段であると述べた。

マイケル・コモ（日本宗教の教授）は、英語の extraordinary（尋常ならざる、法外な）を使うことを提案した。この言葉は「異常性」や「異常な」などの言葉よりも「驚き」や「畏怖」の意味合いが強い。マイケルはさらに、診断することが超自然にとって重要であると述べた。その代表例が占いで、これは予兆が何を意味するのか、何に由来するのかを探るプロセスのことである。診断とは、さまざまな試験を行なって、「病気」の原因を探るプロセスのことである。診断ができるのは、「症状」（予兆）が前例のチャートに基づいて解釈されるからであり、したがって予兆は先行する異常性（「慣例的な異常性」）の基準に沿うかたちで解釈されるわけである。

討論で挙がった別の大きな論点は「関係性」の概念であった。人間と動物、人間と幽霊、人間と神々……といったつながりは偶然に生まれたものではなく、ある関係性に基づいている。それは壊れることもあれば侵害されることもある。関係性を維持する必要もある。こうした関係性はつねに互酬性に関するものであり、したがって「双方向」的である。そこで浮上してくるのが〈報恩〉の概念である。

イェ・ユアンはジェンダーについて質問した。具体的には〈妖怪〉の現象のなかにジェンダーの「越境」、一方の性から他方の性への変換、あるいは両性具有は存在するのか。安井眞奈美は、ある種の〈妖怪〉――たとえば〈ウブメ〉や〈二口女〉――には決まった性的同一性があるが、キツネは男女どちらにも化けることを指摘した。フォスターは、タヌキは巨大な睾丸のオスだが、女性に変身することができると指摘した。

このワークショップのもう一つの大きな論点は、商偉（明清文学の教授）が指摘したことで、翻訳の一貫性がつねに重要であるとは限らず、むしろ流動性こそが重要語の翻訳にあたって鍵となるというものであった。唯一の「正しい」翻訳などというものはない。同じくらい重要なのは、ある言語／文化に翻訳できない部分こそが、元言語／概念を理解するにあたって鍵になるということである。

マイケル・フォスターが提起した重要課題の一つは、歴史性と物語ジャンルの問題である。〈伝説〉（legend と翻訳される）には、真理という観念が存在する（エリオット・オリング）か、少なくともその真理や可能性が問われたり主題化されたりする。それに対して〈昔話〉（folktale と翻訳される）は、過去に関することの多い枠組み

（たとえば「むかしむかし」や〈昔話〉）と「めでたしめでたし」などの結句によって示される、漠然とした虚構空間に位置づけられる。(i)

メリッサ・リー（博士課程の学生）は、〈志怪〉集のタイトルに〈記〉と〈録〉が見られることについて質問した。ル・コーは、どちらも収められた物語の歴史性や事実性を示すものであると答えた。商偉は、唐代になるとこの点に変化がみられると付け加えた。

原注

i　Oring, Elliott. "Folk Narratives." *Folk Groups and Folklore Genres: An Introduction*, edited by Elliott Oring, 121-46. University Press of Colorado, 1986 を参照

訳注

1　魏晋南北朝から隋の時代まで。

2　原文に和漢語が埋め込まれているものと、音の転写がされているだけのものは、書名と人名を除き、〈〉に括った。

3　『捜神記』竹田晃訳（平凡社、二〇〇〇年）、四六〇頁。

日文研・妖怪プロジェクト室　活動記録一覧（二〇二三年度〜二〇二四年度）

■国際研究集会記録（二〇二三〜二〇二四年度）

二〇二三年度日中妖怪研究シンポジウム（二〇二三年一二月三日、日文研・オンライン）

主催　国際日本文化研究センター

開会挨拶　劉暁峰

趣旨説明　安井眞奈美「日中妖怪研究シンポジウムと日文研の妖怪研究」

【基調講演】小松和彦「日本の妖怪の特殊事情」

【報告】

阿地里・居玛吐尔地「英雄叙事詩「マナス」の神と鬼怪」

陳崗龍「モンゴル妖魔モングスのイメージ変遷」

大塚英志「北京の都市伝説研究――ウサギマークと終電で帰宅する幽霊たち」

【質疑応答】司会　安井眞奈美

コメント　陸薇薇、佐々木聡、近藤瑞木、蘇篠

【全体討論】
閉会挨拶　小松和彦
同時通訳　沈丁心、丁曼
総合司会　安井眞奈美

二〇二三年度日中妖怪研究シンポジウム「日中異界想像の歴史比較研究」国際討論会
（二〇二三年一一月一一日・一二日、清華大学・オンライン）
主催　国際日本文化研究センター、清華大学
一一月一一日
開会挨拶　馬銀琴
趣旨説明　安井眞奈美
司会　劉暁峰
【第一部】「若手研究者の発表」
司会　山本忠宏
蘇篠「二一世紀の中国社会における妖怪文化」
宋丹丹「日中の怪異と岩石伝説」
姜姗「妖怪イメージから見るお灸の民俗」

徐夢周「『玉藻前』から見る日本文化の多元性」
閉会挨拶　安井眞奈美
【全体討論】
一一月一二日
【第二部】「日中妖怪研究の最前線」
司会　王鑫
王青「真怪を論ず——井上円了の仏教哲学の構築」
山本忠宏「妖怪絵巻におけるまんが訳——『稲生物怪録』の事例から」
劉宗迪「早期中国における妖怪の概念」
畢雪飛「対抗と「順撫」——中日「宝化物」の同源異流」
司会　王青
劉暁峰「怪異と境い——唐伝奇における異次元の境界」
安井眞奈美「日中における妖怪の表現——産女と天狗を中心に」
黄景春「Richard von Glahn の『左道』の研究針路」
大塚英志「岡田健文——柳田國男と敗戦を予知した「世間師」」
閉会の挨拶　劉暁峰、安井眞奈美
同時通訳　沈丁心、丁曼

国際シンポジウム「グローバル・コンテクストにおける妖怪の理論化と歴史化　Theorizing and Historicizing *Yōkai* in Global Context」（二〇二三年一二月一六日、オンライン・日文研）
主催　国際日本文化研究センター
【問題提起】「妖怪」を定義・理論化し、比較する
ハルオ・シラネ
【ディスカッション】「妖怪」の理論化と歴史化
山中由里子、木場貴俊、廣田龍平、大塚英志、マイケル・ディラン・フォスター、金容儀、小松和彦、安井眞奈美

コロンビア大学ドナルド・キーンセンター　二〇二四年四月一八日
【講演】Manami Yasui “Visualizing Fetus in Early Modern Japan”
安井眞奈美「近世日本における胎児の視覚化」

コロンビア大学東アジア言語文化学部／ドナルド・キーンセンター共催ワークショップ
Questioning the “Supernatural” in Chinese and Japanese Literature/Culture
「中国と日本の文学／文化における〝超自然〟を問う」二〇二四年四月一九日

コロンビア大学ドナルド・キーンセンター、同大学ハミルトン・ホール

【報告】（本書二三七頁に掲載）

Lu Kou (Columbia U.), "Chinese Terms and Their Implications"

ル・コー「中国語の用語とその意味合い」

Haruo Shirane (Columbia U.), "Handling Key Terms in Japanese"

ハルオ・シラネ「日本語の重要語を取り扱う」

Michael Foster (U. Cal. at Davis), "Thorny Terms in Japanese Folklore Studies"

マイケル・フォスター「日本民俗学における厄介な用語」

Anne Commons (U. Alberta), "Translation Strategies for the Japanese Supernatural"

アン・コモンズ「日本的超自然の翻訳戦略」

Manami Yasui (Nichibunken), "Yōkai Dtabases," "Sino-Japanese Implications of Ubume"

安井眞奈美「和漢におけるウブメの表象」「妖怪データベース」

二〇二四年度日中妖怪研究シンポジウム「東アジアにおける自然観と霊魂観——妖怪を核にして」（二〇二四年一〇月一八日・一九日、日文研・オンライン）

主催　国際日本文化研究センター

挨拶　井上章一、葉涛

趣旨説明　安井眞奈美
一〇月一八日
【午後の部一】「若手研究者の発表」司会　宋丹丹
蘇篠「テキストからゲームへ――中国における姑獲鳥のイメージの変遷」
コメント　マーティン・ロート
田部井隼人「日本近代社会における霊魂の合理化――日露戦争期の「虫の知らせ」を中心に」
コメント　陳玲玲
劉雪瑽「「守護神」から異域のイメージへ――日本における長臂人・長脚人のイメージの変容」
コメント　荒木浩
李江龍「現代における鬼イメージの創造――中国の「豊都鬼城」を事例に」
コメント　黄景春
【午後の部二】司会　馬雲雷
朴美暻「九〇年代以後の映画における日韓の女性幽霊の変化」
コメント　木場貴俊
佐藤＝ロスベアグ・ナナ「翻訳学の視点から東アジアの文化を考える」
【総合討論】ハルオ・シラネ
総合司会　安井眞奈美

一〇月一九日

【特別講演】小松和彦「日本の自然観・霊魂観を映す鏡としての妖怪」

【午後の部一】司会　王鑫

劉宗迪「山川と怪異——中国古代妖怪観について」

劉暁峰「妖怪の力はどこから来たのか——中国古代の自然観との関わりより」

香川雅信「「山有邪神、郊有姦鬼」——日本的「自然」と妖怪の発生」

【午後の部二】司会　姜姍

袁朝暉「動物と宗教——現代中国民間信仰における新しい課題」

畢雪飛「文字から画像へ——東アジアの器物妖怪の「語り」世界」

【総合討論】佐々木聡

閉会の挨拶　山田奨治、劉暁峰

同時通訳　丁曼、王妍

総合司会　安井眞奈美

■妖怪データベースに関する発表

安井眞奈美

「妖怪データベースの活用とこれから」

韓国高麗大学文科大学・国際日本文化研究センター国際学術シンポジウム（二〇二四年二月五日、高麗大学文科大学）

「妖怪データベース」"Yōkai Dtabases,"

コロンビア大学東アジア言語文化学部／ドナルド・キーンセンター共催ワークショップ（二〇二四年四月一九日）

（国際研究集会欄参照）

山田奨治

「デジタル人文学のアポリア――人文知と情報知のはざまで」

デジタル・ヒューマニティーズに関する国際会議　人文知と情報知の接合――デジタル・ヒューマニティーズの可能性と課題（二〇二四年七月二八日、国際日本文化研究センター）

Release of Nichibunken Digital Archive and Advanced Use of Databases using AI Techno.ogy"

The 34th EAJRS Conference, Japanese Resources in the Age of Digital Connectivity and Artificial Intelligence（二〇二四年九月一一日、Sofia University "St. Kliment Ohridski"）

「怪異・妖怪伝承データベースにおける類似事例検索へのＡＩ技術の適用」

東アジア日本研究者協議会第八回国際学術大会（二〇二四年一一月九日、淡江大学淡水キャンパス）

■妖怪データベースの更新

怪異・妖怪伝承データベース

公開データの表記統一、現代地名への変換、未公表カードの追加作業（継続中）

怪異・妖怪画像データベース

特徴リストの見直し、所蔵資料の追加作業（継続中）

■新規資料収集

『事実証談』『怪獣魁陰之図』

■展示

カリフォルニア大学サンフランシスコ校カルマノビッツ図書館展示 Maternal Health and Images of the Body in Japanese Ukiyo-e（浮世絵に見る妊産婦と胎児の身体イメージ）

（会期　二〇二三年一一月一日～二〇二四年一二月、オンライン・ミュージアムは二〇二四年一月三一日～）

https://www.nichibun.ac.jp/online/ucsf_maternal_health/

主催　カリフォルニア大学サンフランシスコ校、国際日本文化研究センター

展示プロジェクト代表・総括　安井眞奈美

East Asia, particularly in premodern period. Some key terms are:

chikushō 畜生 (animals, beasts). (literally means "domesticated life") 1. (Buddhist) one of the Ten Realms (Jikkai) or Six Realms (Rokudō), a realm in which one is reborn as a domesticated animal for previous sins. Includes birds, animals, fish, insects, as well as snakes and "dragon." In medieval period, set in opposition to the way of jinrin 人倫 (humans). 2. Same as chikushōdō 畜生道 (Realm of Beasts). 3. Derogatory word. In premodern China a range of terms existed for animals, from wu 物 (mono), shou 獣 (kedamono, mammal with four feet), qin 禽 (kin, tori, bird), chong 畜 (chiku "beast"). A key premodern Japanese (Chinese) dictionary category is **shōrui** 生類 , living things, animals (plants, birds, etc.), as opposed to **jinrin** 人倫 (humans).

Kori 狐狸 1. "fox and wild racoon." 2. Mysterious fox, mysterious wild racoon.

Rituals and observances

Matsuri まつり ("Festival," "celebration of kami," "kami offering") The term "festival" has a positive meaning of being "festive," but the etymological root of matsuri is matsuru, or "to offer something up to something higher" (a kami)

Nenjū gyōji 年中行事 ("Annual observance")

Strange Experience

kaii 怪異 ("supernatural," "strange," "mysterious," "supernormal," "anomalous," "extraordinary" phenomenon or experience. Less satisfactory English terms are "uncanny" (Freud) and "fantastic" (Todorov). Zhiguai (J. shikai) 志怪, a foundational genre (up through Six Dynasties), is often translated as "accounts of the strange." In premodern Japan, "anomalies" occur because of cosmic unbalance or societal disorder, which were considered omens (zenchō 前兆), warnings, or punishment. Robert Campany uses the term "anomaly accounts" or "record of anomalies" to describe a wide range of texts such ass *Soushenji* 捜神記 (J. Sosenji) by Gan Bao (ca. 335-349).

yōkai 妖怪. 1. (Chinese derived) (n.) Something of strange appearance with unknowable or mysterious powers. 下學集、太平記. 2. (adj.) strange, mysterious, abnormal. Today the term is used more broadly in popular culture, Michael Foster gives "monster, spirit, goblin, ghost, demon, phantom, specter, fantastic being, lower-order deity, or, more amorphously, as any unexplainable experience or numinous occurrence" (*Pandemonium and Parade*, p. 2.).

reigen 霊験 ("mysterious occurrence," "miracle," "divine response"). 1. (Buddhist) evidence or appearance of the miraculous power of a kami or buddhas, especially in response to human action. Close in meaning to the terms **riyaku** 利益 (benefit) and **kan'ō** 感応, the response of kami and buddhas to human faith.

Other Worlds (ikai 異界, "other worlds) and Afterlife (takai)

Hōrai 蓬莱 (Peng-lai), **tokoyo** 常世 (everlasting land), **yomi** 黄泉 (land of the dead), ryūgū 竜宮 (dragon king's palace, or ryūgūjō 竜宮城), watatsumi no miya 海神宮 (palace of the sea god) . In the Buddhist context, raisei 来世 (future/next world), **Jigoku** 地獄 ("purgatory," hell," "earthly prison"), chikushōdō (Realm of Animals), Ashuradō, and the other Six Realms as well as the Pure Land Another key Buddhist concept is **myōkai** 冥界 (Buddhist) "invisible" world (of spirits of the dead, gods, buddhas, etc.) versus **genkai** 顕界 ("visible world, this world"). "Sea" (umi), "island" (shima), "mountain" (yama) and "forest" (mori) often function as the other world; this is where kami, serpents, and dragons dwell. In the modern period, these "other worlds" are generally referred to as ikai 異界.
The modern western notion of "animal" is very different from that found in

Usually male. Oni is not necessarily evil and can become a kami if worshipped (as Komatsu Kazuhiko argues). Often hidden or invisible (one dictionary uses the graph 隠, "to hide"). Major types of oni include: 1) "ghost," "spirit of the dead" (Chinese meaning), 2) "invisible being," and 3) "superhuman evil being." Buddhist associations include: 1) "hungry ghosts" (*gaki* 餓鬼), 2) "fiends" (*yasha* 夜叉 , Skt. yakusa) who harm people and buddhas, 3) "demon-gods" (*kijin* 鬼神) that protect the buddha and people, 4) "hell wardens" (*gokusotsu* 獄卒) who assist King Enma and who have ox or horse heads (gozumezu 牛頭馬頭). In onmyōdō (Yin-Yang Belief), oni is a plague god (*yakujin* 厄神), that brings plague. In annual observances such as tsuina 追儺 , "driving out the demon," or setsubun, the oni is chased away.

kijin (kishin, onigami) 鬼神 ("demon-god," "demon"). 1. (Buddhist) superhuman demon-god that protects the Buddhist law or superhuman demon-god that harms the Buddhist law. 2. Demon-gods with frightening power. The preface to the Kokinshu notes that "demon-gods" can not be seen.

yamauba (yamanba) 山姥 ("mountain ogre," "mountain crone," "mountain witch"). Usually old, though sometimes young. Sometimes considered the female equivalent of the oni. Can be protective or destructive.

henge 変化 1. Temporary manifestation of a kami or buddhist deity, or that kami/deity. 2. Transformation of an animal or other non-human, or that transformed being. 3. Something that transforms. As a verb, "to change, transform, metamorphosize"

henshin 変身 ("metamorphosis," "transformation"). For example, a buddha appearing as a kami (in honji-suijaku).

keshō 化生 ("sudden birth"). 1. (Buddhist) Sudden birth (not from mother's body or egg). 2. god or buddha changes form and appears in this world. 3. Transformed body, henge. One of the four types of birth (*shishō* 四生): 1. means birth (*taisei* 胎生), 2. *ranshō* 卵生 (egg birth), 3. *shisshō* 湿生 ("moisture birth"), and 4) sudden birth 化生 (keshō), in which something is born out of nothing. (See Kiba Takatoshi, *Kaii o tsukuru*, pp. 157-8.)

bakemono 化物 ("transformed being") 1. Something that has changed from its original identity, or something that hides its original identity. 2. Strange, mysterious being. Examples of the first type are foxes, tanuki, tengu.

force). 1 (from Heian period) a spirit that causes that illness or disease, usually due to resentment, anger, etc. (such as 死霊 **shiryō**, "spirit of the dead," or **ikiryō** 生霊, "spirit of the living"). Similar to **onryō** 怨霊, "vengeful spirit"), which, up to the 10th century, were more political and public.

tama 魂 / 霊, **tamashii** たましひ ("spirit," "soul"). Can leave the body and travel, appear in dreams, etc. Modern term is **reikon** 霊 魂 . Historically linked to the Chinese notion of 魂 / 魄 *hun/po* (J. konpaku), "cloud-soul and white-soul." In noh theatre, the **kon** travels (through the Six Realms or to Pure Land) while the **haku** remains in the ground. The tama has different sides: from the ancient period, a distinction made between **nikimitama** 和御魂 (peaceful honorable spirit) and **aramitama** 荒御魂 (rough, wild honorable spirit).

ikiryō 生霊 or **ikisudama** 生き魂 "vengeful spirit of living person" (which detaches from the body).

shiryō 死霊 "vengeful spirit of the dead"

sei 精 and **seirei** (**shōryō**) 精霊 . 1. Spirit that dwells in things, plants, trees, utensils (tsukumogami); this includes the spirits of human dead or ancestors (e.g. who come back at Obon). 2. Life force.

kami 神、カミ ("superhuman being," "elevated spirit," "divinity," "god," "lower-order deity," "family deity," "shrine god"). Many different kinds of kami exist, and humans, plants, animals, and mountains can become kami. 1) personified kami in the Japanese myths, 2) kami worshipped at shrines, 3) kami that come and go like the yama-no-kami (god of the mountain), 4) small or lower-level kami who reside in plants, trees, animals (such as Inari, the fox god), 5) emperor as living kami, 6) ancestors, family deities, or the "venerated ones" (*senzo*), 7) kaminari (lightning-thunder).

tsukumogami 付喪神 ("tool specters," "transfigured objects") Spirits of abandoned utensils, musical instruments, religious paraphernalia, clothing, armor, etc.; emerge a hundred years after they are abandoned. From the late medieval period, 15th-16th c.

oni 鬼 (also read **ki**) ("daemon," "demon," "ogre," "devil," "spirit of the dead," "plague god"). The range of oni is as wide and as diverse as kami.

Haruo Shirane, "Issues in Translating Key Japanese Terms"

Genres

Setsuwa 説 話 ("anecdote") versus **monogatari** 物 語 ("tale," "romance," "novel," "fiction"). Setsuwa, a major genre from the 8th century through 15th c. Japan, stresses factuality, and is short and compact. Scholars of medieval China call the pre-Tang **zhiguai** (J. shikai) 志怪 texts "anecdotes" instead of "stories" or "tales" because their tellers told them as true. The same applies to Japanese setsuwa.

Densetsu 伝説 ("legend"). Has historical basis, is grounded in place. Modern term.

Minwa 民 話 ("Folktale," folk legend"). Minwa or mukashi-banashi normally translated as "folktale," but Dorson uses the term "folk legend" since many Japanese folktales tend to be grounded in historical time and place or are tied to a ritual such as planting iris and mugwort in eaves on Fifth of Fifth Month, in "Wife who doesn't eat" (Kuwazu nyobo) folktale.

Jisha engi 寺社縁起 . "legends about the origins of temple/shrine." The miracles (reigen) and strange events in these jisha engi are believed to be true. Similar to legends of saints in Europe.

Otogizōshi 御伽草子 (literally, companion books). "Muromachi tales (fiction)." These narratives, which contain a wide variety of supernatural characters, are actually a mixture of monogatari, setsuwa, and jisha-engi (stories of origins of temples and shrines)

Spirits, Gods, Demons

yūrei 幽霊 . "ghost," "wandering spirit," "restless spirit," "lost soul," "disembodied soul," "specter," "phantom," "apparition." The term yūrei is not used widely until the Muromachi period (15th c.), in noh theater, where they appears frequently to mean the spirit of the dead that lingers or is seeking liberation (*jōbutsu*). The term "revenant" seems inappropriate since it implies resurrection of the corpse.

mono-no-ke もののけ (物の気 or 物の怪).(the ke of a mono, or malignant karma, and that the merits that one has accumulated from previous lives will have an effect (bao) on the next life.

應驗 *yingyan*：verified; verification. It emphasizes that the supernatural world maintains some kind of relation with the human world (*ying*) and the existence of this relation can be verified (*yan*) by eye-witnesses' stories. Often appearing in proselytizing stories to persuade readers.

神人 *shenren*：Buddha (especially in narratives dated early).

en ji 搜神記 (*The Record of Seeking the Supernatural*) uses the compound *yaoguai* 妖怪, but to Gan Bao, *yaoguai* describes any abnormal transformation due to the disorder of inner *qi* 氣 (energy) that then manifests outwardly. For example, horses growing horns on their head, this is *yaoguai*.

魅 *mei*：*guimei* 鬼魅 is an oft-occurring compound, which has the similar meaning as *guiguai* 鬼怪. While there is moral ambivalence with regard to *gui* 鬼 (it can be vengeful but can also appear as a "human" engaging in a conversation with the living), *mei* 魅 is often ill-disposed and harmful. There is also the compound of *yaomei* 妖魅, referring to an anomaly/entity that has developed (or cultivated themselves) to such an extreme extent that it is capable of harming people. For example, a fox or snake that acquires human form after cultivation can be referred to as *yaomei*. *Mei* can also refer to spirits in nature conducting mischief, such as *shanmei* 山魅.

仙 *xian*：transcendents; immortals; in Daoism also referred to as *zhenren* 真人 the Perfected; Sometimes also referred to as *yuren* 羽人, feathered beings. *Xian* achieves immortality by proper cultivation and shedding off their body or earthly form. Robert Campany has written a compelling monograph delineating the *xian* as a category that trafficked in different communities.

魂 / 魄 *hun/po*：cloud-soul and white-soul. Cloud-soul is the spiritual or ethereal soul, associated with non-material elements. It goes upward, embodying the *yang* force. White-soul is the carnal or material soul, associated with the body, embodying the *yin*. White-soul hardly appears in the stories of the strange; it is always the cloud-soul that wanders out of one's body, travels through sky, and communicate in dreams.

靈 *ling*：also with a wide range of meanings: spirit, soul, ghost, apparition, deity. It also means the manifested power of the spiritual world. It can also refer to *wu* 巫 or shaman.

Some other terms in Buddhist narratives:

地獄 *diyu* earthly prison; appears in "return-from-dearth" narratives where the protagonist goes to the underworld, describes tortures and punishments in Buddhist purgatory, and returns to tell the story.

報 *bao*：retribution; effects of karma; Buddhist believed in reincarnation,

Questioning the "Supernatural" in Chinese and Japanese Literature/Culture

Lu Kou, "Chinese Terms and Their Implications"

怪 *guai*：often used as an adjective to describe something eccentric, rare, peculiar, grotesque, or fantastic. Confucius famously said that he would not engage in conversations on *guai* 怪 (strange, abnormal), *li* 力 (feats of heroism, strength, physical power), *luan* 亂 (disorder, chaos), and *shen* 神 (transcendental, otherworldly matters). A new "genre" that emerged in early medieval China is called *zhiguai* 志怪, "the account of the strange," but the "strange" encompassed a wide variety of topics and types of stories (ghost stories, stories of metamorphoses, strange creatures or places, ethnographic descriptions of "barbarians," Buddhist/Daoist miracle tales etc.). *Zhiguai* was also very much part of the historiographical tradition at the time.

鬼 *gui*：ghost, revenant, spirit, apparition, demon. More ghost stories appeared in China's early medieval period than earlier periods, about which Robert Campany has conducted thorough research. Jack Chen has also written about poems supposedly composed by ghosts (for instance, *ziye* 子夜 songs) and what it means for us to think about "authorship." Ghost stories of this period focus on a few themes, including visibility (can one see ghosts?), identity and belief (how can one tell the presence of ghost or a thing is ghostly thing 鬼物？Do ghosts exist?), and bureaucratic system of the underworld (ghosts as clerks and officials).

神 *shen*：god, deity, divinity. *Shen* has a wide range of meanings, referring to all kinds of spiritual entities amidst heaven and earth: deities and immortals that roam in heaven or reside/hide in nature, lingering spirit/soul of a deceased person, or soul or spiritual essence of humans (in contrast to *xing* 形 body, form). *Guishen* 鬼神 (ghosts and gods) is a common compound to refer generally to matters of the spirit or supernatural.

妖 *yao*：it can be used to describe female beauty, sometimes with moralistic undertone---someone enchanting or bewitching. In medieval texts, *yao* more often describes anomalous phenomena or strange omens (*renyao* 人妖, *shiyao* 詩妖, *caoyao* 草妖, etc). Anomalies occur because of cosmic unbalance or societal disorder. Gan Bao, the fourth century historian who compiled *Sous
h-*

英語による「超自然」に関連する用語集

廣田龍平（ひろた　りゅうへい）

慶應義塾大学ほか非常勤講師。専門は文化人類学・民俗学による妖怪研究。著書に『妖怪の誕生』（青弓社、2022年）、『〈怪奇的で不思議なもの〉の人類学』（青土社、2023年）、『ネット怪談の民俗学』（ハヤカワ新書、2024年）、訳書にマイケル・ディラン・フォスター『日本妖怪考』（森話社、2017年）等。

マイケル・ディラン・フォスター（Michael Dylan Foster）

カリフォルニア大学デービス校教授。専門は民俗学・日本文学。著書に『日本妖怪考』（廣田龍平訳、森話社、2017年）、*The Book of Yōkai*（増補版2024年）等。共編書は*UNESCO on the Ground*（2015年）、*The Folkloresque*（2016年）、*Matsuri and Religion*（2021年）、*Möbius Media*（2024年）等。

木場貴俊（きば　たかとし）

京都先端科学大学准教授。専門は日本近世文化史。著書に『怪異をつくる』（文学通信、2020年）、共編著に『〈キャラクター〉の大衆文化』（KADOKAWA、2021年）、論文に「近世怪異の展開と近代化」（『史潮』新94号、2023年）、「絵入年代記考」（『雅俗』22号、2023年）等。

金容儀（Kim　Yong Ui）

韓国全南大学校教授。専門は民俗学・日本文学。著書に『日本の西国三十三所巡礼』（韓国語、全南大学校出版文化院、2024年）、『日本の祭りの現場と現在』（韓国語、全南大学校出版文化院、2022年）、『21世紀日本大衆文化の現場』（韓国語、全南大学校出版文化院、2020年）等。

山中由里子（やまなか　ゆりこ）

国立民族学博物館教授。専門は比較文学比較文化。著書に『アレクサンドロス変相――古代から中世イスラームへ』（名古屋大学出版会、2009年）。編著に『〈驚異〉の文化史――中東とヨーロッパを中心に』（同、2015年）、『驚異と怪異――想像界の生きものたち』（河出書房新社、2019年）、『この世のキワ――〈自然〉の内と外』（共編著、勉誠出版、2019年）。

ル・コー（Lu Kou 寇陸）

コロンビア大学東アジア言語文化学部助教。研究テーマは中世宮廷文学、歴史記述、グローバル中世等。現在、『言葉の戦争――初期中世の中国における宮廷での応酬と正統性の言説』を執筆中。

翻訳者

廣田龍平（ひろた　りゅうへい）　執筆者覧参照

衣笠正晃（きぬがさ　まさあき）

法政大学国際文化学部教授。専門は比較文学・日本文学研究史。主な論文に「「文検」と国文学研究――疑似教室空間のなかの文学」（『言語と文化』第20号、2023年）、訳書にトマス・カスリス『インティマシーあるいはインテグリティー――哲学と文化的差異』（法政大学出版局、2016年）等。

編者

安井眞奈美（やすい　まなみ）

国際日本文化研究センター教授、総合研究大学院大学教授。専門は文化人類学・民俗学。著書に『狙われた身体――病いと妖怪とジェンダー』（平凡社、2022年）、『怪異と身体の民俗学――異界から出産と子育てを問い直す』（せりか書房、2014年）等。編著に展示図録 *Maternal Health and Images of the Body in Japanese Ukiyo-e*（『浮世絵にみる妊産婦と胎児の身体イメージ』）国際日本文化研究センター、2024年。

著者（執筆順）

ハルオ・シラネ（Haruo Shirane）

コロンビア大学教授。専門は日本文学。主な著書に『四季の創造――日本文化と自然観の系譜』（角川叢書、2020年）、『芭蕉の風景 文化の記憶』（角川叢書、2001年）、『夢の浮橋「源氏物語」の詩学』（中央公論社、1992年）。共編著 *Monsters, Animals, and Other Worlds*（2018）、*Reading The Tale of Genji*（2015）、『創造された古典――カノン形成・国民国家・日本文学』（新曜社、1999年）等。

小松和彦（こまつ　かずひこ）

国際日本文化研究センター名誉教授。専門は文化人類学・民俗学。著書に『謎解き妖怪学』（KADOKAWA、2024年）、『神々の精神史（文庫版）』（法蔵館、2023年）、『鬼と日本人』（KADOKAWA, 2018年）、『妖怪学新考』（講談社学術文庫、2015年）等多数。編著に『禍いの大衆文化――天災・疫病・怪異』（KADOKAWA, 2021年）、監修に『怪異・妖怪とは何か』（怪異・妖怪学コレクション全6巻、河出書房新社、近刊）

グローバル時代を生きる妖怪

2025年　3月24日　第1刷発行

編　者　安井眞奈美

発行者　船橋純一郎

発行所　株式会社 せりか書房

〒112-0011　東京都文京区千石1-29-12　深沢ビル2階

電話 03-5940-4700　振替 00150-6-143601　http://www.serica.co.jp

印　刷　モリモト印刷株式会社

装　幀　舟山貴士＋大竹優風

ISBN 978-4-7967-0402-1